刊行にあたって

　わが国の公的保育事業としては，施設型の集団保育（保育所）がその主たるものとして一つの保育の歴史を作ってきました。しかし，その一方で，地域に根付いた日本文化的な近隣・地域の個人の家庭などにおける家庭的保育も徐々に普及してきました。さらに「家庭内での保育」つまり子ども自身の生活の基盤であるその家庭に保育者が訪問して行われる私的家庭訪問保育（ベビーシッター）という保育の形も確立してきました。

　そして，2015年4月に施行された子ども・子育て支援法によって地域型保育給付の一つとして居宅訪問型保育が公的に位置づけられました。また，幼児教育の場として長い歴史を持つ幼稚園と，保育所を一体化した認定こども園の形態が広がりつつある今，2017年には，「保育所保育指針」が社会情勢の変化を踏まえ，乳児・3歳未満児保育の記載の充実，幼児教育の積極的な位置づけ，健康及び安全の記載の見直しなどを中心に改定され，翌年施行されました。

　その後も，2019年版保育所におけるアレルギー対応ガイドライン，2019年版授乳・離乳の支援ガイド，2020年版日本人の食事摂取基準などが次々と公表され，子どもを取り巻く状況は時代に合わせ日々変わってきています。一方，この数年の間に家庭訪問保育の運営において，いわゆるマッチング型ベビーシッターの拡がりにより，保育の担い手，保育のニーズも変革の時期を迎えてきています。家庭訪問保育は，子育て家庭の個々の保育ニーズに柔軟できめ細かく対応することが可能であることが大きな利点です。保護者からの信頼に応え，このメリットを最大限に生かした保育を提供し続けるためには，家庭訪問保育を担う人たちの，正しい倫理観，そして，何よりも子どものことを思う気持ちがなければ成り立ちません。

　本書もこういった時代の流れに対応すべく，『家庭訪問保育の理論と実際』の内容に改訂を加えました。保育を学ぶことは，子どもたちの事を学ぶことにほかなりません。子どものことを知れば知る程，保育の重要性を認識することができ，そこには，安全・安心のある保育現場が出来上がります。本書の活用が，わが国における保育並びに子育て支援の広がりと深まりに貢献することを強く願っております。

2021年12月

公益社団法人全国保育サービス協会
会長　草川　功

本書をお使いになる前に

本書を活用される方は，最初にお読みください。

本書を活用される読者には以下の方が想定されています。

○公益社団法人全国保育サービス協会による認定ベビーシッター資格を取得することを希望される方，公益社団法人全国保育サービス協会が実施するベビーシッター養成研修，ベビーシッター現任研修を受講される方及び講師（A）

○認定ベビーシッター資格取得指定校である指定保育士養成施設において，「在宅保育・在宅保育論」を履修される方及び講師（A＋B）

○都道府県，市町村等が実施する「居宅訪問型保育事業」または「地域子ども・子育て支援事業」における訪問型保育に従事するために「居宅訪問型保育事業基礎研修」を受講される方及び講師（B）

○上記のいずれにも該当しないが，家庭訪問保育や家庭訪問保育に従事することに関心をもっている方

上記のいずれに該当するかにより，学んでいただかなければならない科目が異なりますので，履修が必要な科目一覧をご確認ください。

保育者の資格要件について

認可事業としての居宅訪問型保育事業以外の訪問型保育を，国は「認可外の居宅訪問型保育事業」と総称しています。2019（令和元）年10月1日よりスタートした「幼児教育・保育の無償化」に伴い，認可外の居宅訪問型保育事業における保育に従事する者の要件が下記のように，定められています。

「保育士若しくは看護師の資格を有する者又は都道府県知事が行う保育に従事する者に関する研修（都道府県知事がこれと同等以上のものと認める市町村長（特別区の長を含む）その他の機関が行う研修を含む。）を修了した者であること」

上記の研修には以下の研修等が該当します。

①都道府県，市町村等が実施する居宅訪問型保育事業基礎研修，家庭的保育者等研修事業基礎研修

②都道府県，市町村等が実施する子育て支援員研修（地域保育コース）

③公益社団法人全国保育サービス協会が実施するベビーシッター養成研修，ベビーシッター現任研修

④指定保育士養成施設が実施する公益社団法人全国保育サービス協会が定める「認定ベビーシッター」資格取得に関する科目の履修

なお，この基準は認可外保育施設指導監督基準に規定されていますので，すべての家庭訪問保育者がこの基準を満たしていることが必要となります。

（経過措置）

○幼児教育・保育の無償化の対象となる認可外の居宅訪問型保育事業に従事する保育者：
　2024（令和6）年9月30日まで

編集代表　　尾木　まり

表　履修が必要な科目一覧

	A		B
	養成 研修 （初任者）	現任 研修 （現任者）	居宅訪問型 保育基礎研修
序章			
1．家庭訪問保育の体系と研修内容	◎		
2．保育者として身につけたい保育マインド	◎		
第Ⅰ部　居宅訪問型保育基礎研修			
1．居宅訪問型保育の概要		○	○
2．乳幼児の生活と遊び	◎		○
3．乳幼児の発達と心理	○		○
4．乳幼児の食事と栄養		○	○
5．小児保健Ⅰ	○		○
6．小児保健Ⅱ		○	○
心肺蘇生法（実技講習）		○	○
7．居宅訪問型保育の保育内容		○	○
8．居宅訪問型保育における環境整備		○	○
9．居宅訪問型保育の運営		○	○
10．安全の確保とリスクマネジメント	◎		○
11．居宅訪問型保育者の職業倫理と配慮事項		○	○
12．居宅訪問型保育における保護者への対応		○	○
13．子ども虐待	○		○
14．特別に配慮を要する子どもへの対応		○	○
15．実践演習Ⅰ　保育技術（お世話編）	◎		○
16．実践演習Ⅰ　保育技術（遊び編）	◎		○
第Ⅱ部　一般型家庭訪問保育の理論と実際			
17．一般型家庭訪問保育の業務の流れ	◎		
18．さまざまな家庭訪問保育	◎		
資料編			

注：◎は家庭訪問保育者として必ず学んでおきたい科目です。

目次

第4章　乳幼児の食事と栄養

第5章　小児保健Ⅰ

第6章 小児保健Ⅱ

第7章 居宅訪問型保育の保育内容

第8章　居宅訪問型保育における環境整備

第9章　居宅訪問型保育の運営

第10章	安全の確保と リスクマネジメント

第11章	居宅訪問型保育者の 職業倫理と配慮事項

資料編

序章

序章では，家庭訪問保育の体系を整理したうえ
で，すべての家庭訪問保育者に基本的に踏まえて
おいていただきたい保育マインドについて触れて
います。初めに本章をお読みいただいたうえで，
本書をご活用ください。

1. 家庭訪問保育の体系と研修内容

1 家庭訪問保育とは

「家庭訪問保育」とは，保育者が子どもが生活する居宅等を訪問して行う保育サービスの総称です。ベビーシッター，ベビーシッター事業等と呼ばれてきたものがその代表的なものといえます。周知のとおり，ベビーシッターという用語は外来語で，日本でも長くベビーシッター，ベビーシッター事業として使われてきました。しかし，例えば，諸外国では学生のアルバイトとして定着していたり，あるいは，移民等で就業しにくい方ができる仕事，いわゆる"子守的な存在"としてとらえられていたり，また，一時期はテレビ番組で海外のベビーシッターが子どもを虐待する映像が繰り返し放映されるという状況がありました。こうしたイメージは，日本で定着しつつあった「ベビーシッター」の実態とは異なるものでした。日本では，良質なベビーシッターを輩出することを目的として，ベビーシッター研修が国庫補助事業（1994（平成6）～2014（平成26）年）として行われるなど，専門的な研修を受講し，家庭訪問保育固有の知識と技術，そして配慮を身につけたうえで行うことが推奨されてきました。

そこで，私たちはベビーシッターという言葉のもつ既製の，そして固定的なイメージを払拭し，この保育をわが国の普遍的な保育サービスの一つとして定着させることを目的として，その内容を日本語でより具体的に表した「家庭訪問保育」という用語を使用することにしました。また，その保育に従事する保育者を家庭訪問保育者と呼んでいます。もちろん，多くの民間事業の中では，ベビーシッター，シッターという呼称が今も使用されていますし，そのことを否定するものではありません。

また，国は2015（平成27）年度に創設された認可事業としての居宅訪問型保育事業以外を，認可外の居宅訪問型保育事業と総称していますが，本書では「家庭訪問保育」という用語を使用します。

2 わが国の保育政策における大きな変化

歴史を振り返ると，古くから乳母（うば，めのと）と呼ばれる保育者により行われて

きた保育は，家庭訪問保育の典型であったといえます。それぞれの家庭において，親や親族により行われる家庭養育を基本とし，それぞれの家庭の方針や方法，また，それぞれの子どもに適した方法で行われる保育がわが国では長い間行われていました。

しかし，1947（昭和22）年に児童福祉施設の一つとして保育所が設置されて以降は，家庭外における施設等での集団保育が中心的な役割を担うようになりました。近代化，都市化，核家族化，地域社会のつながりの希薄化等，子どもを育てる環境に大きな変化が生じるなか，家庭外に保育専用の施設が設けられ，保育を必要とする子どもはそこで保育を受ける形態が定着するようになりました。

家庭訪問保育については，1980年代の後半から民間事業者により提供されるようになりました。どちらかというと，集団保育では対応が難しい時間帯や個別的な対応が必要な家庭での利用が主として広がるようになりました。

2012（平成24）年8月に成立した子ども・子育て関連三法に基づき，2015（平成27）年より子ども・子育て支援新制度が施行されています。このなかでは，毎日の保育を必要とする子どものための地域型保育給付の対象として居宅訪問型保育事業が創設されました。また，地方自治体が地域の実情に合わせて推進する地域子ども・子育て支援事業における訪問型保育が3事業（一時預かり事業，病児保育事業，延長保育事業）に含まれるようになりました。個人のニーズに応じて私的に利用する仕組みとしてあった家庭訪問保育が，いよいよ国の保育制度のなかに位置づけられました。同時に，これらの保育を行うために必要な研修内容（居宅訪問型保育事業基礎研修，専門研修）が国により策定されました。

日本の保育サービスのなかに家庭訪問保育が公的にも位置づけられるようになったことは大変画期的なことです。しかし，その一方で，その家庭訪問保育が制度上に位置づけられたものか否かにより，求められる保育内容や保育者の要件が複雑になってきました。

例をあげると，家庭訪問保育の利用を希望する家庭から民間事業者に直接申し込まれるものについては，家庭が希望する時間に事業者に所属する保育者が訪問し，基本的には保護者の要望にそった保育が行われます。しかし，制度に位置づけられた保育の場合は，保護者自身がまず保育を必要とする認定を受けなければならなかったり，訪問する保育者は資格や研修受講の要件が求められたり，この事業を実施する市町村の決めた規則を守らなければなりません。

そういった煩雑さが生じていることから，まずはここでその整理をしていきたいと思います。

3 家庭訪問保育の体系

　保育者が子どもの居宅等を訪問して行う保育であっても，どのように位置づけられているかにより，名称が異なります。それは複雑なようでもありますが，それぞれの名称をきちんと把握することにより，混同は避けられると思います。ご自分が従事しようと思っている保育はどの保育に該当するかということを把握しましょう。

　先にも述べたように，家庭訪問保育はこの保育サービスの総称です。制度上に位置づけられている保育の場合は，国が定めた制度上の名称が使われるということをまず理解してください。図表を使いながら，その体系と必要とされる研修内容を解説します。

　一般型家庭訪問保育は，従来より民間事業者により行われている事業を指します。そのなかには，個々の家庭から民間事業者等が依頼を受けて行われるもの，民間事業者が企業等と法人契約を結んだうえで行われる事業，また，最近徐々に増えてきた，民間事業者が市町村や公的機関等と連携して行う事業などが含まれます（図1）。この保育に従事する場合には，保育士または看護師の資格を有しているか，規定の研修（表1参照）を修了していることが必要になります。また，それぞれの事業者が実施する自社研修を充実させることも必要になります。市町村・公的機関と連携して行う事業についても同様ですが，市町村によっては特別な要件を課している場合もあるかもしれません（表1）。

　制度上の家庭訪問保育は，子ども・子育て支援法に基づいて実施されており，現状では大きく分けて三つの事業があります（図1）。

　「居宅訪問型保育事業」と，「地域子ども・子育て支援事業」に位置づけられた一時預かり事業（居宅訪問型），病児保育事業（非施設（訪問）型），延長保育事業（訪問型）に従事する保育者は，居宅訪問型保育事業基礎研修を修了することが求められます。基礎研修の内容は本書では第Ⅰ部に該当する部分になります。それ以外にも保育士資格（または，保育士と同等以上の知識および技術を有すると認められるために「家庭的保育者等研修事業認定研修」を修了）が必要です（表1）。

　「企業主導型ベビーシッター利用者支援事業」は，2016（平成28）年度に子ども・子育て支援法に新たに位置づけられた「仕事・子育て両立支援事業」の一環として実施されているものです。残業や夜勤等の多様な働き方をしている労働者等に対し，家庭訪問保育を利用するための費用の全部または一部が助成されます。この事業に従事する保育者には保育士または看護師の資格を有しているか，規定の研修（表1参照）を修了していることが必要になります。

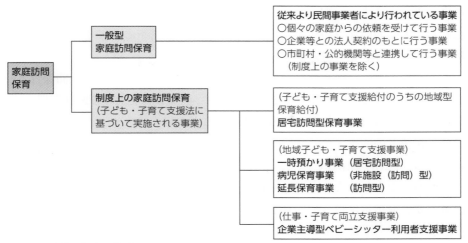

図1　家庭訪問保育の体系

表1　それぞれの事業に従事する保育者の要件

一般型家庭訪問保育		本テキストで学ぶ科目
家庭からの依頼	保育士若しくは看護師 または，下記研修等の修了者 ①公益社団法人全国保育サービス協会が実施するベビーシッター養成研修，ベビーシッター現任研修 ②居宅訪問型保育事業基礎研修 ③その他，都道府県等が実施する子育て支援員研修（地域保育コース），家庭的保育者等研修事業基礎研修	AまたはB
法人契約		
地方自治体との連携	同上であるが，自治体のほうで独自の要件がある場合はそれに従う	
制度上の家庭訪問保育		
居宅訪問型保育	家庭的保育者（保育士または家庭的保育者等研修事業認定研修修了済みであって，居宅訪問型保育事業基礎研修を修了した者） *慢性疾患児，障害児等の対応の場合は，さらに専門研修を受講する必要あり	B
地域子ども・子育て支援事業における訪問型保育	同上	
企業主導型ベビーシッター利用者支援事業	一般型家庭訪問保育と同じ	AまたはB

*A・Bの内容や受講が必要な研修については，「本書をお使いになる前に」を参照

4　家庭訪問保育者が「保育所保育指針」を学ぶ必要性について

　家庭訪問保育の対象範囲は多様化し，また，制度上の仕組みとして利用できる範囲が広がりつつあります。特に，利用者からの要望が大きかった，費用面での利用しやすさ

が考慮されています。一方で，このような広がりは複雑さにもつながっています。もしかしたら，家庭訪問保育の体系ごとに独立させたテキストとして本書を用意するほうが混乱がないという意見もあるかもしれません。

　もちろん制度上の規定や保育の進め方については，制度上の家庭訪問保育と一般型家庭訪問保育とで異なる点が多いことも事実です。特に，制度上の家庭訪問保育の場合は，事業を実施する市町村の規定に従って進めることが優先されますが，一般型家庭訪問保育では，保護者の要望にそって行うことが優先されてきました。制度上の家庭訪問保育の場合には，「公的な保育として，そこまではできかねる」として，保護者の要望を断ることがあるかもしれませんが，一般型家庭訪問保育では物理的な支障がない限りは，保護者の要望や指示に従って保育が行われます。

　子ども・子育て支援新制度の施行に伴い，居宅訪問型保育事業基礎研修が国により策定されたわけですが，そのことにより保育上必要となる，子どもの発達理解，子どもの保育内容に関する知識・技術，保護者への対応，安全管理，子どもの健康管理などについては，制度上の家庭訪問保育にだけ必要なものではなく，一般型家庭訪問保育にも共通に必要なものであることが明確になりました。

　地域型保育事業に位置づけられる居宅訪問型保育事業は，保育内容については「保育所保育指針」に準じて行いつつ，居宅訪問型保育の特徴に配慮しながら行うことが，「家庭的保育事業等の設備及び運営に関する基準」で定められています。「保育所保育指針」は，保育所における保育内容や運営に関することを定めたもので，各保育所が拠るべき保育の基本的事項を定め，保育所において一定の保育の水準を保つために作られた全国共通の枠組みです。「保育所保育指針解説」の序章には，「保育所にとどまらず，小規模保育や家庭的保育等の地域型保育事業及び認可外保育施設においても，保育所保育指針の内容に準じて保育を行うこと」が，上述の運営基準に定められていることが明記されています。

　「保育所保育指針」を学び，理解し，それを保育に活かしていくことは，制度上の保育にのみ必要なことではなく，一般型家庭訪問保育でも同様にとても大切にすべきことが多く含まれます。「保育所保育指針」の基本を学び，さらに家庭訪問保育の特徴に配慮した保育が行える保育者となるため，学びを深めていただきたいと思います。

2. 保育者として身につけたい 保育マインド

1 保育（ケア）の原点

1 生きる力の基礎を培うもの

❶ フリードリッヒ2世の逸話

　まず，あるエピソードを紹介しましょう。20世紀の初頭，ドイツにおいて『ゲルマニア史記』という歴史書が編纂されました。その中に，15世紀にフリードリッヒ2世が試みた人間の言葉の発現に関する実験ともいうべき史実が載せられています。

　彼は今様にいえば大変科学的探求心が旺盛であったのでしょう，人間の言葉がどのように生じてくるのだろうかということに関心を持ち，何としてもそれを追究したかったようです。もし，まだ発語のない乳児に全く言葉かけをしないで育てた場合，その乳児が最初に発する言葉はいったい何語であるか，最も古い起源を持つといわれるヘブライ語か，それともラテン語か，あるいは当時身近で一番使われていたゲルマン語か，はたまた生みの親の話す言葉なのだろうかということを知りたかったのです。

　このため，彼は国中の捨て子の赤児を城内に集めるように命じ，何人もの子を城内で育てることになりました。そして，乳母たちに対して，「これらの子どもたちに十分に乳を与えなさい。沐浴などを大いにしてあげなさい。しかし，子どもたちに言葉をかけたり，抱き上げてあやしたり，機嫌をとったりすることは絶対してはならない」と厳命したのです。つまり，言葉と関係する行為をすべて禁じたのです。彼はそのような状態で，子どもたちは何語を発するかを今や遅しと日々待ち続けました。しかし，その結果は，「やがてすべての乳児が死亡した」というものでした。その原因は，乳母が乳児に対して笑顔であやしたり，言葉かけをしなかったためであったのです。

❷ マターニシティ

　このエピソードは，ヒトがこの世に生を享け，人間となる育ちをしっかりと歩み始める新生児期・乳幼児期において，いかに母性的な養育環境が重要な意味を持っているかを図らずも教えてくれます。親や保育者が，単に授乳や沐浴，そのほかさまざまな身の回りの世話をすること，これをマザーリングといいますが，このマザーリングだけでは

新生児や乳幼児の心身の成長・発達は進まない，いや，それだけでは生きてさえいけないということをいみじくも語っています。

　自然に営まれているマザーリングの場面をよく観察してみますと，そこには，親や保育者と子どもとの間でまなざしの交わし合い，微笑み合い，語り合い，揺すり合いなどのやり取り，つまり人と人との基本的な相互作用が伴っているのが通常の姿です。このような両者の心理的な一体感をもたらす，相互作用を豊かに伴ったマザーリングをマターニシティといいます。

　新生児や乳幼児にとってマターニシティは必要不可欠な栄養源です。それは，単に身体的栄養源であるのみならず，心理的栄養源なのです。人間は，人生の初期にあるほど，身体的栄養源のみならず心理的栄養源を吸収することなくして，成長・発達の可能性を開花させることはできません。それどころか，生きていくことさえできないのです。マターニシティの原点ともいうべき豊かな言葉かけやそれに随伴する相互作用が伴わない養育，保育が行われるならば，その子の成長・発達が妨げられるばかりではなく，生きる意欲や生命すら失われてしまうことが，フリードリッヒ2世の逸話からも理解できます。

2 基本的信頼関係の育み
❶子どもの有能性

　このようなマターニシティは，母親と幼な子のかかわり合いの姿の中に最も典型的に現れています。古来，母子像はさまざまな民族，芸術文化，宗教を通じて描かれてきました。母子像の数限りない絵画や写真，母子観音などの彫像，イエス・キリストを抱く聖母マリア像などがその典型です。その多くは，平和で柔和な慈しみにあふれた雰囲気に包まれています。母親に抱かれた子は，安らぎの表情を浮かべ，眼差しを交わし合い，今にも母親の口から語りかける言葉が，聞こえてきそうです。この母親と子の姿が醸し出す魅力が，今日に至るまで多くの画家や写真家を引きつけてきたのは，なぜなのでしょうか。

　近年の発達心理学，小児科学などの科学的知見からは，幼な子は，特に人生の初期における子どもは，単に未熟で無力な状態にあるのではなく，積極的に能動的に外界を動かす魅力と能力を備えていることが明らかになっています。これを有能性（コンピテンス）といいます。それが特に自分とかかわる人々を通じて，人間として育つ可能性や，一人ひとりの子どもが潜在的に生得的に有している諸能力を開花させる可能性を引き出すうえで重要な意味を持っています。

　例えば，なぜ大人たちは，赤ちゃんの表情や仕草に魅入られるのでしょうか。その笑みの姿，泣きの姿，喜びの姿，不安な姿は，人生のほとんどの時期にみられる他人を意識し，その影響力を打算したようなものではありません。その姿を見ると，通常の人は，それが天使のように無垢であり，愛くるしく，愛おしく，かわいそうでたまらず，思わ

ず身を近づけ，声をかけ，やさしく抱き上げ，この子のために何かをしてあげたい等の思いをかき立てられます。それが，乳児が生得的に有している魅力であり，能力です。つまり，自分とかかわる人々に対して，その有能性が示されている例なのです。それが，後述する「ケア」という動機づけを人々に生じさせ，マターニシティを生じさせることと結びついています。

❷三つの感覚的協応

　母親と幼な子との間に典型的に見られる成人のマターニシティ，このごくありふれた日常的なもののように思われる姿の奥深さを探っていくと，そこには，この両者の間にほぼ共通に見られる特有のコミュニケーション，つまり両者がお互いの動きに触発されて基本的な人間関係を結ぼうとする同調的な相互作用が浮き彫りになってきます。具体的には両者が見つめ合う関係，両者が聴き取り合う関係，両者が触れ合う関係，この三つです。筆者は，これを三つの感覚的協応と称しています。

　視覚的協応としての見つめ合う関係（特にじっと見つめ合う関係），聴覚的協応としての聴き取り合う関係（幼な子の場合は声なき声を含む），触覚的協応としての触れ合う関係（いわゆるスキンシップ）が統合的・協奏的に営まれている姿は，人間相互の基本的な信頼，愛情，幸福感を育み，維持するうえで不可欠なものであるように思います。三つの感覚的協応は，年齢が高まるとともにその機会が減少していきますが，しかし人生のいかなる時期においても，必要な時に必要な状況で生じる特徴を持っています。そして人生の初期にあるほど，また人生の終期に近づくほど重要な意味を持っていると考えられます。

3 世話（ケア）の真の意味

❶ケアとは

　保育という言葉を英語で表すと，ケアあるいはデイ・ケアです。保育という言葉の本質的な意味は，保護し養育するということであり，英語ではケアという言葉が最も適切です。保育は親や身内以外の誰かによって通常は日中営まれるものなので，デイ・ケア

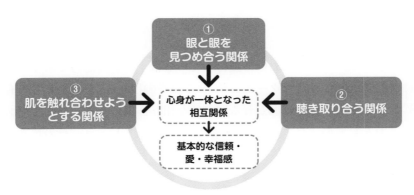

図 2　三つの感覚的協応

と表現されます。

　さて，この「ケア」という言葉は実に味わい深い言葉の一つではないでしょうか。あらためてその意味を英和辞典で引いてみますと，動詞で表現すれば，世話をする，監督する，保護するなどの意味のほかに，かまう，気にする，心配する，苦労する，大切にする，特に意を配る，注意する，関心をもつ，用心する，備える，さらには，望む，好む，欲するなどの意味でも用いられます。われわれの日常生活において，特に対象に関心を向けそれを深く配慮しようとする時，この言葉が深く関連することがあらためて理解できます。そして，これを子どもとのかかわりという面からみる時，その意味するもののことごとくといっていいほど，親や保育者，大人たちが，子どもを肯定的に受け止めようとする態度，心遣い，気遣いと結びついています。

❷子育ての基本的マインドとしての「ケア」

　アイデンティティという言葉を世界に普及させた精神医学・臨床心理学の権威，エリクソンが理論的にまとめた人間の発達における八つの段階説は，あまりにもよく知られています。彼は，その各段階における心理—社会的課題と危機とともに，その各発達段階で獲得される価値的資質能力（原語は「バーチュウー（virtue）」であり，日本語では「徳目」などと訳されている場合が多いのですが，筆者はこれを獲得される価値的資質能力と解しています。）をあげています。その第7段階の成人期において獲得される価値的資質能力が，「ケア」です。人間として成熟を深める成人期における価値的資質能力を「ケア」とした背景について，エリクソンは次のように語っています。

　「私には一つの言葉が必要でした。そこで私が考えたすべての言葉の中で，『世話』＜筆者註：翻訳語としては「世話」と訳されているので，ここでは「ケア」ではなくそのまま引用した＞は最も強力だと思いました。（中略）世話は最初は一種の懸念を意味しました。しかし私はもっと肯定的な意味合いをもつと思います。あることを『したがる』，あるものを『気づかう，大切にする』，保護や注意を必要とするものに『気をつける』，そして物が破壊『しないように注意する』ということを含めた意味で，『世話』という語を使っています」。（エヴァンズ，R. I.（岡堂哲雄・中園正身訳）『エリクソンは語る—アイデンティティの心理学—』新曜社，1981 年）

　この「ケア」は，子どもを育てる基本的マインドではないでしょうか。基本的マインドとしての「ケア」は，人生における生涯発達のプロセスを通じて，心豊かによりよく生きてきたならば，成人期において獲得しているはずの資質能力であるといえるでしょう。先に詳しく触れてきたマターニシティ（7 頁を参照），そして子どもの有能性（8 頁を参照）によって引き出され導かれる同調的な相互作用の意義を，ここであらためて価値的資質能力としての「ケア」と結びつけて考えてみましょう。その意義は，子どもを肯定的に受け止めようとする態度，心遣い，気遣いという「ケア」の神髄となって，子育てや保育の姿といっそう重なり合い，結びついてきます。

❸ 「心安らぐ基地」としての家庭訪問保育者

　家庭訪問保育者は，保育所など保育施設のような集団保育の場とは異なり，通常は子どもの自宅を訪問して，おおよそ 1 対 1 の個別的保育を行うところに特徴があります。したがって，子どもの家族が不在となる状況，家族が共にいる状況など，集団保育とは非常に異なる中で保育が進められます。子どもが通常の安全基地から引き離されることによる反応も，自宅の中であるという点で集団保育とは相違があります。つまり，家庭から離れた保育施設と異なり，間接的な安全基地のもとで子どもが過ごしていることは，より個別的な個性的な保育が求められることとなります。特に子どもの月齢や年齢が低いほど，間接的な安全基地が継続している環境の中での家庭訪問保育は，第一の安全基地である人に代わり得る穏やかな波に包まれた，心安らぐ基地であることが求められるのです。

　そもそも保護と養育によって営まれる保育というものは，基本的には思春期に入る頃まで必要であると筆者は考えています。つまり，子どもが親や保育者などの安全基地を常には必要としなくなり，具体的な「ケア」を求める条件が薄れ，基本的自立が可能になるまでの時期です。

　新生児期においてそれは最も必要性の濃度が高く，徐々に薄れていき，おおむね学童後期には多くの子どもたちにとっては必要性が非常に低くなってきます。家庭訪問保育者がかかわる子どもの年齢や発達の時期は，まだ保育の必要性が高い時期が多いのです。子どもを肯定的に受け止めようとする態度，心遣い，気遣いという「ケア」の神髄を求めています。家族，両親，母親に代わって家庭訪問保育者の保育を受けている時間・空間が，「育てられる」ことの喜びを味わうことに通じているものならば，子どもはどんなに幸福感を覚え，生きることへの意欲，つまり自ら「育つ」ことの意欲を高めることができるでしょうか。いわんや，もしもその子どもが日常の家庭生活において心満たされない養育を受けているような場合，家庭訪問保育者と時を過ごす時間・空間が喜びと幸福感を強く覚えるものであることが，いかに必要であり大切であるかが理解できましょう。

　乳幼児期の保育の本質は，そのような心豊かな経験をできる「ケア」の神髄に触れることです。家庭訪問保育者から発信される愛情と信頼感に満ちたマインドは，その子どもの成長・発達の土壌となり，糧となっていることを銘記する必要があります。

2 保育の専門性と保育マインド

1 保育マインドとは

　保育の知識や技術というと，これは明らかに保育の専門性にかかわるものです。しかし，保育マインドというと，その心構えや姿勢であって，専門性とはいえないと考える人もいるでしょう。しかし筆者は，保育の専門性として欠かせないものとして，保育マインドをあげなければならないと考えています。つまり，具体的な保育の知識や技術を支える保育マインドです。

　これは，単なる心構え，姿勢ではなく，人間性と感性です。これは保育のもう一つの重要な専門性であり，頭脳が獲得するものではなく，心全体で獲得していかなければならない専門性です。

　それでは，具体的に保育マインドとは何でしょうか。これまでに筆者が記述し言及してきた定義をここに紹介します。

　「保育マインドとは，健全で健康な生活を送ることのできる能力や適応性とともに，子どもを愛し，理解し，尊重する基本的態度と，それに基づいた真に豊かなヒューマン・リレーションシップをもつことのできる人間性と感性である」。

　これを具体的な姿で表現すれば，以下のようなことです。つまり，「健康である」「子ども好きである」「子どもから好かれる」「他人を包み込むことができる」「あたたかい」「明るい」「子どもと遊ぶことを知っている」等。このうち，「あたたかい」「明るい」は，実はこれ自体も深い意味を持つ資質ですが，比較的理解しやすく，感性として受け止めることが容易であると思われます。

2 心と身体の健康

　中でも，心身ともに健康であるということは，保育マインドとして欠かせない要件です。

　そこで，あらためて健康とは何かを考えてみましょう。世界保健機関（WHO）の有名な健康の定義があります。それは，「健康とは，完全な肉体的，精神的および社会的に良好な状態（ウェルビーイング）であり，単に疾病または病弱が存在しないということではない」というものです。また，日本国憲法第25条の有名な条文は，「すべて国民は，健康（ホールサム）で文化的（カルチャード）な最低限度の生活を営む権利を有する」と謳っています。ここに括弧書きしたウェルビーイング，ホールサム，カルチャー

ドは，いずれも心身の健康度が高い状態を示しています。なかでも，ウェルビーイングという言葉は，近年特に福祉の理念として極めて重視されている理念です。それは，この世に生を享けた一人ひとりの人間が，その尊厳性を重んぜられ，生涯にわたって発達する存在として，自己実現が図られるように配慮されている状態をイメージさせるものです。すべての人々が，ウェルビーイングつまり「健幸」な状態，安寧感と幸福感を覚える状態が続くことを願う福祉への指向です。人生の初期にある子どもにとって，ウェルビーイング（健幸）な状態は特に必要不可欠です。それをしっかりと提供するマインドが，保育にあたる者に不可欠な要件です。

まず，保育者自身がよりよく生きていこうとし，自らその可能性を伸ばしていこうとする前向きな生命力，適応力が発揮されていることが大切です。そして，生きることや人間を肯定的に受け止め，歪んだあるいは否定的な感情にあまり支配されることなく，前向きにかつ素直に他者に対することができ，他者がよりよく生き，その可能性を開花させ，伸ばしていこうとするその生命力，適応力を真っ直ぐに受け止めていこうとするマインドを擁していること，それが心身ともに健康であるということです。

③ 子どもを愛し，理解し，尊重する姿勢
❶ 子ども好きであることと，子どもから好かれること

子どもを育てることにかかわり，子どもの育ちを支え，そして導く役割を担う家庭訪問保育者は，心身ともに健康であることとともに，子ども好きである，子どもから好かれるという資質が備わっていることが望まれます。いや，積極的な表現をすれば，望まれるのではなく，それが求められるのです。

その人が子ども好きであるかどうかは，子どもが判断しているといえます。具体的に表現すると，子どもにとって，この人は自分に心を開いてくれている，自分も心を開きたい，自分のことを思いやってくれている，自分もこの人のことを思っていたい，自分をあの快適な幸福感，充足感を味わえる世界に連れて行ってくれたり，一緒に来てくれたりしてくれる，この人と離れたくない，この人とまた一緒にいることができるだろうか等の思いをもつことのできる人です。子ども好きである，子どもから好かれるということは，このように相互作用的な情性的・感性的レベルのことであり，思考的・理性的レベルでその資質を身につけ，向上させることができるものではないといえます。

❷ 受容し理解すること

他人を包み込むことができるという資質も，保育マインドとして欠かせないものです。他人を包み込むことができるという意味は，抽象的にいえば，その人を受容していることにほかなりません。受容という言葉は，カウンセリングやケースワークを学んだ方には，非常になじみ深い言葉でしょう。相手の行動や態度，姿，時にはその考え方，価値観をも，あるがままに受け止める姿勢です。聴き上手の人に共通にみられる特徴はまさにその資質の特徴と非常に深く重なっています。＜聴き上手＞であることは，話し

上手よりも結構難しいものです。多くの人は，自分の思いをその人がうなずいてしっかり聴いてくれるだけで，どれほど安堵感，心の安らかさを覚えるかを経験していることでしょう。ですから，傾聴するだけでよいのです。感想や解説，助言，指示はむしろ不要なのです。日常生活において，こちらの話を真剣に，心から聴きとり，共感する姿勢や態度を示される時，人は相手に対し，聴き上手であるという印象をもちます。

　子どもを愛し，理解し，尊重する具体的な姿こそ，保育マインドの本質的な姿勢です。子どもを，一人の人間として愛し，理解し，尊重すること，これを理念や技術のレベルではなく，マインドとして発揮することが求められます。

3　保育の専門性と子どもへのまなざし

1 子どもを人間として尊ぶ

　これまで触れてきた保育マインドの本質的な姿勢をマスターしていくことは，＜人と人との価値的なかかわり＞，つまり定義のところで述べた＜ヒューマン・リレーションシップ＞をもつことのできる人間性と感性を備え，磨いていくことに結びついていきます。

　真に豊かなヒューマン・リレーションシップは人間理解と人間受容にある，と筆者は確信しています。その根本は，真に子どもに眼や心を向けることです。子どもを大人と対比した「子ども」の一人として受け止める前に，一人の「人間」であると受け止めることのできるマインドです。

　子どもは「子ども」であることの前に，まず「人間」なのだという意識，子どもは同じ人間として，あの人権と称されるものを全く等しく保障されるべき存在なのだという意識，それを自覚し，高めることは容易ではありません。いわんや，人権という言葉が大人同士でもあっけなく無視され，それが時にいとも容易に踏みにじられることがみられるために，多くの一般の大人たちにおいて子どもに対してこのようなことが生じるのは，いうまでもないということになるでしょう。

　人間理解と人間受容，その意識化と実践の分水嶺は，このように，子どもを「人間」として尊び，信頼し，見守る度量をもったマインドにあるといっても，過言ではありません。

2 「育つ」ことに心を向ける

　保育の営みは，「育てる」ことだけではなく，「育つ」ことに対する深い認識をもち，それを尊ぶマインドが求められます。つまり，子ども一人ひとりの関心やニーズに沿って，それを深く肯定しながら導いていくことが，保育者の基本的態度として求められます。

　しかしながら，大人が自らの価値観や主観，そして何よりも弱者に対する強者の感情と論理をもって子どもに対するとき，往々にして大人の子どもを「育てる」という意識が，子どもは「育つ」という意識を凌駕します。

　「導き込む」「教え込む」行為は，そのいずれも，どこかで子どもによかれと思って行っていることが多いものです。しかし，そこには，その子どもを心から受容し，その個性や能力を子ども自らが発揮していくことに信頼を寄せるマインドが欠けている場合が少なくありません。そのような意識や行為が，往々にして子どもの「育ちたい」という意欲を殺ぎ，その可能性の芽を摘んでしまうおそれがあることを十分理解する必要があります。

　保育が必要な時期，せめて幼児期，小学校低学年の時期までは，子どもの生活そのものを受容し，それを「お勉強」ではなく，「遊びそのもの」「生活そのもの」として受け止め，支え，励ます姿勢が欠かせません。

　あらゆる保育においても，「育てる」ことにのみ心を傾けすぎることなく，その子どもが個性豊かに，身体的，心理的，社会的に自立しつつあること，自立しようとしていることに心を向ける余裕をもって保育に当たりましょう。人間が生得的にもっている「育ちたい」「自立したい」という基本的欲求を受け止め，あるいはさまざまな時に，さまざまな場面で表れるその子どもの個性的な能力や可能性を受け止め，それを支え，それに沿ってあるいはそれを後押ししたり，時にはそれをじっくりと待つマインド，つまりその子どもが「育つ」ということを信頼できる保育マインドこそ，重要なものといえます。

3 俵万智氏の感性の源

　ここで，一つの例をあげて，「育つ」ことに心を向け続ける保育マインドの奥深さを実感してみましょう。

　子どもたちが幾度も幾度も，繰り返し繰り返し，同じ本や物語を読んでもらう，語ってもらうという欲求はきわめて強いものです。親や保育者が，この欲求を受け止め，それに沿っていく営みは，幼児期の「ケア」の神髄にふれる典型です。

　筆者は，ある機会に松居直氏（福音館書店社長，会長等を歴任）のお話をうかがい，そしてその著『絵本・ことばのよろこび』（日本基督教団出版局，1995年）を読む機会を得たことがあります。その中で，ここでテーマとしていることと結びつく非常に興味あることを知ることができました。それは，現代歌人と謳われる俵万智氏に関するエピソードでありました。俵氏が『サラダ記念日』（河出書房新社）という歌集で一躍知られるようになったのは，1987年の頃です。彼女の歌の特長は，みずみずしい生命力と言葉に対する感性の豊かさです。松居氏は，こう述べています。

　『20歳そこそこでどうしてこのような感性を身につけ，言葉のよろこびをしっているのだろう。これは今の大学や学校では残念ながら養われるものではない。こうしたこと

ばの喜びの本質を体得するのは，もっともっと早い時期ではないのか。小学校も低学年か，それよりも以前のような気がする。俵万智というひとの子ども時代のことば体験をしりたいものだと思いました。』

　そして間もなく，松居氏は，それを知る手がかりを得ます。俵氏のエッセイ「『がらがらどん』にはじまって」（俵万智『りんごの涙』文芸春秋社，1992年）の中に，彼女自身が語る幼児期の絵本体験が記されていました。それによると，彼女は2～3歳にかけて，母親に『三びきのやぎのがらがらどん』（ブラウン，M. 文・絵（瀬田貞二訳），福音館書店，1965年）という絵本を1日に幾度も幾度も読んでもらっていました。俵氏はおそらく2歳頃から1年以上にわたって，この絵本を読んでもらっていたようです。さらに松居氏の言葉を引用してみます。

　『幼児が同じ物語を読ませるのは，読んでもらうたびにおもしろく楽しいからです。心が躍るからです。その楽しさを幾度でも確かめることができるほど，喜びに充ちたものはありません。幼児が生き甲斐を感じる瞬間です。子どもは喜びを感じるときにこそ伸びやかに育つので，教訓や知識や理解で育つのではありません。

　幼い俵さんはお母さんが読んでくれる絵本を通して，物語を通して，ことばが楽しみと喜びを与えてくれるものであることを体験しました。ことばを聞く喜びをしったのです。ことばには見えないものを見るようにし，生き生きとした喜びをもたらしてくれる力があることを，本能的に感じとりました。その楽しいことばの世界＝物語を何百遍と耳で聞くことにより，その喜びを身体で感じとり，すっかり血肉にしてしまったのです。……。

　こうして耳から身体の奥深く入ったことばの喜びは，やがて身体から口をついてあふれでます。俵さんは三歳のとき文字をまだ読めなかったのに，『三びきのやぎのがらがらどん』の文章を一言半句違わないように語ったと書いています。それは「本を読んだつもりごっこ」だったそうです。この「一言半句違わない」というところに，わたくしは共感し納得しました。俵さんは特別な子どもではなく，これこそすべての幼児に，二歳から四歳のころに備えられている不思議な力です。

　そしてこの一文を読んだとき，わたくしは「子どもはことばを覚えるのではなく，食べるのだ」と悟りました。』

　これこそがまさに「育てる」ことと「育つ」ことの調和に彩られた，まことに保育マインドにあふれた母親と，その中で育まれた子どもとの心豊かな体験の典型的な例ではないでしょうか。保育などの「ケア」においては，子どもの受動的側面，つまり家庭訪問保育者などの保育者によって「育てられている」営みとともに，子どもの能動的側面，つまり子ども自身が「育っている」ことに多大に配慮することが，いかほどに保育マインドの本質につながっていることでしょう。

第Ⅰ部

居宅訪問型保育
基礎研修

第Ⅰ部では,居宅訪問型保育に従事する保育者に
義務づけられた基礎研修の内容を学びます。これ
らの内容は（特に「居宅訪問型保育では」と断りの
あるところ以外は）,一般型家庭訪問保育に従事
する場合にも,共通に踏まえておくべき知識や実
践方法となります。

第1章

居宅訪問型保育の概要

講義の目的
①児童家庭福祉における居宅訪問型保育の社会的背景，経緯，位置づけについて理解する。
②居宅訪問型保育の特徴を理解し，保育所保育との共通点，相違点について理解する。
③居宅訪問型保育の運営基準について理解する。
④地域子ども・子育て支援事業における居宅訪問型保育の意義や特徴について理解する。

学びのポイント
　居宅訪問型保育基礎研修は，地域型保育事業における居宅訪問型保育や地域子ども・子育て支援事業における訪問型保育に従事する居宅訪問型保育者となるために義務づけられた研修である。基礎研修を受講するにあたり，まずは居宅訪問型保育の概要を学び，その全体像を理解したうえで，各科目を学べるようにする。

1 児童家庭福祉における居宅訪問型保育の社会的背景，経緯，歴史

1 家庭訪問保育の歴史

　児童福祉法が1947（昭和22）年に制定され，児童福祉施設の一環として保育所が設置されるまで，家庭を訪問して行われる個別保育が，長い歴史の中で最も自然で中心的なものでした。戦後の混乱が落ち着き，1960年代の高度経済成長期には働く女性が増加したことにより，保育需要が高まり，全国に数多くの保育所が設置されました。また，都市部への人口集中による核家族化が進展したことにより，地域社会のつながりも希薄となり，子育て家庭を取り巻く環境は大きく変わりました。

　1997（平成9）年に保育所入所は措置（行政処分）から保護者の申請に基づく選択利用方式に変わりましたが，かつては現在のような延長保育もなく，限られた開所時間等，利用者にとって保育所は必要なものでありながら，決して利用しやすい制度ではありませんでした。そのため，保育所制度を補完する仕組みが必要とされるようになりました。

2 ベビーシッター事業の誕生・発展

　既存の保育制度では対応できないニーズに対応するために，都市部を中心にベビーシッター事業が誕生しました。1960 年代は家政婦紹介所が，家事業務の一環として育児を担う家政婦を紹介していました。保育者としてのベビーシッターを紹介する専門の事業者ができたのは，1970 年代に入ってからです。家事業務の一環ではなく，保育事業としてのベビーシッター事業が 1980 年代後半から徐々に増加しました。

　ベビーシッター事業は保育所を補完する仕組みとして，二重保育や送迎保育を担い，また，保育所では対応できなかった非定型勤務への対応や仕事以外の保育ニーズに対応するものとして，必要な時間に必要な場所で利用できる保育として全国に広がり始めました。そのため，保育の専門家としてのベビーシッターの養成や研修が必要となり，1991（平成 3）年，厚生省（当時）が認可して，社団法人全国ベビーシッター協会（公益社団法人全国保育サービス協会の前身団体）がこれらの役割を担うようになりました。

3 家庭訪問保育への公的助成

　民間事業者により創設され，実施されてきたベビーシッター事業ですが，従来よりさまざまな公的助成が行われてきたことはあまり知られていません。1994（平成 6）年から 2014（平成 26）年までの間，質のよいベビーシッターを養成することを目的として，ベビーシッター研修事業（新任研修，現任研修，経営者研修）が国庫補助で行われてきました。また，事業主の児童手当拠出金を財源として行われた児童育成事業では，ベビーシッター育児支援事業が同じく 1994（平成 6）年から 2014（平成 26）年まで行われました。これは，契約を結んだ企業等で働く保護者がベビーシッター事業を利用する際に使える割引券制度ですが，2015（平成 27）年度からはベビーシッター派遣事業，2016（平成 28）年度からは企業主導型ベビーシッター利用者支援事業として実施されています（22 頁図 1 - 2 参照）。

　また，地方自治体が独自に行う訪問型の育児支援事業にベビーシッター事業者が連携して，その提供に協力する事業も増えてきています。例えば，産後支援ヘルパーでは，保護者が在宅する状態や保護者に同行して妊産婦への育児・家事支援，またはきょうだいの保育などが行われています。その他に病児病後児保育，ひとり親家庭支援，養育支援訪問事業，家庭訪問保育の利用等など，利用料金への助成などを中心として行われています。

2 居宅訪問型保育の実態

　居宅訪問型保育事業は 2015（平成 27）年から施行された事業です。2021（令和 3）年 4 月 1 日現在では，全国で合計 265 人分の子どもの受け入れ枠があります。実態とし

てさほど多くはないものの，徐々にではありますが，着実に導入されていることがわかります。

1 利用実態からみる特徴

現在，居宅訪問型保育事業が最も多く実施されているのは東京都内の区市であり，2021（令和3）年4月1日現在，164人分の子どもの受け入れ枠があることが明らかにされています。現在行われている居宅訪問型保育事業は，障害，疾病等の程度を勘案して集団保育が著しく困難である子ども，いわゆる医療的ケア児を対象に居宅で保育を提供するものと，待機児童対策の一環として，対象の子どもが保育所に入所できるまでの期間，居宅で保育を提供するものの二つに大別されます。前者については医療行為が必要とされる場合もありますので，多くが訪問看護事業者等との連携の元に行われています。また，後者については，従来から家庭訪問保育を行っている保育事業者が認可事業者となり，保育を提供しています。

2 家庭訪問保育の展開—私的契約に基づく保育と公的保育の違い

子ども・子育て支援新制度の施行に伴い，2015（平成27）年度から，地域型保育事業の一つとして，居宅訪問型保育事業が公的な保育事業として位置づけられました。また，地方自治体が地域のニーズに対応して推進する地域子ども・子育て支援事業の中にも，訪問型が導入されることになりました。ここでは事業により求められる要件が異なることを確認しておきましょう。

まず，図1-1の左端は従来から行われてきた私的契約に基づく利用（一般型家庭訪問保育，序章4，5頁を参照）です。これは利用を希望する利用者が家庭訪問保育を提供する事業者に申し込みをし，利用されるものであり，その一部に割引や利用料補助が行われる場合もあります。保育者は従事要件①を満たすことが必要になります。地方自治体による事業の場合は，利用の公平性を担保するために，利用条件（対象年齢，利用回数等）が設定されていることが多くあります。次に，子ども・子育て支援新制度における地域子ども・子育て支援事業については，利用条件に加えて，居宅訪問型保育者と同様の保育者の従事要件が定められています（従事要件②）。そして，居宅訪問型保育事業は，公的な保育として位置づけられ，公共性が最も高くなります。居宅訪問型保育では利用者は保育を必要とする認定を受けることが必要となり，保育者の従事要件に加えて，保育内容は「保育所保育指針」（平成29年告示）に準ずることが求められます。さらには，この事業を行う事業者は市町村の認可事業者でなければなりません。このように公共性が高くなるほど，さまざまな規定や条件のもとに行われることが理解できると思います。

* 従事要件① 保育士または看護師，あるいは，ベビーシッター養成研修，ベビーシッター現任研修，居宅訪問型保育事業基礎研修等規定の研修修了
* 従事要件② 家庭的保育者（保育士または家庭的保育者等研修事業認定研修修了済みであって，居宅訪問型保育事業基礎研修を修了した者）

図 1-1 私的契約に基づく保育と公的保育の違い

3 子ども・子育て支援新制度の概要

1 子ども・子育て支援新制度の仕組み

　2012（平成 24）年に子ども・子育て支援法などの子育て関連三法が成立し，これに基づく子ども・子育て支援新制度が 2015（平成 27）年 4 月より施行されています。わが国では急速に少子化が進行し，結婚，出産，子育てについての希望が叶えられない環境，子育て不安や孤立感を覚える家庭もあるなど，子どもや子育てを取り巻く環境は厳しいものがあります。

　子ども・子育て支援新制度は，保護者が子育てについての第一義的責任を有するという基本的認識のもと，幼児期の学校教育・保育，地域の子育て支援を総合的に推進するものです。社会保障と税の一体改革では，消費税率引き上げによる増収分をこれまでの高齢者 3 経費（基礎年金，老人医療，介護）から，全世代対応型の社会保障への転換を図り，子育て支援分野の恒久財源とすることになりました。

　子ども・子育て支援新制度の主なポイントとして，まず，認定こども園，幼稚園，保育所を通じた共通の給付である「施設型給付」と，居宅訪問型保育事業を含む「地域型保育給付」の創設があげられます。これまで，施設や事業ごとにばらばらだった財政支援を一本化し，保育，子育て支援サービスを中心とした給付を行う仕組みとなっています。これにより，待機児童解消のための保育施設の量的拡充と質の担保，人口減少地域における教育・保育需要への対応などが目指されています。また，認定こども園の改善が図られたことに加え，地域子育て支援の充実も目的とされています。

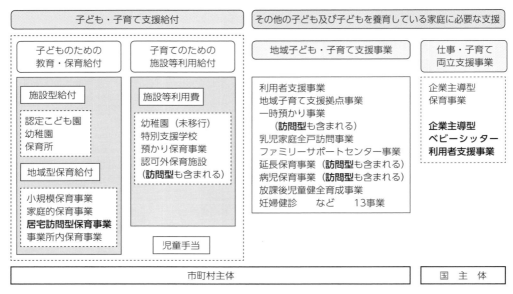

図1−2 子ども・子育て支援法に基づく給付・事業の全体像（2019（令和元）年10月1日より）
参考資料：内閣府子ども・子育て本部「子ども・子育て支援新制度について」（令和3年6月）

　子ども・子育て支援法に基づく給付・事業の全体像は図1−2のとおりです。現金給付である児童手当を含め，子ども・子育て支援給付はこれらを必要とするすべての子ども・子育て家庭に保障されるものです。

　幼児教育・保育の無償化は3歳から5歳の幼稚園，認定こども園，保育所に通う子どもの利用者負担を無償にするもので，2019（令和元）年10月から実施されています。しかし，3歳から5歳の子どもについては，すべての子どもが認可事業を利用できているわけではないので，子ども・子育て支援給付に，新たに「子育てのための施設等利用給付」が創設され，認可外保育施設等の利用者にも一定金額の利用料が給付される仕組みがつくられました。なお，3歳未満児については，住民税非課税世帯を対象として認可事業の利用料が無償化されています。

　地域子ども・子育て支援事業は，地方自治体がそれぞれの地域の実情に応じて推進する事業です。このうち，利用者支援事業は2015年度に創設され，子どもやその保護者が確実に子ども・子育て支援給付を受け，地域子ども・子育て支援事業など必要な子育て支援を円滑に利用できるように相談に応じたり，情報提供を行う事業です。

2 施設型保育・地域型保育の利用の仕組み

　保育の利用を希望する保護者はまず，子ども・子育て支援法に基づく保育の必要性の認定を受ける必要があります。地域型保育事業の対象となるのは，保育の必要性の認定を受けた3歳未満児（3号認定）です。ちなみに，保育の必要性の認定を受けた3歳以上児は2号認定とされています（図1−3）。保護者の働く状況等，保育の必要量に応じ，

保育標準時間利用と保育短時間利用に分けられます。

　地域型保育事業は地域に密着した資源を活用して行われる新しい保育ですが，保育所等の施設型保育と同じ保育の質が担保されることが必要です。保護者にとっては，どの保育を選択しても同じ質の保育が，同じ条件で利用できることが必要になります。よって，地域型保育でも「保育所保育指針」に準じた保育が行われ，そして保育料についても，同じ地域に暮らす世帯所得が同じ家庭であれば，保育所を利用しても，居宅訪問型保育を利用しても保育料は同額に設定されています。

	3歳以上児		3歳未満児
	1号該当	2号該当	3号該当
教育	◎	◎	
保育		◎	◎

図1-3　保育認定（支給認定）における認定区分

3　地域型保育事業の概要

　地域型保育は、小規模保育事業，家庭的保育事業，居宅訪問型保育事業，事業所内保育事業からなります。表1-1に示すとおり，それぞれ定員規模や職員の構成が異なっています。居宅訪問型保育事業と家庭的保育事業，小規模保育事業C型の保育者は家庭的保育者となっています。家庭的保育者とは，「市町村長が行う研修を修了した保育士，保育士と同等以上の知識及び経験を有すると市町村長が認める者」とされています。この市町村長が行う研修とは基礎研修のことです。家庭的保育事業と居宅訪問型保育事

表1-1　地域型保育事業の概要

		事業所内保育事業	小規模保育事業			家庭的保育事業	居宅訪問型保育事業
			A型	B型	C型		
定員		6〜19名	6〜19名	6〜19名	6〜10名	1〜5名	1名
職員	職員数	0歳児　3：1 1・2歳児　6：1＋1名	保育所の配置基準＋1名	保育所の配置基準＋1名	0〜2歳児 3：1 （補助者を置く場合，5：2）	0〜2歳児 3：1 （補助者を置く場合，5：2）	0〜2歳児 1：1
	資格		保育士	1／2以上保育士	家庭的保育者	家庭的保育者	家庭的保育者
設備・面積	保育室等	定員6〜19名 小規模保育A型，B型の基準と同様	0歳・1歳児 1人当たり 3.3m² 2歳児 1人当たり 1.98m²	0歳・1歳児 1人当たり 3.3m² 2歳児 1人当たり 1.98m²	0歳〜2歳児 いずれも1人 3.3m²	0歳〜2歳児 いずれも1人 3.3m²	規定なし
その他	給食	自園調理 （連携施設等からの搬入可） 調理設備 調理員					保育者による調理，食事の提供を行わない。

参考資料：内閣府子ども・子育て本部「子ども・子育て支援新制度について」（令和3年6月）

業では基礎研修でもそれぞれ研修内容が異なります。地域型保育事業を行う事業者は，「家庭的保育事業等の設備及び運営に関する基準」（平成 26 年厚生労働省令第 61 号）に基づき，市町村が条例で策定した基準を満たし，市町村の認可，確認を受けた事業者です。

4 居宅訪問型保育事業

1 居宅訪問型保育の定義

居宅訪問型保育事業は児童福祉法第 6 条の 3 第 11 項において，以下のように定義されています。

児童福祉法　第 6 条の 3　第 11 項

この法律で，居宅訪問型保育事業とは，次に掲げる事業をいう。

一　保育を必要とする乳児・幼児であつて満 3 歳未満のものについて，当該保育を必要とする乳児・幼児の居宅において家庭的保育者による保育を行う事業

二　満 3 歳以上の幼児に係る保育の体制の整備の状況その他の地域の事情を勘案して，保育が必要と認められる児童であつて満 3 歳以上のものについて，当該保育が必要と認められる児童の居宅において家庭的保育者による保育を行う事業

居宅訪問型保育事業は，基本的には満 3 歳未満の子どもを対象とする事業ですが，地域に他に教育や保育を受ける施設がない場合や，子どもを受け入れる施設がない場合などについては，市町村の判断により満 3 歳以上も利用対象となることがあります。

2 「家庭的保育事業等の設備及び運営に関する基準」に規定される居宅訪問型保育事業

「家庭的保育事業等の設備及び運営に関する基準」において，居宅訪問型保育事業については，以下のように規定されています。

❶居宅訪問型保育事業者が提供する保育（第 37 条）

居宅訪問型保育事業者が提供する事業は以下の通りです。

①障害，疾病等の程度を勘案して集団保育が著しく困難であると認められる場合

②教育・保育施設又は地域型保育事業者が利用定員の減少の届出または確認の辞退をする場合に，保育の継続的な利用の受け皿として保育を行う場合

③児童福祉法に基づく措置に対応するために保育を行う場合

④ひとり親家庭で夜間の勤務がある場合等など，居宅訪問型保育の必要性が高い場合

⑤離島，へき地などであって，居宅訪問型保育事業以外の家庭的保育事業等の確保が困難であると市町村が認める場合

❷保育の場所，定員（第 38 条，第 39 条）

　居宅訪問型保育を行う場所は，子どもの居宅です。居宅訪問型保育事業において，保育者 1 人が保育することができる乳幼児の数は 1 人であり，1 対 1 の保育が行われます。つまり，1 事業の定員は 1 名ということになります。

❸居宅訪問型保育連携施設（第 40 条）

　「基準」第 37 条第 1 号に規定する乳幼児，すなわち障害，疾病等の程度を勘案して集団保育が著しく困難であると認められる子どもに対する保育を行う場合は，その子どもの障害，疾病等の状況に応じて，適切で専門的な支援その他の便宜の供与を受けられるよう，あらかじめ連携する障害児入所施設，その他の市町村の指定する施設を適切に確保しなければなりません。

　地域型保育事業の他の 3 類型の事業では，事業者ごとに連携施設を確保しなければなりませんが，居宅訪問型保育事業では，子どもの状態に応じ，子どもごとの連携施設が必要となる可能性もあります。

❹保育内容，保育時間，保護者との連絡（第 41 条）

　保育内容は「保育所保育指針」に準じ，居宅訪問型保育事業の特性に留意して，保育する乳幼児の心身の状況に応じた保育を提供します。保育時間は 1 日 8 時間を原則としますが，保護者の労働時間等を考慮し調整します。また，常に保護者と密接な連絡を取り，保育の内容等につき，その保護者の理解及び協力を得るように努めなければなりません。

❺保育所保育との共通点・相違点からみる居宅訪問型保育の特徴

　対象年齢，保育時間，保育内容などについては，保育所保育や居宅訪問型保育以外の地域型保育事業と共通して，いずれも対象は保育の必要性の認定を受けた子どもです。ただし，居宅訪問型保育の対象は，集団保育になじみにくい子どもであったり，あるいは保育所等が開所していない夜間に保育を必要とする子どもであったり，あるいは地域に通える保育施設がない場合など，やや限定的になっています。保育者としては，障害や疾病についてより専門的な知識や技術が必要になることや，夜間の保育ではさまざまな配慮事項も必要となります。

　また，保育所等では複数の保育者が一緒に保育をしており，何らかの判断が必要なときに助言や指示が得られるのに対し，居宅訪問型保育は他の保育者がいないところで，1 対 1 の保育を行うことになります。しかし，1 人の保育者が個人の判断で何もかも決めてしまうのではなく，居宅訪問型保育の場合は，事業者に管理者やコーディネーター，同じ子どもを担当する複数の保育者がおり，チーム体制を組んで行われます。このチーム体制を本書では「事業者担当チーム」と表現します。

　また，保育の場所が子どもの居宅というところも大きな特徴です。公的な保育でありながらも，私的空間で行われる保育となりますので，事業者や保育者だけの判断で行えるものではなく，保護者との密なる連携・協力が求められることになります。

5 地域子ども・子育て支援事業における居宅訪問型保育の展開

　地域子ども・子育て支援事業は子ども・子育て家庭等を対象とする事業として，市町村が地域の実情に応じて実施するものです。そのうち，一時預かり事業，病児保育事業，延長保育事業には訪問型が含まれています。いずれも，地方自治体における今後の導入が大いに期待される事業です。

1 一時預かり事業

　一時預かり事業は，家庭において一時的に保育を受けることが困難となった乳幼児を一時的に預かり，必要な保護を行う事業で，保護者の就労等を条件としていません。保育所等で行われる「一般型」，地域型保育等の年度明けの定員の空きを活用する「余裕活用型」，「幼稚園型Ⅰ」，「幼稚園型Ⅱ」，「居宅訪問型」，「地域密着型Ⅱ」等の類型があり，居宅訪問型の対象児童は居宅訪問型保育事業の対象児童と同様とされています。保護者が働いていない場合にも利用できることから，より広いニーズへの対応が可能となることが期待されます。

2 病児保育事業　非施設型（訪問型）

　集団保育が困難であり，かつ保護者が家庭で保育を行うことができない期間内で，対象児童（病児及び病気回復期）宅へ保育者が訪問して行われる保育です。従来からある一般型家庭訪問保育の調査でも，居宅での保育の利用が子どもにとってふさわしい保育として，病児・病後児保育があげられています。

3 延長保育事業　訪問型

　保育所や地域型保育事業等を利用する子どもに，利用時間を超えて延長保育が必要となった場合の保育ですが，居宅訪問型保育事業にも延長保育があります。また，もう一つは民間保育所等で延長保育を必要とする子どもが1人となった場合に，保育所で延長保育を行うのではなく，子どもの居宅に保育士を派遣して保育を行う事業があります。これにより，子どもは保育士と一緒に帰宅し，自分の家で保護者の帰りを待つことができるわけで，子どもにとってふさわしい保育の形ということができます。

4 訪問型保育事業者の届け出制の導入

　居宅訪問型保育事業を行う事業者が認可事業者となったことから，それ以外の事業者は，認可外の事業者となります。認可外保育施設については，2016（平成28）年度から，法人，個人の別や事業の規模にかかわらず，すべての事業者に都道府県等への届け出が義務化されています。

6 居宅訪問型保育の有効性と課題

1 居宅訪問型保育の有効性

　居宅訪問型保育の有効性としてまずあげられることは，個別保育です。これは，保育の対象となる子どもの状態に合わせた保育が行えることを意味します。これまで保育を必要としながらも，集団保育になじみにくかった子どもが保育を受けられるようになります。体調の悪い子どもにはその状態に合わせた保育が行えます。

　また夜間等にも保育が必要な場合に，家庭外の保育施設等で過ごさなければならなかった子どもが，自分の居宅で過ごすことができるようになります。地域子ども・子育て支援事業における一時預かり事業や延長保育事業，病児保育事業についても同様のことがいえます。とりわけ，低年齢の子どもや病児・病後児が家庭的環境（居宅はまさに家庭環境）で過ごせることも大きな特性です。日中は保育所等で集団保育を受けている子どもも，夜間には自分の居宅で生活できることが望ましいことはいうまでもありません。

　さらには，1対1の保育で子どもの生活リズムを尊重した保育が行えます。

2 居宅訪問型保育の課題

　子どもの居宅で1対1で行われる保育には先述の有効性もありますが，他の保育者や家族がいないところで行われる保育として，その密室性や保育の不透明性を懸念する声があることも事実です。また，障害や慢性疾患の子どもを対象にするうえで，保育者1人で対応したり，判断する必要が生じる可能性があることについて，安全面や障害や疾病に対する専門性について心配する声もあります。

　こういった声に対して，居宅訪問型保育事業は，事業者内に管理者を筆頭にコーディネーターや複数の担当保育者からなるチーム体制（事業者担当チーム）があり，そのチームの中で保育の計画や安全対策などを検討し，現場に赴く保育者1人の独断で行う保育ではないことを周知していくことが必要となります。また，実際に見ることができない保育内容や安全対策を可視化することも重要なことで，計画や記録等の文書を作成することによって情報提供，情報開示していくことが必要です。

　さらには，子どもや家族の居宅で公的な保育を行う難しさとして，個人的な空間，利用者家族に所属する空間の使い方について，事業者側の判断で勝手に変えたりすることが困難であることや，保護者の要望をどこまで受け入れるかという判断も，対象となる子どもが1人という点で集団とは異なる難しさが生じる可能性もあります。いずれにしても，保護者との連携を密にし，協力体制を築いていくことが求められます。

　新しい保育事業としての居宅訪問型保育ですので，実践事例を積み重ねていく中で，安全性が確保された，質の高い保育を実現していくことが必要で，そのためにも自治体，事業者，関係機関，連携施設等との連携が重要になります。

第2章

乳幼児の生活と遊び

> **講義の目的**
> ①子どもの生活における発達の過程に応じた1対1のかかわり方や援助方法について理解する。
> ②1対1で行う子どもの遊びについて理解する。
> ③子どもの生活におけるさまざまな人との適切なかかわり合いが，子どもの発達には必要であるということについて理解する。
> ④子どもの一日の生活の流れの中で，居宅訪問型保育者の役割について理解する。
> **学びのポイント**
> 　実践する保育の内容に対する具体的なイメージをもち，対象となる乳幼児の生活と遊びの重要性を理解するため，子どもの発達の過程に応じた生活への援助方法，子どもが楽しく過ごせるようなかかわり方と環境の構成，一日の流れ，生活や遊びの中での保育者の役割を学ぶものとする。

1 子どもの発達と生活

　子どもが安心して過ごせるよう，子どもの家庭生活との連続性や発達に応じた保育の配慮について学んでいきましょう。この章でいう"子ども"とは，乳児・1歳以上3歳未満児を指しています。

　居宅での保育は，家庭養育に最も近い保育を目指せるという利点があります。ただし，子ども一人ひとりの個別性に着目した大人のはたらきかけが大切です。子どもは「大人からしてもらう活動」の心地よさを土台として，人を求める応答性や，はたらきかけに対して笑うといった随意運動が生まれます。はう・立つといった活動も同様です。大人の心地よいはたらきかけを土台として，周囲の環境にはたらきかけるという自己の活動が生み出されていきます。このように乳児〜3歳未満の時期は大人のはたらきかけが重要な役割を果たします。単に大人がはたらきかければよいということではありません。子どもの自己活動が発展するように，あくまでも子どもが心地よいと感じるようなはたらきかけが大切です。

1 生活や発達の連続性を考慮した保育

❶ 子どもの発達とは

　子どもの発達は，社会に適応していくために必要な「生きる力」の基礎を獲得していく過程です。この時期の発達は，部分的なものではありません。身体性や精神性の育ちすべてが連動し，全体を通して一体的に育つ特徴があります。昨日・今日・明日と連続して育っていきます。そのため，「1歳になったからこれができる」というような年齢だけで判断できることでもありません。特に，最初の36か月の発達の過程における身体性，精神性の成長・発達，情動交流等には，大人のかかわり方が重要です。大人との関係性が軸となり，あらゆる生活活動に多様な影響を及ぼします。

❷ 「大人からの多様な影響」とは

　子どもが目覚めたら「おはよう，こんにちは」と，目を見て声をかけてください。そのときに恐い表情で目を見たらどうでしょうか。「顔を見たくない」と思わせてしまうかもしれません。子どもは，大人の笑顔と心地よいアイコンタクトにより気持ちが通じ，情動交流が育ちます。保育をする人は「笑顔がすてきな人がよい」といわれます。子どもが顔を見たくなるような，にっこりとした笑顔が大切です。また，子どもが安心できるような，「もっと見て，見て，僕のこと見て，私のこと見て」という子ども自身の輝きが大切です。話すことはできなくても，子どもは身体中を使って人を求めます。そこに応答する大人がいてこその情動交流，心地よい心の通い合いが芽生えます。

❸ 乳児期の子どもの発達と学びのねらい

　表2-1に示す①～④は子どもが生活や遊びを通して体験している内容例です。「保育所保育指針」（平成29年告示）には「養護と教育が一体となって展開される」と記載されています。活動を通して多様な体験をすることで，内面的な育ちがあります。例えば「ぽっとん遊び」をしながら，「物を握る力が育つ」「手先の操作性が育つ」「入れたときの音に気づく」「音に反応して楽しむ」「くり返しながら，こうすれば次にこうなるという見通しをもつ」「物を見たら手を伸ばして取ろうとする」「何かに見立てる」などといった育ちが芽生えています。一つの活動には多様な体験が含まれていることに気づいてください。もちろん月齢や年齢，発達の過程によっても子どもの育ちや活動内容は変化していきます。大切なことは，「ただ触っている」のではなく，「いたずら」でもないということです。子どもは生活や遊びといった活動を通して育ちます。「今何が育ちつつあるのか」を活動から「気づく」保育者のまなざしが大切です。すなわち，一つひとつの活動には重要な学びがあり，その内面的な育ちの意味を感じ取ることが大切です。

表 2-1 子どもが生活や遊びで体験している内容の例

①人との関係を育てる	②社会に適応する
人とかかわる	自分を知り，他者を知る
身ぶりや言葉で伝える	自分が大事な存在だと知っている
音に気づく	自分がすることに自信がもてる
聞く，反応する	感情を伝える
言葉を楽しむ	感情を抑える
人や物を見る	
真似る	
③興味・関心をもつ	④情緒が安定し，身体性が育つ
手に持とうとする	人との情動交流が生まれる
触る	愛着をもつ
五感がはたらく	全身の運動機能が育つ
遊びに夢中になる	手指の操作性が育つ

2 子どもの生活とは

保育の中で子どもの生活については，次のような言葉で表されることが多いです。

①養護（生命の保持・情緒の安定）

②基本的生活習慣（食事・睡眠・排泄・清潔・衣服の着脱）

「養護」は，「生命の保持・情緒の安定」を図るためと「保育所保育指針」（平成29年告示）に書かれています。「養護」はあらゆる保育実践の根幹であり，あらゆる生活に含まれていることを忘れないでください。安心してゆったりと子どもらしく生活できることは生きる力の基盤となります。居宅での保育のよいところは，自分の家であることです。そのよさを生かした保育を心がけてください。

また，生活とは，基本的生活習慣のことだけを示すものではありません。人間はそれ以外の時間のすべてを生きています。生活の質は，基本的生活習慣にかかわる時間以外の生活をどのように過ごすかにかかっています。居宅での保育は，1対1の大人と子どもの関係です。それだけに，「残さないで食べるようにしつけなければならない」というように大人のはたらきかけや役割がパターン化しないような配慮が大切です。

3 子どもの家庭と文化を尊重する

居宅での保育では，家庭養育において「何を大切にして育ってきた子どもか」「生活習慣はどのようになっているのか」など，各家庭によって生活の基準や価値観が異なることを認識しておきましょう。人間は，あらゆる環境に適応して生きています。子どもは生まれてからの環境に適応しようとして生きています。まわりの大人が「食べるとはこういうこと」「人間はあたたかいもの」「対話することは素敵である」「衣服の意味」など，意識して伝えるようにします。

例えば，家庭では今まで「どのような遊びや活動をしてきたのか」，「外遊びに行く機会はあったのか」，「段差のあるような生活空間，環境で過ごしてきたのか」，「食文化はどのような状況であったのか」，「大人とのかかわり合いはどのような状況だったのか」等，年齢に則した発達というよりもその子どもがどのように育ってきたかという実態把握をしながら，個別に必要な体験や配慮，はたらきかけを考えていくことが求められます。

さらには，食べものを口に入れるリズムやテンポ，湯加減，抱くときの揺らし方の好み，寝るときの癖，名前の呼び方，好きなおもちゃや好きな場所など，子どもの生活には既にできあがっている習慣があります。保育者は一方的にならないように注意してください。居宅での保育では，複数の保育者が交替で担当することもあります。子どもは，大人のはたらきかけが変化するたびに適応しなければなりません。変化が大きいほど適応することが負担になり不安定になります。家庭と担当者は細かなことについても情報共有をすることが大切です。

4 かけがえのない存在

居宅での保育は，乳児・3歳未満児というかけがえのない時期に家庭養育との緊密な連携によって保育を行います。乳児・3歳未満児は，成長・発達の過程において重要な時期であり，保育者はその時期の発達に寄り添うことになります。この時期は，子どもの自己認識の発達もめざましい時期です。子どもは，家庭における大人との関係性によって，「言語的／非言語的なもの，（保育者が感じる）正しい／正しくない，普通／普通でない，良い／悪い」などといった価値判断や認識に影響を受けています。乳児・3歳未満児の自己認識は，自分が「愛されている存在」だと感じるか，自分の家庭が心地よいかどうかという子どもの認識によって影響されます。居宅での保育では，一人ひとりの発達の特性や課題に留意して，個別的な対応をすることができます。子どもにとって「心地よい」環境や関係をつくっていくように，意識して努めなければなりません。

子どもの育ちは，大人との関係性によるあらゆる身体的・心理的「心地よさ」に影響を受けます。発達には，大人との応答的な情動交流が必要であり，子どもは肯定的で情緒的な雰囲気を必要としています。「たった一人のあなた」という存在を大人が意識することが大切です。特に，乳児・1歳以上3歳未満児は，保育を通じて，また自分の周りの思いやりのある関係性や交流を手本としながら，人との関係性について学んでいきます。

1分演習

演習のねらいと方法：この章の演習では，1分で何を伝え，何を情報として得るか，短い時間で伝えたり引き出したりするトレーニングを行います。居宅での保育では，保護者と話をする時間が限られています。保護者が出かける前，帰宅後の1分は貴重です。保護者が出かける前は保育上必要な情報をしっかり聞き出し，帰宅後には，子どもの様子や一緒に過ごして楽しかったことなどを簡潔に伝えなくてはなりません。

• 帰宅した保護者にはどのような言葉をかけたらよいでしょうか。

　保育では子どもを預かる時間の長さが長いほど，保護者と離れている時間が長いということに気づいてください。夜寝る時間をさしひくと子どもと保護者との時間は少なくなります。保育者は「子どもと保護者との関係が，家庭養育において良好な関係となるよう」に意識した言葉かけをしましょう。

　例えば，保育が長時間の場合は，子どもが保護者の帰りを待ちわびてぐずったりすることもあるでしょう。仕事の関係や交通機関の状況から時間を延長してしまうこともあるかもしれません。そのようなときには，子どもが不安定にならないように，いかにも「待たされている」と感じさせないような配慮が必要です。

　子どもは保育者と一緒にいる時間が楽しければ，長く待たされているとは感じないでしょう。安心感を与えるような寄り添い方，さりげなく触れ合えるようなぬくもりを心がけてください。また，保護者には「お帰りなさい。おつかれさまでした。」と労をねぎらうような出迎えや言葉かけを意識してください。

　居宅での保育は，家庭のプライベートな空間に入っていくことになります。たとえ，室内が片づいていなくても，台所のありようが保育者の意識とは異なっていても，さまざまな考え方があることを前提としてください。保護者への言葉かけが，指摘や苦情，保育者の不満とならないように気をつけます。「あの保育者にまたきてもらいたい。ホッとする。」と感じてもらえるような配慮を考えましょう。

2　子どもの遊びと環境

　子どもは遊びを通して発達していきます。発達を支えるような遊びと，そのための環境の重要性について理解しましょう。

　子どもの発達には一定の順序性とともに一定の方向性があります。例えば，身体機能であれば，頭部から下肢へ，体躯の中心部から末梢部へと発達していきます。身体的機能や生理的機能，運動面や情緒面の発達，知的発達や社会性の発達などが相互に関連し合いながら総合的に発達していくという特徴があります。このことを理解しながら，保育者は，子どもに寄り添いながら必要な環境調整やはたらきかけを行います。

1 子どもの遊びとは

　子どもにとって遊びは身体性の育ちや精神性の育ち，または人との関係性の育ちの土台となる活動です。大人のレジャーや余暇とは違います。例えば，おもちゃを手にとって遊ぶとき，「手と目の協応」の育ちといった身体性が育ちます。「これはなんだろう」と一生懸命見るときには，視覚や思考力，記憶力も育っていきます。また，おもちゃを手に持つことから物を操作する力も育っていきます。

　また，「他の人の姿」を模倣することは，「まねっこあそび」につながります。「ままごと遊び」は大人が野菜を切ったり，お鍋に入れたり，お皿に入れたり等という料理の手順に興味をもつことから始まります。子どもは，「なんだろう」と見ているうちに，模倣するようになります。このときの「トントン」という「音」や「ごはんよ」というような「言葉」の体験もあわせてしています。

　子どもの遊びは人間としての全体性を育てることが特徴です。手だけ，心だけといった部分の育ちではなく，体験がからみ合いながら全体が育つのが子どもの発達です。子どもは楽しければ夢中になり，くり返し同じことをしながら「気づいたり」「ためしたり」「工夫したり」します。そのくり返しが育ちにつながります。楽しさが子どもを育て，「笑う」ことで表情筋が育ち，大人と相互に表情を送り合い，読み合うことで人間として大切な人との関係性が育ちます。子どもにとって遊びは人間教育の基本です。

　前述したように（29頁），例えば「ぽっとん遊び」にはさまざまな内面性の育ちがあります。子どもにとって「くり返すおもしろさ」を味わい，何度も反復する姿こそが主体性です。「もう1回，もう1回…」と，くり返し夢中になりながら，「気づいたり，できるようになったり」「試したり，うまくいかなくて葛藤したり」といった資質・能力という育ちや学びのもとが含まれています。

> **1分演習**
> ・子どもにとっての遊びの楽しさは，どのような行為から見られるでしょうか？

2 環境を通した保育とは

　環境については，人的環境が何よりも大切です。そのうえで物との出会いや自然との出会いがあります。前述してきたように，保育者のはたらきかけによる子どもの生活環境への影響は大きいということがいえます。人間は，乳児期には自ら起き上がることができない存在です。「のどがかわいた」としても水分補給をすることはひとりではかないません。大人が抱っこしてくれるという環境があって初めて起き上がることが可能になり，自分の身体を起立しようとする力が育っていきます。大人がかかわらなければ乳児は自らの力では起き上がることはできないことを意識しましょう。身体や意欲が育ってきたら，適切な時期にスプーンやおはしを用意して使い方を教えてもらえることも大切な環境です。

　また，3歳未満児はあらゆる感覚器官や運動機能が発達する時期なので，さまざまな遊びを通して発達を促すことが大切です。生活・遊びには「おもちゃ」や「触っていい物」を環境として用意することが求められます。触ったり，つかんだりできる物があるという環境，安全に遊べるという環境が必要です。例えば，大人が「危ないから触ってはだめ」といって「物がない」「物を触れない」環境では，目と手の協応動作は育ちません。自然を感じることも同じです。散歩に連れ出してくれる大人がいて，「風の心地よさ」を感じることができます。水を触る機会があってこそ，「水」の感触や「気持ちよさ」に気づくことができます。

　その一つひとつの自然事象に出会いながら，大人の言葉かけ（言語化）によって，子どもはそれらを認知していくことができます。さりげない日々の生活には，子どもの育ちに必要なことが含まれています。「環境を通した保育」とは，大人がそのことに気づいて環境を整えることであり，それによって保育の質も変わることを理解しておいてください。

3 人との関係と保育のねらい・内容
—保育者（大人）のかかわり，はたらきかけについて

　それぞれの発達の過程において，子どもが体験しておきたいことを学び，保育のねらいを理解しましょう。乳幼児期の発達の特性に応じた子どもの生活・遊び，保育者のかかわりについては，214〜217頁，245〜253頁の説明や表を参照してください。保育所保育指針に基づいた0〜3歳未満児の保育の「ねらい」及び「内容」については，第7章（96〜98頁）にまとめてありますので，参照してください。

　ここでは，0〜3歳未満児の発達の過程と保育のねらい，保育者（大人）のかかわり，はたらきかけについて考えます。

1 乳幼児の発達と大人のはたらきかけ
❶乳児の発達と大人のかかわり

　乳児（0歳）では，心身両面において著しい発育・発達が見られ，五感（視覚，聴覚，味覚，嗅覚，触覚）を通して外界を認知していきます。目に入るものや周囲の声に反応し，かかわってくれる大人に目を向けるようになります。表情や身体の動き，泣き，喃語などで自分の欲求を表現しようとします。生後4か月ぐらいには首がすわり，生後6か月以降は，座る，はう，立つ，伝い歩きをするというように全身の運動機能が育っていきます。個々の時期や月齢にとらわれず，一人ひとりの発達の連続性や順序性に目を向けて，少し先の見通しを持ってかかわるとよいでしょう。例えば，「座る」ためには，その前に身体を起こしてくれる大人のはたらきかけが必要です。子どもは「寝たきり」では育ちません。大人への依存と情緒的なかかわりを通して，「起きたい」「抱っこされ

たい」という気持ちが育ち，次への発達や自立へとつながります。暦年齢通りに子ども
が育つわけではありませんので，発達を見通した子ども理解と，養護を基盤とした大人
のはたらきかけが必要です。

　応答的にかかわってくれる特定の大人（保護者や保育者）との間には，情緒的な絆が
形成されます。居宅での保育も，できるだけ少数の同じ保育者がかかわることが望まし
いです。子どもにとって重要なことは，特定の大人から深く愛されているという実感で
す。やさしく語りかけられる言葉や肌の感触，温かくゆったりとした生活援助に，心身
が快適に保たれ，気持ちが満たされます。

　保育者は子どもの表情やしぐさから子どもの欲求を察し，適切に，かつ温かなまなざ
しでかかわることが必要です。こうした日々の暮らしの積み重ねの中で，子どもは，人
とかかわりたい，認めてほしいという情動が育ちます。

　保育所保育指針の「第2章　保育の内容」の「1　乳児保育に関わるねらい及び内容」
の「(1)　基本的事項」に，この時期の子どもの保育において「愛情豊かに，応答的に行
われること」の重要性が記載されています。また，「(2)　ねらい及び内容」では乳児保
育の三つの視点が示され，人間関係については，「イ　身近な人と気持ちが通じ合う～
受容的・応答的な関わりの下で，何かを伝えようとする意欲や身近な大人との信頼関係
を育て，人と関わる力の基盤を培う」とされています。

　子どもは大人からの応答的なかかわりによって「心地よさ」を感じ，そこから，身近
な人との信頼関係を育てていきます。信頼している大人へ自分の感情や欲求を表し，さ
らにそれに対する身近な人の応答する言葉を聞くことから，次第に言葉を獲得していき
ます。子どもにとって心地よい，楽しい雰囲気が大切で，ゆっくりと優しく話しかける
などのかかわりが，この時期の子どもの育ちには必要です。

❷1歳以上3歳未満児の発達と大人のかかわり

　1歳を過ぎると一人歩きができるようになります。手が自由になることから，手を
使って物をつかんだり口へ持っていったりして遊んだり，指示行為（指さし）をして，
周囲の人へ興味・関心を伝えるようになります。「マンマ」などの言葉の芽生えがあり，
一語文から二語文へと発達し，今，目の前にないものもイメージできるようになります
（象徴機能）。2歳ごろになると，歩く，走る，跳ぶなどの動作が安定して活発になって
きます。意欲が出て，何でも自分でやろうとしたり，強い自己主張をしたり，「いやいや」
期が来るのもこの頃からです。言葉が増えて，自分の意志や要求を伝えようとします。

　この時期は，自分でやりたいという気持ちが強く，共感的な保育者とのやり取りを通
して，あるいは一緒に生活動作をすることを通して，その経験を内面化させていく時期
です。子どもの中では自分を受け止めてもらえたり，出来ることが増えたりして，「心
地よい」という体験を繰り返しながら，主体的に学んでいます。子どもの主体性を受け
止め，子ども自らが育つ力を大切にすることは，乳児・幼児期の全般を通じて共通する
ものです。

　保育所保育指針では，「第2章　保育の内容」の「2　1歳以上3歳未満児の保育に関わるねらい及び内容」「(1)　基本的事項」に「自分でできることが増えてくる時期であることから，保育士等は，子どもの生活の安定を図りながら，自分でしようとする気持ちを尊重し，温かく見守るとともに，愛情豊かに，応答的に関わることが必要である」と書かれています。また，「(2)　ねらい及び内容」のところでは，いわゆる「5領域」が示され，人間関係については，「イ　人間関係～他の人々と親しみ，支え合って生活するために，自立心を育て，人と関わる力を養う」という記述があります。

　保育者は子どもからのサインを適切に受け取り，子どもたちの自己選択を促しつつ，温かく応答的にかかわっていくことが重要です。特定の大人との間で愛着関係が形成されることを通して，関係を深めていくとともに，ほかの人たち（ほかの子どもたちなど）にも愛着関係（情緒的絆）の網の目が広がっていきます。

　この時期の保育者とのかかわりの積み重ねは，その後の成長・発達や生活習慣の形成，社会性の獲得にも大きな影響を与えることになります。保育者との信頼関係の構築により，人に対する基本的な信頼感を獲得することは，生涯を通じた自己肯定感や他者への信頼感，感情を調整する力，粘り強くやり抜く力などの，いわゆる非認知的能力（数値では測れない能力のこと）を育むことにもつながります。

2　抱っこの意義をもう一度考える

> **1分演習**
> ・抱っこにはさまざまな意義がありますが，保護者の中には抱き癖を嫌がる人もいます。抱っこについて，1分で話し合ってみましょう。

　昔は「抱き癖がついて困る」などといわれましたが，近年はむしろ抱っこされていない子どもが多く見受けられます。乳児は「抱っこ」によって身体を起こしてもらえます。抱っこされるから背筋力が育ち，自分の身体が支えられるようになり，座位が育っていきます。また，抱っこをしてもらうことで人間の包容力やぬくもりを感じていきます。こうして笑顔で目と目を合わせてもらいながら，安心感や信頼感などが生まれ，情動交流が芽生えていきます。人間関係の第一歩です。この情動交流なしにはその後の人との関係性の育ちは難しいといえます。人との関係性が心地よいことが重要な育ちの根源です。

　最近では抱っこを求めない子ども，抱っこを嫌がる子どももいます。理由はさまざまだと思いますが，安定した大人との関係を得られていないなどの背景も考えられます。保護者の中にも，なぜ子どもが泣くのか，なぜ抱っこを求めるのかが分からない方が多く見られます。そのため，「抱っこをする」という大人のかかわりが減り，情動の交流や育ちが少ない子どもがいることが懸念されます。抱っこを求めない子どもであって

も，子どもが安心して抱っこを求められるように，大人があきらめずにかかわり続けることが大切です。

また，この時期は，人やものとつながる力が大切です。五感を通して，さまざまなことを試し，くり返しながら気づき，できるようになっていきます。それは「大人との安定した環境がある」ことが養護として大前提となります。また，「できた」というようなにっこり笑うその瞬間に大人が応答することが子どもの自信となります。この自信がくり返しやりたい意欲となり，「学びの芽生え」がみられるようになっていきます。

4 子どもの一日の生活の流れと役割

それぞれの発達に応じた一日の過ごし方と個別的な保育者のはたらきかけに応じてみられる子どもの具体的な姿，保育者の役割を理解しましょう。

1 子ども理解に応じた一日の流れと子どもの姿

居宅での保育は，1対1であることから，一日の生活の流れを家庭養育に近いものにすることができます。保護者の状況を把握し，子どもの心身の発達やその日の状態に配慮します。子どもの思いや一日の全体像について，保護者との緊密な連携を保ちながら，一日の食事（時間や量，内容），睡眠，生活リズム，排泄，遊びなどについて情報交換を行います（保育内容やデイリープログラムについては第7章を参照してください）。

一日の生活の中で，「○○ちゃん」と大人から名前を呼んでもらうような生活が，子どもの自己認識を育てていきます。

2 保育者の役割とは

これまで述べたように，保育者の役割は子どもの行為を瞬間，瞬間に気づいて対応するような繊細なかかわりでなければなりません。そのためには，子ども理解，すなわち「子どもの目線」を常に持つことが大切です。大人がよかれと思っているかかわりや環境の設定も，子どもから見れば分かりにくかったり，怖かったりすることもあります。「子どもの目線」を常に持つには，まずは子どもの実態を知るための「観察する力」が必要です。その観察も，時間をかけて行うのではなく，体験を積み重ねながら短い時間で情報や状態を把握できるような洞察力や傾聴力を鍛えることが大切です。

1分演習
- 子どもの遊びや生活にかかわる保育者の役割には，どのようなものがあるでしょうか？

第3章

乳幼児の発達と心理

> **講義の目的**
> ①０歳から３歳くらいまでの乳幼児期の発達のポイントを学び，発達に応じた遊びやその安全性について理解する。
> ②子どもの発達を支える保育者の役割について理解する。
>
> **学びのポイント**
> 　乳幼児の発達と発達段階を学ぶことで，次の発達段階が分かるようになり，子どもにとって安全で楽しい保育を工夫することができる。また，子どもの行動の発達上の意味を知り，心の訴えを読み取ったり，保護者からの相談に対して助言ができるようになるとよい。

1　子どもの発達

1　発達とは

　子どもは，自ら発達していくエネルギーを持って生まれてきます。ただ，人間は，ほかの哺乳類に比べて極めて未熟な状態で生まれてきます。一人では立つことも食べることもできない，無力な存在です。しかし，子どもは，周りの人を引き付ける力を持ち，また，自ら周囲の環境とかかわろうとする力を有しています。生まれながらに備わったいろいろな感覚を使って周囲にはたらきかけ，環境との相互作用を通して発達していきます。時には停滞したり，後退しているように見えることもありますが，長い時間をかけて大人になっていきます。そのため，子どもが育っていく環境は極めて重要です。環境には，自然環境，人的環境，物的環境，社会的環境等があり，その環境は一人ひとり異なっています。その中でも人的環境は最も重要であり，保育者はその人的環境の一部です。

2　乳幼児期の発達の特徴

　エリクソンは人生を八つのライフステージに区分し，それぞれの時期の発達課題を示しています。その中で小学校卒業するまでの12年間にすでに四つのステージがあり，就学前の６年間には乳児期・幼児前期・幼児後期の三つのステージがあります。それは，

乳幼児期の発達がいかにめざましく重要であるかということを示しています。

　乳幼児期は，生涯にわたる生きる力の基礎が培われる時期でもあり，多様な経験の積み重ねにより，豊かな感性，好奇心，探求心，思考力が養われ，その後の生活や遊びの基礎となっていきます。まず，人との相互的なかかわりを深める中で，人への信頼感や自己への肯定感・主体性を形成していきます。子どもが最初にかかわるのは母親をはじめとする家族や保育者など身近な大人です。大人とのかかわりの中で，子どもは生命を守られ，愛され，信頼されることを知り，情緒の安定と人への信頼感を得ていきます。そして，安心できる大人のもとで身近な環境に関心をもち，自発的にはたらきかけることによって，次第に自我が芽生えていきます。排泄の自立をはじめ自分をコントロールする自律性を身に付け，自主性を培っていきます。大人との関係は子ども同士の関係に発展し，相互のかかわりを通して身体的及び知的な発達とともに，情緒的・社会的発達も促進されます。

　ただ，乳幼児期は，生理的・身体的な諸条件や生育環境の違いが大きく，一人ひとりの個人差が大きいという特徴があります。

2　乳幼児の発達過程

1　発達過程

　「保育所保育指針」（平成 29 年告示）で，保育士等は「子どもの発達について理解し，一人一人の発達過程に応じて保育すること。その際，子どもの個人差に十分配慮すること」とあり，発達過程に応じた保育，個人差に配慮した保育の重要性を強調しています。

　乳幼児期の保育にかかわるねらいと内容は，「乳児」「1 歳以上 3 歳未満児」「3 歳以上児」の三つに分けられ，そのうち乳児，1 歳以上 3 歳未満児の発達の特徴については，「基本的事項」の中に下記のように示されています。

❶乳児

　「乳児期の発達については，視覚，聴覚などの感覚や，座る，はう，歩くなどの運動機能が著しく発達し，特定の大人との応答的な関わりを通じて，情緒的な絆が形成されるといった特徴がある。これらの発達の特徴を踏まえて，乳児保育は，愛情豊かに，応答的に行われることが特に必要である。」

❷ 1 歳以上 3 歳未満児

　「この時期においては，歩き始めから，歩く，走る，跳ぶなどへと，基本的な運動機能が次第に発達し，排泄の自立のための身体的機能も整うようになる。つまむ，めくるなどの指先の機能も発達し，食事，衣類の着脱なども，保育士等の援助の下で自分で行うようになる。発声も明瞭になり，語彙も増加し，自分の意思や欲求を言葉で表出できるようになる。このように自分でできることが増えてくる時期であることから，保育士

等は，子どもの生活の安定を図りながら，自分でしようとする気持ちを尊重し，温かく見守るとともに，愛情豊かに，応答的に関わることが必要である。」

2 育みたい資質・能力

「保育所保育指針」では「生涯にわたる生きる力の基礎を培うため」に，乳幼児期を通して「育みたい資質・能力」として下記の三つを示しています。

第1章 総則 4 幼児教育を行う施設として共有すべき事項 （1）育みたい資質・能力 ア
（ア） 豊かな体験を通じて，感じたり，気付いたり，分かったり，できるようになったりする「知識及び技能の基礎」
（イ） 気付いたことや，できるようになったことなどを使い，考えたり，試したり，工夫したり，表現したりする「思考力，判断力，表現力等の基礎」
（ウ） 心情，意欲，態度が育つ中で，よりよい生活を営もうとする「学びに向かう力，人間性等」

　乳幼児の場合，これらは一つひとつを個別に取り出すのではなく，保育の中で生活や遊びを通して一体的に育んでいくことがよいとされています。小学校へつながるように，もっとやりたい・学びたいという気持ちの芽をつぶさないように，大事に育てていくことが求められています。

3 言葉とコミュニケーション

1 泣き・喃語

　子どもは誕生後，母体内から外界への急激な環境の変化に適応し，著しく発達していきます。この時期，自分では何もできない乳児が，おなかがすいた，眠い，暑い，何とかしてほしいという要求を周りの大人に伝える方法は，泣くことしかありません。なかなか要求が満たされないと泣き方は激しくなります。一方で，気持ちがよいときには，「生理的微笑」という満足げな表情を見せたり，「ウクン」など喉を鳴らす「クーイング」という発声が聞かれたりします。

　また，視覚や聴覚などの感覚の発達はめざましく，自分を取り巻く世界を認知し始めます。生後3か月頃になると，周囲の人や物をじっと見つめたり，物音や人の声がするとその方向を見るようになります。それに伴って，「生理的微笑」はあやされると笑うという「社会的微笑」へ，単調な泣き方は感情を訴えるような抑揚のある泣き方へ，また一人で語っていた発声は大人の声に合わせたり，視線を交わしながらの喃語へと変化していきます。

　このように乳児の生まれながらに備わっていた能力は，次第に心理的・社会的な意味をもっていきます。

　乳児と大人とのコミュニケーションの原型は，授乳時のやり取りにあるといわれます。乳児は母乳やミルクを飲むときに，一気には飲まずに休み飲みをします。休むと大人は話しかけたり身体をゆすったりして飲むように促します。そうするとまた飲み始めるというようなやり取りをくり返すことにより，乳児は次第にそのやり取りを楽しむようになります。

　子どもが示すさまざまな行動や要求に対して，大人が適切に応答する環境が大切であり，このことにより子どもの中に，人に対する信頼感が芽生えてきます。「そうなの，気持ちいいのね」「さびしかったの？よんでたのね」などと少し高めのトーンで子どもに話しかける大人の語りかけは，子どもにとって心地よく，愛着の形成につながります。

2 手さし・指さし—言葉以前のコミュニケーション

　8 か月頃から模倣ができるようになり，大人の真似をして手をたたいたり，いやいやをしたりして，反応が豊かになってきます。喃語も「アーアー」「ウーウー」という母音から，「ダーダーダー」「マーマーマー」といった「子音＋母音」の形に発展していきます。こうした喃語や，「抱っこして」と手を伸ばすようなさまざまな身振りに対して，身近な大人が気持ちを汲み取って言葉にしてあげたり，毎日の生活の中で「ねんねしようね」「いただきます」などと話しかけることにより，徐々に状況の理解とともに簡単な言葉の理解ができるようになります。

　また，子どもは生活の中で大人と同じものを見つめる経験や，「おいしいね」などと大人と共感する体験を積み重ねます。こうして次第に子どもは自分から盛んに指さしをするようになります。「あっ，あっ！」と自分の見つけたものを指さして教えたり，要求を指さして伝えようとします。身近な大人に自分の要求を目で訴え，指さしやジェスチャーで伝えようとする気持ちが言葉へとつながっていきます。

3 分かる言葉から話す言葉へ

　言葉を話すようになる前には分かる言葉が増えていきます。「いないいない，ばー」の遊びを通して自分でも「ばー」と言って顔を出したり，「ちょうだい」と言うとちょっと考えてからそっと手渡してくれたりします。「ありがとう，どうぞ」と渡すと，このような物のやり取りがしばらく楽しく続きます。対話の原型です。「ばいばい」と言うと真似をして手を振っていたのが，だんだん人と別れるときにバイバイをするのだと分かってきます。

　こうしておおむね 1 歳頃に最初の意味のある言葉が一語文として出てきます。「ママ」「まんま」「ブーブー」など，たった一語ですが万感の思いが詰まった一語です。まだ動物が全部「ワンワン」だったり，言葉の語尾だけだったりしますから，周りの大人はそ

の思いを汲み取り，「そうだね，ワンワンだね」「これはいちごだね」と応答的に返してあげることが大切です。分かってもらったという信頼感と対話の楽しさに目覚めていきます。

　一語文の中には，「ばいばい」のような状況と結びついた言葉，「おいしい」といった感覚や感情を表す言葉，「ワンワン」「ブーブー」などのように「犬」「車」など物の名前を表す言葉が混じっています。物に名前があると分かると子どもは指さしをしたり，「これは？」と言って名前を聞きたがります。こんな時にはできるだけ面倒がらずに答えてあげましょう。また子どもによってはなかなか自分から要求しない子どももいます。聞かなくてもじっと見ているものは関心のあるものです。「○○だね」「かっこいいね」と言葉にして返してあげましょう。うまく自分の思いが伝えられなくてかんしゃくを起こすことが多いのもこの頃です。また言葉を話し始める時期には個人差が大きいので，理解ができているようならもう少し見守ってあげましょう。無理に言わせようとしないで，好きな遊びを中心に楽しい言葉をたくさんかけてあげましょう。

　このようにして言葉の数が爆発的に増えていく時期を経て，次の二語文の段階に進んでいきます。

4 二語文へ

　子どもの気持ちを代弁したり，指さすものを言葉にして返すかかわりなどによりおおむね2歳頃に「ギュウニュウのむ」「ブーブーあった」などの二語文を話し始めます。電文体といわれる助詞のない文章ですが，少しは自分の思いを伝えられるようになり，かんしゃくが減っていきます。新しい言葉にとても敏感で，どんどん新しい言葉や言い方を試してみる時期です。発音はまだ上手でなく「エベレーター」「とうもころし」などと言ったり，「かににさされた（蚊に刺された）」「あかいのくつ」などの言い間違いもありますが，すぐに修正されていきます。

　また，「公園に行ってすべりだいであそぼうか？」というと「すべりだい？」とイメージを膨らませることができるようになります。実際に目の前にはない事物を頭の中にイメージすることができるようになると，積み木を電車に見立てたり，「つもり」や「ふり」を楽しむごっこ遊びができるようになります。このような象徴機能の発達は言葉の発達を促し，絵本などを楽しんだり，会話が増えていきます。

　3歳頃には話し言葉の基盤ができ，初めての人に対してもあいさつをしたり，自分の名前や年齢を聞かれると答えるなどの簡単な会話ができるようになります。また知的好奇心も強まり，「なぜ」「どうして」という質問が増えるようにもなります。やり取りを楽しんでいるところもあるので答えてあげましょう。また，自分の考えていることが全部口に出てしまうので，一人の時だけでなく集団でいる時も独り言が多くなる時期でもあります。このようにして言葉による表現も豊かになり，子ども同士での言葉のやり取りも増えてきますが，けんかの時などには口より先に手が出たり，うまく言えない場合

も多く，大人の助けが必要です。

5 言葉を育む豊かな環境

　子どもは生まれた直後から大人が話しているのを聞いています。胎児の時にも母親の声を聞いています。しかし，話し始めるのは1歳以降ですから，それまで長い時間をかけて準備をしているわけです。

　言葉は人の思いを伝える道具ですから，まずは人とコミュニケーションをとりたいという思いを育てることが大切です。そのためには人といるのが楽しい，一緒に遊ぶと嬉しいという経験をし，人への基本的信頼感を育てることが何より重要です。そのためには，まず目と目を合わせ（視覚的協応），肌と肌を合わせ（触覚的協応），声に声で応じる（聴覚的協応）という三つの感覚的協応（序章9頁を参照）を基本として愛着の形成をすること，次に，子どもの要求に対して応答的環境をつくることが大切です。つまり，見てほしいとか，話を聞いてほしいとか，質問に答えてほしいなどのサインをキャッチし，できるだけその時に応答してあげることです。

　また，物の名前ではなく，「暑いね」「ふわふわしているね」などの形容詞などは，子どもがまさに体験して感じている時にしか教えてあげられません。子どもの行動をよく見て，タイムリーにぴったりな言葉をかけてあげましょう。

　3歳くらいになると大人の言葉を真似て言うことも多くなります。しかし，赤ちゃんの時から大人の言葉を聞いていることを意識して，いつも話す言葉に配慮することが大切です。また，絵本の読み聞かせやごっこ遊びは，イメージを豊かに育み，将来の言葉の栄養になるでしょう。

4 自分と他者

1 アタッチメント（愛着）

　子どもにとって，乳児期に特定の大人との親密なかかわり合いによって育まれる「人への基本的信頼感」，つまり愛着形成が今後の人生で最も重要であるということは，エリクソンを始め多くの人が述べています。

　生まれたばかりの乳児は泣くことしかできませんが，次第にいろいろな泣き方をしたり，微笑んだり，大人を目で追いかけたり，声を出したりして，大人を引き付けようとします。このような愛着行動や要求に対して，身近な大人が適切に応えることにより，子どもの中には次第に人に対する基本的信頼感が芽生えます。大人のあやす行為には三つの感覚的協応が含まれており，目と目，肌と肌，声と声を合わせることにより，最も身近な特定の大人に対してアタッチメント（愛着）が形成されます。

　身近な大人が授乳をしたり，オムツを替えたり，抱いたり寝かしつけたりする日常の

お世話の中で，目を見てあやしたり，「どうしたの？」などと声をかけたり，スキンシップをしたりすることが自然と愛着形成につながっているのです。乳児にも個人差や個性があり，よく泣いて要求をする乳児もいれば，必要最小限しか泣かない乳児もいます。いろいろな声を出して大人を呼ぶ乳児もいれば，一人で静かに遊んでいる乳児もいます。どのような乳児に対しても大人のほうが目をかけ声をかけ，乳児の愛着行動に敏感に応答してあげることが大切になってきます。

このように乳児期における人とのかかわりが愛着形成に重要であり，その後の発達に大切な「人への信頼感」と「自己への肯定感」を育むのです。

2 指しゃぶり―自分への気づき

自己意識の芽生えは，まず自分の身体の発見から始まります。胎児の時も指しゃぶりをしていますが，生後2か月頃から指をしゃぶり始め，5か月頃にはほとんどの子どもが指しゃぶりをします。このように自分の身体の中で一番初めに出会うのは，自分の手です。乳児が自分の手を不思議そうに眺める光景は，ハンドリガードとよばれ，どの乳児にも見られます。いろいろ形が変わる手は，身近にあってとても面白いおもちゃなのかもしれません。その後，両手を絡ませたり，自分の足をつかんだりなめたりもします。

このように自分で自分の身体を触って確認する行動は，少しずつ自己認識を深めていく重要な発達の過程であると思われます。清潔にすることは大切ですが，汚いからと無理にやめさせたりするのではなく，見守ってあげるのがよいでしょう。また自分で触るのと，他者から触られるのとでは感覚が違うことなどに気づくことも大切です。さらに，乳児は鏡にうつった自分の姿を見るのがとても好きですが，それが友だちなのか誰なのか，また見えているのに触れない不思議な存在だと思っているようで，自分だと分かるには2歳頃まで時間がかかります。

3 人見知りと後追い

6か月頃には身近な人の顔が分かり，特定の大人との愛着関係はさらに強まります。初めての人や知らない人に対しては泣いたり人見知りをしたりするようになりますが，人見知りは特定の人との愛着が形成された証拠ともいえます。さらに1歳～1歳半頃をピークに後追いも見られます。これは愛着関係にある大人が視界から消えると不安になり，後を追ってハイハイやつかまり立ちをすることをいいます。

このような時には不安な気持ちをしっかりと受け止めて，「大丈夫，大丈夫」と抱いたり声をかけたりして落ち着かせてあげましょう。甘えたい気持ちを十分に満たしてあげることが大切です。また人見知りや後追いは子どもによって表し方や強さに個人差があり，さまざまです。人見知りが全くみられず誰にでもくっついていったり，分離不安がなさすぎる場合には，家庭環境も考慮しながら特定の大人が安全基地の役割を果たしているかどうか様子を見ましょう。

4 友だちとのかかわり

　ハイハイの頃には，他児に近づいて行って顔などに触ろうとすることはありますが，関心は長続きしません。ところが1歳半頃になると，特定の大人を安全基地として周りのほかの大人や子どもに関心を示すようになります。友だちの遊びをじっと見ていたら関心をもっている証拠です。少し大きな子どもの後を追いかけたり，壁をトントンたたいている子どもがいると真似をして一緒にトントンたたいて，「おもしろいね」というように顔を見合わせるような光景も見られるようになります。一方で，他児の持っているおもちゃがほしくて取ったり，噛んでしまったりすることがあります。このような時に，「いたいと言って泣いているよ」と泣いている様子を見せることや，友だちも同じ電車で遊びたいんだということを知ることも他者への気づきになります。また，自分のものや他者のものといった区別や理解が少しずつできるようになることも，「かして」という貸し借りが分かるために必要な準備です。身近にいる大人は，「かして」「どうぞ」「じゅんばん」「ありがとう」など人付き合いをスムースにする言葉を繰り返し教えてあげましょう。

　2歳を過ぎると友だちへの関心はさらに増していきます。身近な大人は，まずは子どもたちの中で自分を出せることを肯定しながら，少しずつ人との付き合い方を学んでいけるように，橋渡しをしながら援助してあげましょう。

5 保護者から離れて遊ぶ

　愛着関係のある大人から離れられなかった子どもも，自由にあちこち歩いて行けるようになると，大好きな大人が見えている範囲で探索行動に出かけて行きます。好奇心いっぱいの子どもは，興味のあるものを見つけると一目散に走って行きます。しかし，誰か知らない人がいて不安になったり，うまくいかなくて助けが必要になったりすると戻ってきます。そんな時には「見てるから大丈夫だよ」と不安を受け止めて，「もう一度行ってらっしゃい」と励ましてあげましょう。また，一人でできた時などには，嬉しそうに見せに来ることもあるでしょう。自分の気持ちをよく分かってくれる大人は安全基地のような存在です。行ったり来たりしながら，次第に自信をつけて遠くまで探索行動に出かけて行くようになります。そして3歳頃には自分の中にしっかりと大事な大人の存在が定着し，少しの時間なら離れられるようになります。

　乳幼児を預かる場合には，このような愛着関係に配慮し，保護者との信頼関係を子どもに見せて安心させたり，保護者とうまく連携をしてできるだけスムースに離れられるように工夫をしてあげましょう。

6 テリブル・ツー（自我の芽生え）

　自立歩行とともに，好奇心いっぱいの子どもは，大人の顔をちらちら見ながらいけないことをわざとする，ということが出てきます。イヤイヤ期の始まりです。その後自分

でやってみたいという気持ちはさらに強くなり，しばしば大人との間で衝突を起こします。公園から帰りたくないと駄々をこねたり，ベビーカーを押したいと主張したり，うまくできないと物を投げたりして，大人をすっかり困らせます。制止すると「いや」，叱ると「だめ」と言う，このような行動は，2歳頃が最も強く表れるので，テリブル・ツー（手のかかる2歳）と呼ばれます。しかし，自分でやりたいと主張することは「自我の芽生え」であり，発達的に非常に大切な時期です。

この時期の対応として頭ごなしにダメと言うのは逆効果です。いけないと教えなければならないことは「生命にかかわること」「人を傷つけること」「社会のルールに反すること」の三つ，これ以外は少し余裕をもって対応しましょう。自分の気持ちをうまく言えない子どもに代わって代弁してあげることや，「どっちにする」と自分で決めさせてあげるのもよいでしょう。大好きな言葉，楽しい言葉を耳にすると気分がすっかり変わることもあります。この時期は周りの大人もストレスを感じる時期ですが，自己形成の過程にある子どもを温かく見守ってあげましょう。

5　手のはたらきと探索

1　手の使い方と動き

生後すぐの頃には把握反射があり，手は握っていることが多く，指やガラガラを持たせるとぎゅっと握ります。そして生後2か月頃から手や指をしゃぶり，3か月頃に手の動きを見つめることを繰り返すことにより，5〜6か月頃には手を伸ばして身体の近くにあるものをつかむことができるようになります。これは目と手の協応がうまくできるようになったからです。何でもつかんで口に入れる，なめる，これが大満足なのです。

おすわりができるようになると両手が使えるようになり，使い方や動かし方にもバリエーションが増えます。音の出るおもちゃを振ったり，たたいたり，野菜スティックなどを手づかみで食べたりします。また初めは片手にしかおもちゃを持てなかったのが，8か月頃には両手に持ってかちかちと打ち合わせたりします。親指とほかの指が対向したつかみ方ができると，小さなものもつまめるようになります。身の回りのあらゆるものに興味を示し，何でも口に入れるので誤飲に気をつけなければなりません。直径が3センチ以下のものは誤飲の危険性があるため，床や手の届くところにタバコや薬，電池などを置かないように注意しましょう。また，つかんでは落とすことが面白く，落として何度も大人に拾わせる時期もあります。状況をみて他に興味を向けさせて終わらせる工夫もしましょう。

2　盛んになる探索行動

手の動きはますます器用になり，自立歩行とともに好奇心の塊である子どもは探索行

動を開始します。穴を見れば指を突っ込み，ボタンを見れば押し，引き出しを見れば引き出し，鍵を鍵穴にさそうとします。大人から見るといたずらですが，このような手指を使った行動は，脳を活性化し，手先の器用さを促す大切な活動なのです。外に出かければいろいろな音が聞こえ，風が吹き，自然の中で花や虫，石や砂を発見し触ろうとします。このような活動を通して，さまざまな感覚を磨き，初めてのことにチャレンジし，達成感・満足感を味わい，自信と自己有能感を持つことができます。

　ただそうはいってもコンセントに指を突っ込んだり，ティッシュペーパーを限りなく出されては困ります。コードやひもは隠され，ボールペンやおはしは大人に取り上げられます。そこで，これらの活動をおもちゃや遊びの中に取り入れることで子どものあくなき探求心を満たしてあげることが大切になってきます。おもちゃは子どもの興味関心をひき，好奇心と探求心を刺激し，達成感を味わわせてくれます。食品用ラップの芯やペットボトルなどを使った，カラフルな転がるおもちゃもハイハイの頃には活躍します。また，子どもが引っ張ると箱からハンカチがどんどん出てくる遊び，穴の中にボールを落とす遊び，段ボールのおうちなども，身近な材料で手作りができます。

３ 基本的な生活習慣の形成

　手指のいろいろな動きや器用さは，生活習慣の中で必要とされる重要な要素でもあります。手づかみ食べをしていた子どもも次第にスプーンやフォークに関心を示し，自分で持ちたい・食べたいと言うようになります。フォークで刺して口に運ぶ，スプーンですくって口に運ぶことも少しずつ援助されながら上手になっていきます。このほか基本的生活習慣としては，靴下を脱いだり，靴を履いたり，トイレトレーニングの際のパンツやズボンの着脱，ボタンのかけはめ，手洗いや歯みがきなどがあります。

　自分でしたいという意欲を大切にして，「できた」という達成感を味わうためには，手指のいろいろな動きができること，特に指先が自由に使えることが大事です。個人差もありますが，いたずらや探索行動・さまざまな遊びの経験を通して手指の発達を援助していきましょう。

４ 遊びの発達

　遊びの発達は身体や手指の操作の発達とも非常に関連しています。

　子どもは感覚運動遊びを好み，乳児もメリーゴーランドやガラガラなど音のするものによく反応します。手を伸ばしてつかめるようになると，おもちゃを振ったりたたいたりして音を出します。人の真似ができるようになると，いないいないばあや手遊びなども好み，面白いと思うと何度でも繰り返します。一方，動くものを追いかけるのも好きで，目で追いかける追視をし，ボールなど転がるものをハイハイで追いかけます。歩くようになるとさらに行動範囲が広がり，走る，のぼる，くぐる，押す，ひっぱる，投げるなどいろいろな動きをします。公園に出かけて遊具で遊んだり，室内でも段ボールト

ンネルなど，これらの動きを取り入れた運動遊びをしてあげると喜びます。2歳くらいになれば，ぴょんと跳ぶ動きやバランスをとるような遊びも取り入れてあげましょう。

探索活動やいたずらを通して手指の操作が上手になる頃には，ビジーボードなど手のさまざまな動きを取り入れたおもちゃや音の出る絵本などもよいでしょう。また，いろいろなものを箱や袋に入れたり出したりする遊びも好みます。また，さまざまな身近な素材を使った素材遊びは遊びの幅を広げます。新聞紙をびりびり破いたり，砂場で砂や水でどろんこ遊びをしたり，落ち葉や花びらのシャワーは，子どもの心を解放させ，思わず歓声が上がるでしょう。

少し大きくなると，ごっこ遊びや積み木遊びをするようになります。お母さんがやっていることを真似て，電話をしたり，お出かけごっこをしたり，お料理をしたりします。積み木やブロックを壊したり，積んだり並べたりすることが楽しい時期から，だんだんおうちや電車などをイメージし，電車や車の好きな子どもはトンネルや線路をつくって遊びます。

手指を使った遊びでは，シール遊びやクレヨン，粘土，はさみなどにも興味を持つようになります。それぞれの子どもの興味関心や成熟度に合わせて，個別に少しずつ教えてあげるとよいでしょう。

6 移動する力

1 移動運動の発達

身体の発達には，方向性と順序があります。首のすわり，寝返り，おすわり，ハイハイ，つかまり立ち，伝い歩き，一人歩き，という自立歩行の道のりをみると，頭部から尾部へと発達しているのが分かります。もう一つ，背骨という中心部から身体の末梢部へという方向性があります。ハイハイをしないで歩く子どももいますが，どの子どももこの順序と方向にそって発達していくわけです。また，身体的発達や運動機能の発達は個人差が大きいことを十分理解しておくことが重要です。出生時の状況や子どもの素質，環境により影響を受けるので，大きな問題がない限り大きい小さい，早い遅いという言葉で保護者に不安を与えないように配慮しましょう。

ハイハイができるようになると本格的に移動運動が始まり，最初は後ろへさがったり，回転したりしながら，次第に前に進むようになります。身体全体で這う「ずり這い」から膝で這うハイハイへ，最後はお尻を高くあげて這う「高這い」になり，スピードも速くなります。

そしてある日突然つかまり立ちをします。つかまり立ちができるようになると，何にでもつかまって立とうとします。そして伝い歩きをするようになると，家じゅうのいろいろなものにつかまって自由に渡り歩きます。そしてバランスをとるのが上手になった

ら，時に手を放して独り立ちをします。高這いの態勢からも独り立ちができるようになると，間もなく一歩が出て，歩き始めます。最初の一歩は誕生の時と同じくらい感動的なもので，本人もとても得意そうです。尻もちをついても，転んでも，何度も何度も立ち上がって歩きます。歩けるようになるともうハイハイはしなくなり，両手をあげてバランスをとりながら歩きます。室内で歩くのが上手になると，屋外で靴を履いて歩く練習をします。

　上手に歩けるようになると，スロープを上ったり下りたり，階段を上ったり下りたり，小走りに走ったりと活動的になります。2歳くらいになると跳ぶようになります。身体が上下に動く段階から片足が上がり，次に両足がバラバラに上がり，両足一緒に跳ぶようになり，最後に膝の屈伸が付きます。すべり台やブランコ，平均台などいろいろな遊具を通して，加速・揺れ・バランス感覚を養っていきます。

　乗り物は，手押し車を押して歩くことから，車に乗って両足でこぐようになります。三輪車を上手にこげるようになるのは3歳頃になってからです。

2 かかわり方のポイントと事故予防

　3〜4か月の赤ちゃんを抱くときには，まず首のすわりを確認しましょう。まだグラグラする時には首を支えてあげる必要があります。

　移動運動が始まるのは，寝返りをする頃からです。この時期にはベッドの柵を閉め忘れたり，うかつにソファに寝かせないようにしましょう。

　おすわりができるようになると，景色も変わって大人の動きも見えるため落ち着いて遊ぶようになります。しかし，まだまだバランスをとるのは難しいので，倒れないように大人が後ろにすわるとかタオルなどで支えるようにしましょう。おもちゃを適当な距離に置いてあげると手を伸ばして取ろうとします。ハイハイの態勢に移行する，またハイハイからおすわりをするなどいろいろな動きができるようになります。

　ハイハイが始まると部屋にあるものを総点検して，3センチ以下の口に入るものがないか，ごみなどが落ちていないか確認しましょう。またお風呂場のドアの隙間に入っていったり，階段を上っていったりするので決して目を離さないようにします。ハイハイは足と手を鍛えてくれるので，この時期に十分に這わせましょう。歩き始めると前に転ぶことも多く，先に手が出ないと顔面や口の中を切ったりするからです。「まてまて」と言ってハイハイで追いかけると喜んでハイハイで逃げて行きます。

　つかまり立ちは何にでもつかまるので注意します。伝い歩きはドアの隙間に手を挟まないように，つかまり損ねてけがをしないように気をつけます。歩き始めはよく転ぶので床におもちゃなどを置かないようにしましょう。

　外遊びの時は手をつなぎ，勝手に行ってしまわないように気を配ります。車道側を保育者が歩きます。公園では遊具の点検をし，すべり台では階段を上がり終えるまで下で待機し，上がったらできるだけ早く滑るように促し，滑るときや最後はスピードに気を

つけます。

　ブランコは，はじめは一緒に乗り，次第に１人で乗るようにしますが，降りる時には十分気をつけ，また乗っているブランコの前後は通らないようにします。

　発達段階を理解し，次に何をするようになるのか知ることは，事故予防にもまた楽しい保育をするうえでも役立ちます。個性や個人差に配慮して，子どものやりたい気持ちを大切にして，無理にさせることはやめましょう。子どもの一人ひとりの興味関心を大切にし，頑張っていることを応援し，できたという嬉しい気持ちに共感してあげるようにしましょう。

7　心と行動の発達を支える保育者の役割

1　乳幼児期を支える保育者の役割—基本的信頼感の形成

　エリクソンは人生を八つのライフステージに区分し，それぞれの段階に心理社会的な発達課題を示しています。発達課題とは，課題の解決に向けて成功と失敗の両面を経験し，その危機を乗り越えて望ましい心理的特性を獲得していくことで，エリクソンは乳児期（出生〜１歳半頃）の課題を「基本的信頼 対 基本的不信」，幼児前期（１歳半〜３歳頃）の課題を「自律性 対 恥，疑惑」としています。つまり，人生の最も初期の発達課題は，「人への信頼感」であると明示しているわけです（表３-１）。

表３-１　エリクソンの発達段階と発達課題（八つの段階のうち四つの段階）

発達段階	年齢	心理社会的危機（発達課題）	重要な対人関係
乳児期	出生から１歳半頃	基本的信頼　対　基本的不信	母親的人物
幼児前期	１歳半から３歳頃	自律性　対　恥，疑惑	親的な人物
幼児後期	３歳から６歳	自主性　対　罪悪感	基本的家族
学童期	６歳から12歳	勤勉性　対　劣等感	近隣・学校

　保育者には次の二つの役割が求められています。

①子どもの発達の特性や発達過程を理解し，発達及び生活の連続性に配慮して保育する。

②子どもと生活や遊びを共にする中で，一人ひとりの子どもの心身の状態を把握しながら，その援助を行う。

　乳幼児期の保育者の役割がいかに大きいものであるかを自覚して，一人ひとりの子どもに対して応答的にかかわって，人への信頼感と自己の主体性を形成することが重要だといえます。また，発達過程を理解して援助するとは，この年齢ではこういうことができるということを知ることではなく，一人ひとりの子どもの発達状況と次のステップを把握し，子どもが意欲を持って取り組めるように援助することです。適切なタイミング

で適切な援助を行うには，子どもの心身の準備状態を見極め，その子どもに合った目標を示してあげること，できたらほめて達成の喜びを共有することが大切です。

2 乳幼児期の遊びの重要性

　生活の中で子どもと心を通わせるのに最も良い方法は遊ぶことです。遊びによって楽しさと心地よさを共有することは，信頼関係を築き，食事や睡眠といった生活全般にも良い影響を与えます。

　遊びは子どもにとって「心の栄養」であり，質の良い遊びは子どもの心と表情と言葉を豊かにしてくれます。良い遊びにはいくつかの要素があります。まず良い遊びは楽しいものです。子どもの五感を刺激して，心をハッとさせてくれます。また良い遊びは自由です。できるだけ自分の興味に合ったものが選べる，いやになったらやめられる，飽きるまで自由にやってもよい環境が理想です。良い遊びの環境の中では，子どもは遊びに夢中になり繰り返します。

　まず，目の前の子どもを見つめ，気持ちを受け止めてあげることが大切になります。つまり，まだ言葉では伝えられない乳幼児の，相手をしてほしい，もう 1 回やりたい，疲れたからやめたいなどのサインをしっかり受け止めることです。乳幼児はスキンシップが大好きで，くすぐり遊びはかまってもらっているという満足感につながります。

　次に，子どもの興味関心を大事にし，遊びを選べるようにしましょう。歌が好きな子ども，電車が好きな子ども，絵本が好きな子ども，動物が好きな子どもなど個性や好みに合わせてあげましょう。共感してもらうことは表情が豊かになります。

　また，チャレンジしたくなるような，やりたくなるような環境をつくってあげることも大切です。山があれば登ろうとし，クレヨンがあれば描こうとします。発達に合わせた遊びは，個別の援助にもなります。

　このように，大人と一緒に遊ぶ楽しさは安心感と信頼感につながり，お友だちや自分より小さい子どもへの優しさにもなります。たくさん遊んであげましょう。

3 日常生活の経験と遊びへのつながり

　乳幼児にとって，生活すべてが遊びであり，学びの場であるといっても過言ではありません。特に身近な大人の行動には常に興味津々です。日常生活の経験とつながりが深い遊びとして，ごっこ遊びとお手伝い遊びがあります。

　ごっこ遊びは，大人の日常生活を真似た遊びで，印象的だった大人の行動を覚えていて再現するものです。鞄を持ってお出かけするお父さん，台所でお料理をするお母さん，お化粧するお母さんの様子をじっと観察し，ある日の遊びの中でやってみます。何か似たものを化粧品に見立てたり，食べるふりをしたり，イメージの世界が広がります。

　一方お手伝い遊びは，大人のお仕事の一部をお手伝いすることですが，実際にはちょっとお手伝いした気分を味わう，成果を期待しない遊びです。しかし，「しんぶん

おとどけしてきてね」「このおせんたくもの，たたんでね」「ありがとう，たすかったわ」というやり取りは子どもにとって少し誇らしく，楽しく，実物体験ができる遊びです。成長するとせんたく遊びやクッキングにつながっていきます。身体のサイズに合った小物を用意してあげるとさらにやる気が増します。

このように日常生活の中には遊びの要素がたくさんあります。子どもの発達段階に合った環境づくりをすることにより，興味関心を広げて遊びを展開してあげるとよいでしょう。

4 遊びのヒント

触れ合い遊び

大人と子どもが身体を触れ合わせて遊ぶことで，楽しい思いを共有するところに意義があります。いろいろな触れ合い遊びがありますので，月齢や年齢によって，また子どもの様子や希望によって，選んで遊びましょう。

例えば，子どもが寝転がっている時には，歌を歌いながら，身体全体を触ったり，くすぐったりすると喜びます。向かい合って座っている時にはくすぐり遊びのほか，真似をしやすい手遊びもよいでしょう。また，子どもが膝に乗ってきた時には，乗り物や動物に乗っているような感じで膝を揺らしてあげると喜びます。2歳頃になると身体全体を動かして体操やダンスをして一緒に遊ぶのもよいでしょう。

絵本の読み聞かせ

1人の場合は基本的に膝に乗せて読んであげましょう。温かい膝の上で，背中から聞こえる優しい声が心地よい読み聞かせの時間です。

・乳児期

絵本を見始めるのは1歳頃からですが，関心を持つのはもっと早く，膝に抱いて見せてあげると絵をじっと見つめたり，手足をバタバタさせて喜んだりします。ただ，1人で絵本を持たせるとなめるので，しゃぶっても大丈夫なような厚手の絵本がよいでしょう。1歳近くなると，ページめくりに興味を持ったり，気に入ったページでストップしてしまうこともありますが，ゆったりと読んであげましょう。ページをとばしたり，元に戻ってもよいのです。気に入ったページの絵を見ながらお話してあげましょう。子どもが楽しんでいることが最も大切です。

・1・2歳児

絵だけではなく，言葉や話の流れにも興味を持ち始めます。昔から読み継がれているものは，できるだけ原文を大切にしながら読みましょう。文章のリズムを楽しみながら，子どもの様子に応じて一言加えたり，少しアレンジしたりするのはよいでしょう。子どもは気に入った本を何回も何回も読んでほしがります。繰り返し読むことによって頭の中のイメージをより鮮明にしているのでしょう。必要だから求めているのです。満足するまで十分読んであげましょう。イメージが豊かに育った子どもは遊び

や生活の中で十分に力を発揮することができるようです。

【参考文献】
- 齊藤多江子・須永美紀「第 2 章 乳幼児の発達と心理」家庭的保育研究会編『家庭的保育の基本と実践 第 3 版』福村出版，2017.
- 相良順子・村田カズ・大熊光穂・小泉左江子『保育の心理学 第 3 版』ナカニシヤ出版，2018.

乳幼児の食事と栄養

　居宅での保育では，保護者が準備した食事を保育者が提供します。保育者は，子どもの食べる意欲を育てながら発達に合わせた介助を行います。保護者から食事の相談を受けた時に，適切に答えられるよう，乳幼児の食事と栄養について学んでおきましょう。

1　乳児期—離乳の進め方に関する最近の動向

1　「授乳・離乳の支援ガイド」（2019年改定版）の活用のしかた

　2019（平成31）年に厚生労働省から「授乳・離乳の支援ガイド」が公表されました。近年の子育て事情に合わせて，望ましい支援のあり方の基本的事項を共有することを目的に作成されています。

　離乳食は，生活習慣のリズム形成，家族単位で育まれる社会生活経験の場，食べる機能に合わせた学習などを毎日の生活の中で積み重ねていく大切なものです。子どもの飲むこと，食べることは子育ての大きな部分を占めます。離乳を進めるうえでは母親や父親を始めとする家族や養育者が自信を持って対応できるように，寄り添いを重視した支援を行うことが重要です。

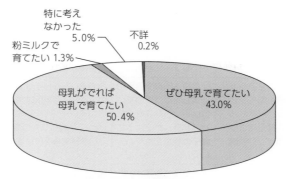

図4-1　母乳育児に関する妊娠中の考え
資料：厚生労働省「平成27年度乳幼児栄養調査結果」

2 授乳の支援

　妊娠中の母親の93.4％が「母乳で育てたい」（図4-1）と考えています。母乳は，乳児に最適な栄養源であり，母子関係の確立においても良好な影響を与えます。母乳育児を希望する母親にとって，居宅での保育は（冷凍母乳の管理などの面でも）ふさわしい保育といえます。保育者は，解凍・加熱の方法などについて，保護者とよく打ち合わせすることが必要です（冷凍母乳の扱い方については第15章201頁を参照）。

　育児用ミルクで育てる場合は，母親が不安を抱いたり自信をなくしたりしてしまうことがないように配慮します（調乳・授乳の方法は第15章198頁以降で学びます）。授乳を通して，母親あるいは保育者と子どものスキンシップを図り，子育て全般を通して触れ合いを重視します。

　妊娠，出産，授乳は母親の心身に大きな変化をもたらします。保育者はこの時期の母親が自信を持って楽しく子育てができるような支援を行います。

3 離乳の支援

　5～6か月頃になると生活リズムが定まり，授乳間隔も3～4時間空くようになります。内臓機能が発達し，活動量も多くなり，乳汁だけでは栄養素の補給が困難になるために離乳食が必要になります。離乳食は，赤ちゃんの発達に合わせて「離乳食の進め方の目安」（図4-2）を参考に進めます。

❶支援のポイント

　①離乳食の開始月齢は，5～6か月頃と幅をもたせています。完了の時期も12～18か月頃と幅があるのは，咀嚼機能には個人差があるからです。一人ひとりの発達に合わせて無理なく進めます。

　②食事の目安は，回数，調理形態，食品の種類，量を参考にします。適量かどうかは，発育曲線（図4-3）のグラフに体重と身長を記入して，発育曲線のカーブにそっているかどうかで，定期的に確認することが大切です。

　③栄養素では，5か月頃から鉄欠乏を生じる可能性があります。鉄は中枢神経の発達

		離乳の開始 ══════════════════════════════> 離乳の完了			
		以下に示す事項は，あくまでも目安であり，子どもの食欲や成長・発達の状況に応じて調整する。			
		離乳初期 生後5〜6か月頃	離乳中期 生後7〜8か月頃	離乳後期 生後9〜11か月頃	離乳完了期 生後12〜18か月頃
食べ方の目安		○子どもの様子をみながら1日1回1さじずつ始める。 ○母乳や育児用ミルクは飲みたいだけ与える。	○1日2回食で食事のリズムをつけていく。 ○いろいろな味や舌ざわりを楽しめるように食品の種類を増やしていく。	○食事リズムを大切に，1日3回食に進めていく。 ○共食を通じて食の楽しい体験を積み重ねる。	○1日3回の食事リズムを大切に，生活リズムを整える。 ○手づかみ食べにより，自分で食べる楽しみを増やす。
調理形態		なめらかにすりつぶした状態	舌でつぶせる固さ	歯ぐきでつぶせる固さ	歯ぐきで噛める固さ
1回当たりの目安量					
I	穀類（g）	つぶしがゆから始める。 すりつぶした野菜等も試してみる。 慣れてきたら，つぶした豆腐・白身魚・卵黄等を試してみる。	全がゆ 50〜80	全がゆ 90〜軟飯80	軟飯90〜 ご飯80
II	野菜・ 果物（g）		20〜30	30〜40	40〜50
III	魚（g） 又は肉（g） 又は豆腐 （g） 又は卵（個） 又は乳製 品（g）		10〜15 10〜15 30〜40 卵黄1〜全卵1/3 50〜70	15 15 45 全卵1/2 80	15〜20 15〜20 50〜55 全卵1/2〜2/3 100
歯の萌出の目安			乳歯が生え始める。	1歳前後で前歯が 8本生えそろう。 離乳完了期の後半頃に奥歯（第一乳臼歯）が生え始める。	
摂食機能の目安		口を閉じて取り込みや飲み込みが出来るようになる。 	舌と上あごでつぶしていくことが出来るようになる。 	歯ぐきでつぶすことが出来るようになる。 	歯を使うようになる。

※衛生面に十分に配慮して食べやすく調理したものを与える

図4-2　**離乳食の進め方の目安**

出典：厚生労働省「授乳・離乳の支援ガイド（2019年改定版）」2019.

に関与しているので不足しないように鉄の多い食品を意識することが大切です。

④食べ方の目安を参考にしながら「食べることは楽しい」を伝えます。

4 離乳食の意味

❶ 「食べることは楽しい」を伝えます

①2か月頃から指しゃぶりが，4か月頃から玩具しゃぶりが盛んになります。口をさまざまに刺激することは食べることへの刺激になります。

②規則正しい生活サイクルは空腹感や満腹感のリズムを育てます。

③食事中は楽しく「おいしいよ」「モグモグ上手ね」「これは何かな」などと興味を持

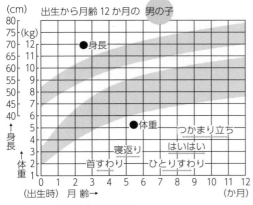

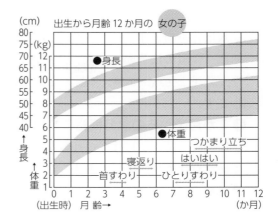

図 4-3　乳児身体発育曲線
出典：厚生労働省「平成 22 年乳幼児身体発育調査報告」

たせる言葉かけをします。

❷ **咀嚼すること，味わうことを学びます**

①離乳食は，咀嚼機能の発達に合わせて形状やとろみを調整していきます。子どもの食べる様子を見ながらペースト状から粒状のものを加えていきます。おじやのように混ぜてばかりでは，咀嚼の練習につながりません。さまざまな食品を試すことは口の中の機能を最大限に生かします。

②味には，甘味，旨味，塩味，酸味，苦味の基本味があります。甘味はごはんなどに含まれるエネルギー源の存在を，旨味は肉や魚などに含まれるたんぱく質の存在を，塩味はミネラルの存在を教える役割があります。「体にとって必要な食べ物」を伝えるため，本能的に好まれる味です。一方，酸味は腐敗した味，苦味は毒の味の存在なので最初は好みません。しかし，経験を重ねていくとさまざまな味を受け入れられるようになり味覚は発達していきます。

③乳児の好き嫌いは固定していません。無理強いせずに根気よく誘いながら試す機会を増やしていくことです。

❸ **食べたい意欲をどう引き出すか**

①スプーンで口腔内の奥に離乳食を押し込むと食べにくいものです。下唇にスプーンをのせて上唇で食べ物をとらえるのを待ちます。

②9 か月頃には自分で食べたい欲求から手づかみ食べが始まります。手づかみできる大きさのものを用意して，前歯でかじりとる練習をしていきます。

③集中することが難しいので，食べものを触る，つぶす，放すなどの遊び食べが始まります。遊びと食事の区別をつけることは大切ですから，食事時間は長くても 30 分くらいで切り上げます。

④ムラ食い，ばっかり食いなどで食べる量は安定しません。子どもの食べるペースを大切にします。

5 水分補給

　水は体を構成する物質の内で最も量が多く，乳児は約70％を占めています。乳幼児期は，腎臓の機能が未熟なために薄い尿を多量につくるため水分が失われやすいことや，発汗，発熱，下痢，嘔吐などの時には脱水症を起こしやすいので水分補給を必要とします。

❶ 2か月頃からの水分補給について

　以前は，湯ざましは2か月頃からお風呂上りなどに飲ませること，離乳食の準備として果汁や野菜スープを飲ませることとしていましたが，現在では勧めていません。お風呂上りの水分補給は，5～6か月頃までは授乳だけで十分です。果汁からは，ビタミンCを補う役割がありましたが，現在では育児用ミルクは改良されているので，果汁からの栄養素を早くから足す必要がありません。また，野菜スープなどをスプーンで与えようとしても哺乳反射があるうちは押し出すのでうまく飲み込めません。

❷ イオン飲料について

　発熱や下痢など軽度の脱水症状の時に使用できます。水代わりとして飲ませていると習慣化しやすく，むし歯，肥満，偏食などの原因になりやすいので，電解質が必要なときだけにします。

❸ フォローアップミルクについて

　母乳と育児用ミルク，フォローアップミルク，牛乳の栄養素比較を表4-1に示しました。フォローアップミルクは，牛乳に不足するビタミン，鉄などを補強し，牛乳の代替品として開発されたものです。鉄不足のリスクが高い場合などに9か月頃から使用できます。ただし，母乳や育児用ミルクをやめて切り替える必要はありません。3歳まで使用できるとしているので哺乳瓶からコップに移行して飲ませます。

　鉄は食品から摂取することができます。鉄を多く含む食品には，レバーや牛・豚肉，青魚，卵，大豆製品，ほうれん草や小松菜などがあります。9か月頃には，これらの食品が食事に含まれているかどうかを確認しましょう。

表4-1　母乳，乳児用調製粉乳，フォローアップミルクなどや牛乳の主な成分の比較

100mL あたり	エネルギー (kcal)	たんぱく質 (g)	脂質 (g)	鉄 (mg)	カルシウム (mg)	ビタミンD (μg)
母乳[1]	65	1.1	3.5	0.04	27	0.3
乳児用調製粉乳[2]	66.4～68.3	1.43～1.60	3.51～3.61	0.78～0.99	44～51	0.85～1.2
フォローアップミルクなど[3]	64.4～66.4	1.96～2.11	2.52～2.95	1.1～1.3	87～101	0.66～0.98
牛乳[1]	67	3.3	3.8	0.02	110	0.3

1）日本食品標準成分表2015年版（七訂）より作成
2）国産の6銘柄の乳児用調乳液の値
3）国産の6銘柄の乳児用フォローアップミルク等の調乳液の値
出典：五十嵐隆監『授乳・離乳の支援ガイド（2019年改定版）実践の手引き』公益財団法人母子衛生研究会, p.100, 2020.

2 幼児期—栄養バランスを考えた幼児期の食事のポイント

1 幼児期の食事

　幼児期の食事は，乳児期に引き続き発育が盛んであり，運動も活発になるので，体をつくる栄養素や運動のためのエネルギー補給が必要です。自我の発達に伴い，遊び食べ，偏食など食に関する困りごとが起こりやすいものですが，適切に対応しなくてはなりません。また，歯の本数，食べる機能など発達の途中にあるので，食材の調理形態や調理方法に配慮が必要です。もし，保護者が用意した食事やおやつの内容，調理方法に問題がある時は，事業者を通じて改善のはたらきかけをすることもあります。

❶日本人の食事摂取基準 2020 年版（表 4－2）

　参考となるエネルギー必要量と栄養素は，日本人の食事摂取基準 2020 年版に示されています。推定エネルギー必要量は，体重1kg あたりでみると，大人の約2倍必要とします。体が小さいわりにたくさんの栄養素を必要としますので，3回の食事とおやつでバランスよく配分します。献立の組み合わせは，食事バランスガイド（図4－4），お弁当の配分（図4－5）が参考になります。日本人は塩分過剰ですから，乳幼児期は減塩を心がけることが大切です。

❷歯の本数に合わせる

　奥歯が生えそろわない時期は，大人と同じように咀嚼することはできません。食べづらい食品の特徴と例（表4－3）を参考にしながら食べやすく調理したものを奥歯の本数に合わせて用意することが大切です。

　食べものが危険なこともあります。誤嚥しやすい食品を理解して事故を起こさないようにします（図4－6）。

❸手づかみ食べの大切さ

　手づかみ食べは，食べ物を目で確かめ，手指でつかんで口まで運び，口に入れるとい

表4－2　1日あたりの食事摂取基準　身体活動レベルⅡ　抜粋

年齢	性別	推定エネルギー必要量 （kcal/日）	たんぱく質 推奨量 （g/日）	脂質目標量 （％エネルギー）	カルシウム 推奨量 （mg/日）	鉄推奨量 （mg/日）	塩分相当量 目標量 （g/日）
1～2	男	950	20		450	4.5	3.0未満
	女	900	20		400	4.5	3.0未満
3～5	男	1,300	25		600	5.5	3.5未満
	女	1,250	25	20～30	550	5.5	3.5未満
6～7	男	1,550	30		600	5.5	4.5未満
	女	1,450	30		550	5.5	4.5未満
30～49	女	2,050	50		650	6.5 （月経なし）	6.5未満

資料：「日本人の食事摂取基準（2020年版）「日本人の食事摂取基準」策定検討会報告書」（厚生労働省），2019 より

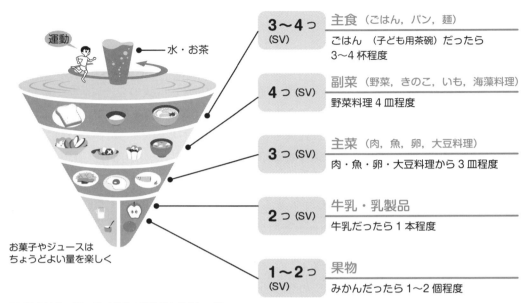

幼児の1日分の目安量

3～4つ (SV)　主食（ごはん，パン，麺）
ごはん（子ども用茶碗）だったら
3～4杯程度

4つ (SV)　副菜（野菜，きのこ，いも，海藻料理）
野菜料理4皿程度

3つ (SV)　主菜（肉，魚，卵，大豆料理）
肉・魚・卵・大豆料理から3皿程度

2つ (SV)　牛乳・乳製品
牛乳だったら1本程度

1～2つ (SV)　果物
みかんだったら1～2個程度

運動
水・お茶
お菓子やジュースは
ちょうどよい量を楽しく

※ SVとはサービング（食事の提供量の単位）の略
図4-4　幼児向け食事バランスガイド（1日の食事量の目安）
出典：東京都福祉保健局「東京都幼児向け食事バランスガイド指導マニュアル」2006.

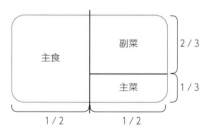

図4-5　お弁当で栄養バランスを整える
※ 1～2歳児は350mlサイズ，3～5歳児は
400～450mlサイズが目安になります。

表4-3　幼児期（特に1、2歳児）に配慮したい食品

特徴	食品例	工夫
ペラペラしたもの	レタス，わかめ，薄切りりきゅうり	やわらかく加熱する ひと塩する
皮が口に残るもの	豆，トマト	皮をとる
硬すぎる，弾力性の強いもの	かたまり肉，えび，いか，こんにゃく，かまぼこ，きのこ	こまかくする，すりつぶす
口の中でまとまりにくいもの	ブロッコリー，ひき肉	とろみをつける
唾液を吸うもの	パン，ゆで卵，さつまいも	水分を加える

こんにゃくゼリー，もち，ピーナッツ，大豆，枝豆，ミニトマト，丸いアメ，リンゴ片，ぶどう，パン，団子

平成19年度厚生労働科学研究補助研究事業「食品による窒息事故について」消費者庁公表資料（2021年1月20日）
・豆やナッツ類など，硬くてかみ砕く必要のある食品は5歳以下の子どもには食べさせない。小さく砕いた場合でも，気管に入ると肺炎等になるリスクがある
・食べているときは，姿勢を良くし，食べることに集中させる
・節分の豆まきは，後片付けを徹底する

図4-6　誤嚥・窒息事故を起こしやすい食品

う目と手と口の協調運動です。協調運動ができると食器や食具が上手に使えるように
なっていくという摂食機能の発達上，重要な役割を担っています。

❹食具の使い方に合わせる

　2歳代になると，手づかみ食べをしながらスプーンやフォークが使えるようになりま
す。食具が扱いやすい食器や食べ物を用意します。子どもが握りやすい柄の長さや重さ，
スプーンボウルの大きさは口角距離の3分の2くらいがよいでしょう。子どもに合って
いるかどうか確認します。

2 子どもの食事で困っていること

　幼児期は，食べるのに時間がかかる，偏食，むら食い，遊び食べなどが多く見られま
す（図4−7）。この時期の精神発達は著しく，自我の芽生えに応じて食べる時にもさま
ざまな行動をとるようになるからです。この食行動を理解し，長期的な視野で見守り，
支援していくことが大切です。

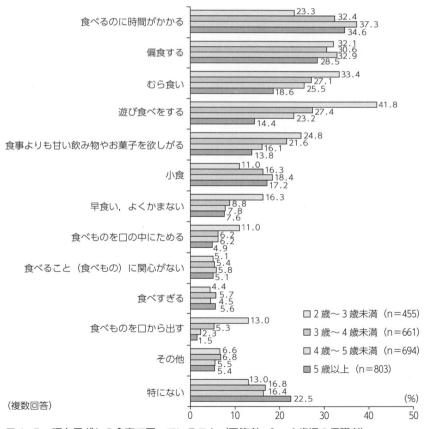

図 4−7　現在子どもの食事で困っていること（回答者：2〜6歳児の保護者）
資料：厚生労働省「平成 27 年度乳幼児栄養調査結果」

3 おやつの役割

おやつは，3回の食事でとりきれないエネルギー，栄養素，水分を補う大切な機会です。しかし，与え方により栄養素の偏りや生活習慣の乱れを招くこともあるので，食材や量に配慮する必要があります。また，保育者とコミュニケーションをとり，心理的な楽しみを経験することもできます。食への関心を育てやすく「食育」がしやすいという利点もあります。

❶目安量

1日あたりのエネルギー必要量の10〜20％程度とします。1〜2歳児は約100kcalですが，気分転換になり，次の食事に響かない量が適しています。

❷内容と与え方

内容は，乳製品や果物，いも類などのように，お菓子類だけではなく食事の補助となる栄養素を含むものが適しています。

①むし歯の原因になりやすいので食べた後は歯のケアを習慣にします。

②与え方は，その後の習慣や人との関係にも大きな影響があるので，十分注意する必要があります。例えば，子どもとのかけひきに食べ物を使わないようにしましょう。

3 食物アレルギーなど，健康状態を考慮した食事

1 食物アレルギー

乳幼児期は食物アレルギーの発症頻度が高い時期であり，アレルギー症状を恐れて離乳食の開始を遅らせたり，原因となりやすい食品を与えないことがあります。アレルギーがある場合は医師の指示に従います。

乳幼児期は即時型アレルギーといって，食べた直後から2時間以内にじんましん，せき，腹痛などの症状が見られます。

2 年齢別主な原因食物

乳幼児期の原因食物は，卵，乳製品，小麦がほとんどです（図4-8）。保育中の食事には，初めて食べるものを含めないようにしてもらいます。

3 食物アレルギー児の対応

食物アレルギー児の場合は，必ず家庭との連携を密にします。

❶食物アレルギー児への対応

①診断されている子への対応は，原則完全除去になります。除去食は保護者の自己判断ではなく医師の診断に基づいて行います。栄養素が不足しがちになるので，除去した栄養素を他の食品から補うようにします。

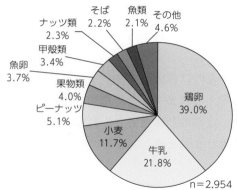

図 4 - 8　食物アレルギー原因食物
出典：海老澤元宏・伊藤浩明・藤澤隆夫監，日本小児
アレルギー学会食物アレルギー委員会『食物ア
レルギー診療ガイドライン 2016』協和企画，
2016.

②加工食品を与える時は，必ず原材料の確認をします。原因となる食品が含まれているようなら食べさせてはいけません。

❷妊娠期，授乳期に食事制限はしない

①妊娠中の母親が特定の除去をしても，生まれてくる子どものアレルギー発症を予防できるという十分な根拠はありません。むしろ妊婦の体重増加不良や胎児の成長障害が心配されるので，バランスよく食事を摂取することが大切といわれています。

②授乳中も乳児期以降のアレルギー疾患の発症低下には関与しない報告が多いので，食事制限は勧められていません。母乳から移行する食物抗原により症状がある場合は，母親の食物除去をしたり牛乳アレルギー用のミルクを使用したりすることもありますが，その場合は医師の指導の下に行われます。保護者の自己判断で行ってはいけません。

❸アトピー性皮膚炎との関連

乳児のアトピー性皮膚炎の約 70％は食物アレルギーに関与しています。乳児の湿疹がすべて食物アレルギーにより起こると思い込んでいる保護者も少なくありません。まずは，スキンケアや外用薬療法により湿疹の改善を図ることが大切です。

4 慢性疾患や障害のある子ども，発熱，下痢，嘔吐，便秘などの症状がある時

一人ひとりに応じた食事の配慮が必要になります。これらの子どもの対応には，家庭と連携して医師の診断をもとにその指示に従います。

5 継続的な保育における食の観察と記録

居宅訪問型保育事業のように，継続的な保育の場合は，食事やおやつ時の子どもの喫食状態を観察し，日誌等に記録することも大切です。食べた量に加えて，子どもの食に

対する意欲，咀嚼や嚥下の様子などを観察しながら，食べ物の大きさや固さ，味付けによる食の進み具合等，提供される食事内容が子どもの発達に合ったものであるかどうかの確認も必要になります。

ただし，食事を用意するのは保護者ですので，保護者に多くを期待したり，依頼したりすることも難しいと考えられます。そのため，連絡帳等を通じて，子どもの食に対する成長の姿を伝えたり，定期的な保護者との打ち合わせの機会に食事内容について話し合う機会を持つなど連携しましょう。

4 乳幼児期の食育—保育者が押さえる食育のポイント

1 食育とは

現代の子育て中の食の問題には，生活リズムの乱れ，孤食，保護者の授乳や食事の不安や負担感，保護者の食に関する知識や技術不足などがあげられ，家庭や地域の子育て機能が低下していることがあります。「食べること」は生活の基盤であり，子どもの体と心の健康のためにも欠かすことのできないものです。

このような背景からすべての国民が心身の健康を確保し，生涯にわたって生き生きと暮らすことができるように2005（平成17）年には「食育基本法」が公布されました。

2 食育の目指すもの

「楽しく食べる子どもに〜保育所における食育に関する指針〜」では，具体的に五つの子ども像の実現を目指すこととしています。これは居宅での保育においても考え方は同じです（図4-9）。

①食を営む力を培うために，授乳期や離乳期は安心と安らぎの中で食べる意欲の基礎づくりを行います。幼児期は食べる意欲を大切に，食の体験を広げていきます。

②食育のねらいは，「食にかかわる体験により何を育てたいか」を考えて保育に生かします。内容は，普段の生活の中で子どもが自らの意欲を持って食にかかわる体験が得られるように考えます。乳幼児期は「楽しく食べる子ども」を目指します。保育者は，食事時間が空腹で迎えられるようにしましょう。食べる前にはおもちゃを片づけるなど食べる環境を整えます。食べている時は，楽しく声かけをしたり，励ましたり，ほめたりして，素材に触れたり目を向けさせたりするように接します。

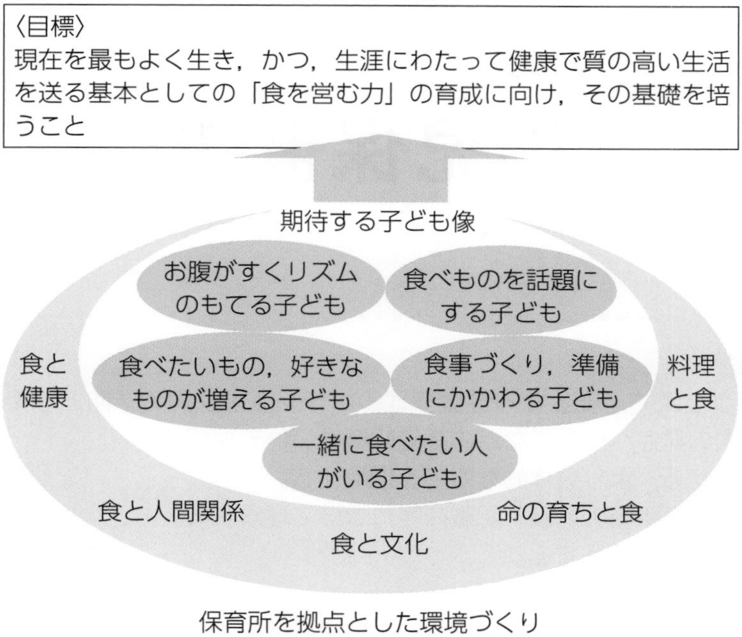

〈目標〉
現在を最もよく生き，かつ，生涯にわたって健康で質の高い生活を送る基本としての「食を営む力」の育成に向け，その基礎を培うこと

期待する子ども像

お腹がすくリズムのもてる子ども

食べものを話題にする子ども

食と健康

食べたいもの，好きなものが増える子ども

食事づくり，準備にかかわる子ども

料理と食

一緒に食べたい人がいる子ども

食と人間関係

命の育ちと食

食と文化

保育所を拠点とした環境づくり

図 4-9 「楽しく食べる子どもに〜保育所における食育に関する指針〜」の基本構造

出典：内閣府「2008（平成 20）年版食育白書」

3 食育から育まれるもの

　基本的な生活習慣が身につくことや好きな食べ物が増えることにより，自立心や意欲が育ちます。旬や地域の産物を見たり聞いたり食べたりすることで，感謝の気持ちが芽生えます。さまざまな食物をとることで味覚が発達します。このことからも日々の生活を丁寧にすることが大切です。

【参考文献】
・五十嵐隆監『授乳・離乳の支援ガイド（2019 年改訂版）実践の手引き』公益財団法人母子衛生研究会，2020.
・乳幼児食生活研究会編『幼児の食生活　その基本と実際』日本小児医事出版社，2010.
・巷野悟郎・向井美惠・今村榮一監『心・栄養・食べ方を育む 乳幼児の食行動と食支援』医歯薬出版，2008.
・海老澤元宏・伊藤浩明・藤澤隆夫監，日本小児アレルギー学会食物アレルギー委員会『食物アレルギー診療ガイドライン 2016』協和企画，2016.
・厚生労働省「保育所におけるアレルギー対応ガイドライン（2019 年改訂版）」2019.
・厚生労働省雇用均等・児童家庭局「楽しく食べる子どもに――食からはじまる健やかガイド『食を通じた子どもの健全育成（―いわゆる「食育」の視点から―）のあり方に関する検討会』報告書」2004.
・太田百合子・堤ちはる編『子どもの食と栄養――保育現場で活かせる食の基本　第 2 版』羊土社，2020.

第 5 章

小児保健Ⅰ

講義の目的
①保育を行ううえで必要となる健康管理のポイントや疾病の予防と感染防止への対応，保育中の発症への対応などの基礎知識について理解する。
②現場に生かせる，より具体的な対応を理解する。
③健診や母子健康手帳の意義，記載内容について理解する。
④予防接種について理解する。
学びのポイント
　居宅での保育における子どもの日常的な健康観察のポイント，衛生管理上の感染予防，薬の預かり等について理解を深め，具体的な対応方法を学ぶ。

1 乳幼児の健康観察のポイント

1 初めて保育する前に把握すべきポイント

　乳幼児の身体的特徴を踏まえたうえで，子どもの健康状態と発育・発達状態について把握する必要があります。

　保育開始前に，保護者から出生時や健診時における子どもの情報や予防接種の状況，既往歴やアレルギー疾患（対応などの情報も含む）を確認して，その子どもの健康情報として記録に残し，保育上の留意点として保育者間で共有し合い，必要に応じて適切に対応します。

　また，健康の増進や疾病などへの対応として，基本的生活習慣や遊びなどを通じて健康への関心や病気の予防，安全への注意を養えるよう，保護者と連携した保育も求められます。

　このほか，保育者は流行している感染症の情報を得たり，子どもがかかりやすい疾病への知識や対応方法などを学び発症時には適切に対応できるようにしておきます。

> **子どもの健康管理上，保育開始前に保護者に確認しておくべき事項**
> • 母子健康手帳等による出生時の様子（在胎週数・出生時体重・身長等）
> • 健康診査等の情報

- 既往歴
- アレルギー疾患
- 日常の生活リズムや普段の様子
- 現在の健康状態
- かかりつけ医（主治医）等，医療機関の連絡先
- 子どもの体調不良の場合など，保護者の緊急連絡先

2 保育する当日に確認，観察すべきポイント（保護者がいる間に確認すべきこと）

保育者は日々の子どもの健康状態と，発育・発達状態の観察を行い，子どもの変化をとらえ記録に残します。

保育を始める前に，保護者から当日の子どもの健康状態について確認し，目視で子どもの健康状態を観察し，記録します。この時，傷などがある場合は保護者に確認をしておきます。また，保育時間内に保育者が交替する場合は，子どもの健康状態について日中変わったことがなかったか確認し引き継ぎます。傷などについても同様です。

- 保育前の家庭での子どもの様子（普段に比べてどうか）
  機嫌，体温，食欲，排泄，睡眠，活動性　など
- 目視による確認
  顔色，表情，皮膚の状態，傷　など

3 保育中の観察ポイント

乳幼児の健康観察には，以下の点を十分理解して行うことが重要です。

- 感染防御機構が未熟なため感染症にかかりやすい。
- 症状の変化が早く，幼弱なほど重症化しやすい。
- 感染症による発熱や嘔吐，下痢が続くと脱水症状に陥りやすい。
- 言葉やその他の表現方法が未発達なため，自分自身の症状や苦しさ，痛み，不安などを保育者に適切に伝えることができず，健康管理上，重要なサインを見逃してしまう危険性がある。
- 保育開始時点，あるいは普段の子どもの様子を一つの基準と考え，体調の変化や異常の早期発見を行うことで，保育中に病状を悪化させないよう心がける。
- 保育中に行った健康観察は，時系列に記録に残す。
- 子どもの健康観察には，子どもの症状を見るポイント（図 5 - 1）を参考にするほか，機嫌の良し悪しや活動性も体調を推し量るうえで重要なポイントとして留意する。

4 バイタルサインとは

バイタルサインとは呼吸・脈拍・体温・血圧・意識の五つを指します。

バイタルサインには，発達段階に応じた正常範囲があるため（表 5 - 1），それらをあ

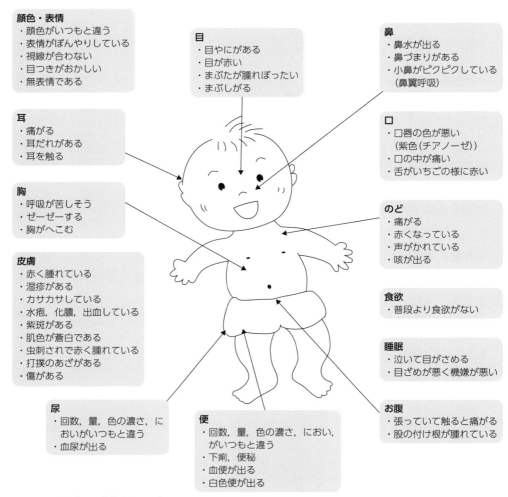

顔色・表情
・顔色がいつもと違う
・表情がぼんやりしている
・視線が合わない
・目つきがおかしい
・無表情である

耳
・痛がる
・耳だれがある
・耳を触る

胸
・呼吸が苦しそう
・ゼーゼーする
・胸がへこむ

皮膚
・赤く腫れている
・湿疹がある
・カサカサしている
・水疱，化膿，出血している
・紫斑がある
・肌色が蒼白である
・虫刺されで赤く腫れている
・打撲のあざがある
・傷がある

尿
・回数，量，色の濃さ，に
　おいがいつもと違う
・血尿が出る

目
・目やにがある
・目が赤い
・まぶたが腫れぼったい
・まぶしがる

便
・回数，量，色の濃さ，におい，
　がいつもと違う
・下痢，便秘
・血便が出る
・白色便が出る

鼻
・鼻水が出る
・鼻づまりがある
・小鼻がピクピクしている
　（鼻翼呼吸）

口
・口唇の色が悪い
　（紫色（チアノーゼ））
・口の中が痛い
・舌がいちごの様に赤い

のど
・痛がる
・赤くなっている
・声がかれている
・咳が出る

食欲
・普段より食欲がない

睡眠
・泣いて目がさめる
・目ざめが悪く機嫌が悪い

お腹
・張っていて触ると痛がる
・股の付け根が腫れている

図 5-1　子どもの症状を見るポイント
出典：厚生労働省「2018 年改訂版　保育所における感染症対策ガイドライン」p.71，2018.

　らかじめ把握しておくことが大切です。また，個人差もありますので，その子どもの普段の様子をとらえておくことも必要です。特に，1 日のうちで変動する体温は，決まった時間に決まった部位で，同じ体温計を使用して数日間測定した平均値を平熱として覚えておくと，発熱を判断するときに役立ちます。

表 5-1　バイタルサインの正常値

	乳　児 （1歳未満）	幼　児 （1歳〜5歳）	大　人
体　温	36.8〜37.3℃	36.6〜37.0℃	36.0〜37.0℃
脈　拍	120〜130/分	100〜110/分	60〜80/分
呼　吸	30〜40/分	20〜30/分	16〜20/分

＊乳幼児は成人に比べ，状態によって値が変動しやすいので安静時の測定が基本である。
出典：家庭的保育研究会『家庭的保育の基本と実践　第3版』福村出版，p.55，2017.

バイタルサインを測定するときの留意点

- 乳幼児は，泣いたり，哺乳や食事の後などの活動によってバイタルサインの値が変動しやすいので，安静時に測定する。
- 腋窩体温計を使用する場合は，汗を拭いてから，電子体温計を 45 度の角度でわきの下に挿入し腕を密着させて測定する。
- 呼吸を測定するときには，回数以外にも，深さやリズム，胸やお腹の動き，表情，皮膚の色なども併せて確認する。腹部の動きで分かりにくいときは，手を添えたり，顔を近づけるなどして確認する。
- 脈拍を測定するときは，数の他に，リズム，顔色など皮膚の色や，手や足先の冷感なども確認する。手首の親指側の付け根や，肘の内側，こめかみなどに触れて測る。

この他に乳幼児の場合には，先に述べたように機嫌の良し悪しも，全身状態を把握するために大切な指標となります。

5 睡眠中の留意事項と観察ポイント

　睡眠中は大人であってもゆっくりとした呼吸になりますが，特に生後 6 か月未満の乳児においては，呼吸中枢が未発達なため，睡眠時に呼吸が乱れることがあります。

　睡眠中に呼吸がゆっくりになるだけでなく，十数秒間から 20 秒ほど無呼吸状態が続くと，酸素が不足することで心臓の拍動がゆっくりとなり，その状態が続くと脳への酸素の供給が不足したり，心停止になることもありますから注意が必要です。また，20 秒以下であっても，顔色が悪い，唇の色が紫色になるなど，チアノーゼの症状が見られたら，即時に子どもに刺激を与えて，呼吸の回復を試みなければなりません。

　また，それまで元気だった子どもが睡眠中に突然亡くなってしまう乳幼児突然死症候群（SIDS）や睡眠中の窒息事故など，睡眠中は重大事故が発生しやすいことを認識し，子どもの睡眠中における呼吸状態の観察は定期的かつ慎重に行わなければなりません。

睡眠中の留意事項

- 睡眠中の子どものベッド内に不要な物を置かない。
- 仰向けに寝かせる。
- 寝ている子どもを 1 人にせず，睡眠中の健康状態（呼吸や顔色など），体位を定期的に確認し「ブレスチェックリスト」（図 5 - 2）などを活用し記録に残す。
  　0 歳及び預かり始めの時期：5 分に 1 回の確認
  　1～3 歳：10 分に 1 回の確認
- 睡眠中の寝具の様子や，室温，湿度，照明に注意する。

無呼吸など呼吸の異変に気がついたら

- ただちに体をさすったり，足先などへの刺激を与え，名前を呼ぶなどして呼吸が元に戻るか確認する。その場合，気道を閉塞しているような物がないか，また体位の状態なども確認する。

> ・意識がなく，普通ではない呼吸，あるいは呼吸が停止している場合には直ちに心肺蘇生を開始し，救急車を要請し，救急隊が到着するまで必要な手当てを行う（第6章の89頁を参照）。

子どもの氏名（　　　　　）			（　歳　か月　）			保育実施日　年　月　日（　）　時　分〜　時　分					
呼吸状態等チェック時間（確認：✔　起床：○）											
時間	5	10	15	20	25	30	35	40	45	50	55
：											
：											
：											
：											
：											
：											
健康観察チェックで特に気がかりな点	体温		機嫌		食欲		便		その他		
記　録　者　名											

図5-2 「ブレスチェックリスト」の例

6 子どもの体調に合わせた保育

　子どもの体調がすぐれない場合などは，その子どもの健康状態に合わせた保育を行います。

　何かしら症状が見られる場合には，各症状に対して適切な対応を行うことは当然ですが，子どもの身体的な辛さ，精神的なストレスを理解することも大切です。体調が悪い時に親と離れている不安な子どもの気持ちや，ストレスが及ぼす身体的な影響を理解して保育を行うことが必要です。また，普段は自分でできている基本的生活習慣も，体調によってはできない場合も考えられます。子どもの様子に合わせて，日常生活への援助を行います。

　このほか，体調によっては遊びの工夫も求められます。保育中に症状が悪化しないよう，また疲れさせないように，安静に配慮しながら遊びを取り入れる工夫が必要です。

2 発育と発達について（母子健康手帳，予防接種について）

1 母子健康手帳と乳幼児健康診査について

❶母子健康手帳

　妊娠の診断を受けると，「母子保健法」第15条に基づき保護者は市町村長に届け出を行い，届け出を受けた市町村は，同第16条により母子健康手帳の交付が義務づけられています。

母子健康手帳は，妊婦と乳幼児期までの子どもの一貫した健康情報を 1 冊の手帳に記録したものです。妊娠中の様子，感染症の有無，出産時の様子，子どもの出生時の様子や健康診査，保健指導，予防接種の状況などが記されていますので，保育開始前の面談などで確認しておきます。

❷乳幼児健康診査

乳幼児健康診査（健診）とは，乳幼児の健康状態を調べて，さまざまな病気や障害を早期に発見して早期治療，療育へとつなげていくことで健康の保持増進を目的としています。

集団健診の場合，医師，歯科医師のほか，保健師，助産師，看護師，管理栄養士，歯科衛生士，心理職など多職種による保健指導や育児相談も行われており，育児支援としての意味も併せ持っています。保育者は，健診時の子どもの様子や健診の結果などの情報を聞いておきましょう。

2 予防接種

❶予防接種の意義と種類

予防接種は感染から個人を守るだけでなく，感染症の発生や流行を防ぐという公衆衛生上の大きな目的があります。

予防接種法では，「定期接種」と「任意接種」の二つの種類がありますが，予防接種の対象となる疾患や接種時期の情報は，国立感染症研究所のホームページにある「予防接種情報」（https://www.niid.go.jp/niid/ja/vaccine-j.html）で随時更新されていますので，確認するようにしましょう。また，保育者は子どもの接種状況を確認しておきましょう（予防接種スケジュール）。

❷接種後の保育上の注意点

保育者は，子どもの接種したワクチンについて確認し，注射部位はこすらないように気をつけます。また，当日の入浴は差し支えありませんが，体調の変化には十分気をつけ，激しい運動は控え，子どもの様子に注意します。

3 衛生管理・消毒について

1 保育環境の整備

「保育所保育指針」（平成 29 年告示）の第 3 章「健康及び安全」には，環境及び衛生管理並びに安全管理の意義と必要性が書かれており，子どもの健康及び安全の確保は，子どもの生命の保持と健やかな生活の基本であると述べられています。居宅での保育は，保育環境が子どもの生活する家となりますので，衛生管理については，保護者の協力を得ながら取り組む必要があります。保育の環境整備については，第 8 章も参照して

ください。

2 感染予防
❶感染様式
①空気感染，②飛沫感染，③接触感染があります。

❷感染予防のための実践的方法
抵抗力が弱く容易に感染症にかかりやすく，また自分自身で衛生行動がとれない乳幼児の感染予防のためには，子ども自身と保育者の清潔を心がけることが重要です。また，保育者自身が感染することがないよう，感染予防のための対策も求められます。

感染対策における標準予防策では，人の血液，汗を除く体液（唾液，痰，鼻水，目やに，母乳など），排泄物（尿，便，嘔吐物），傷や湿疹などがある皮膚，粘膜などは感染の可能性があるものとみなして取り扱いますので，保育者は以下に示す実践的な予防策を用いて，対応することが重要です。

①手指の衛生
・水と石けんによる手洗い

手指が目で見て汚れている場合には，石けんを用いて十分な手洗いを行います。来訪時や食事を用意する前，おむつ交換の後，咳やくしゃみ，鼻水をふいた後（保育者自身も同様），散歩などからの帰宅後は必ず行います。また，手洗い後に使用するタオルは個別に用意します。

・擦式手指消毒法

速乾性の擦式消毒用アルコール製剤を用いた消毒方法です。ウイルスの種類によってはアルコールでは消毒効果が得られないため注意が必要です。消毒の手順や注意点は手洗いと同様ですが，使用時には手が水で濡れていないこと，十分な量を用いること，手が乾燥するまで表面に塗りこむことなどの注意が必要です。

②個人防護具

個人防護具として，使い捨ての手袋，マスク，エプロンなどがあります。嘔吐や下痢の対応には，必ず使用し，使用した防護具を廃棄する際には，細菌やウイルスを飛散させないよう注意が必要です。手袋を外したあとも必ず水と石けんによる手洗いを行います。

3 消毒薬の種類と使用について
保育所における施設設備の衛生管理の方法や使用する消毒薬は「2018年改訂版 保育所における感染症対策ガイドライン」に基づいています（表5-2）。居宅での保育においても，ガイドラインを参考に保護者の理解と協力を得ながら，適切な衛生管理が必要に応じて行えるようにしておきましょう。全ての微生物に有効な次亜塩素酸ナトリウムは，市販の家庭用漂白剤（製品濃度が約6％の場合）が活用できます。希釈した消毒

薬は，時間が経つにつれ有効濃度が減少するため，使用時にその都度調整しましょう。

表 5 - 2　保育所における消毒の種類と使い方（参考）

①手指の衛生管理

通　常	・石けんを用いて流水でしっかりと手洗いする。
下痢・感染症発生時	・石けんを用いて流水でしっかりと手洗いした後に，消毒用エタノール等を用いて消毒する。 ・手指に次亜塩素酸ナトリウムは適さない。 ・糞便や嘔吐物の処理時には，使い捨て手袋を使用する。
備　考	・毎日，清潔な個別タオルまたはペーパータオルを使う。 ・食事用のタオルとトイレ用のタオルを区別する。 ・利便性の観点から，速乾性手指消毒液使用も考えられる。 ・血液は使い捨て手袋を着用して処理をする。

②次亜塩素酸ナトリウムの希釈方法

消毒対象	調整する濃度 （希釈倍率）	希釈法
・糞便や嘔吐物が付着した床 ・衣類等の浸け置き	0.1 % （1000ppm）	水 1 L に対して約20ml （めやすとしては，500ml ペットボトルにキャップ 2 杯弱）
・食器等の浸け置き ・トイレの便座，ドアノブ，手すり，床等	0.02% （200ppm）	水 1 L に対して約 4 ml （めやすとしては，500ml ペットボトルにキャップ 0 . 5 杯弱）

出典：厚生労働省「2018 年改訂版　保育所における感染症対策ガイドライン」pp.69〜70，2018.

 4　薬の預かりについて

　居宅での保育において，保護者から薬を飲ませるよう依頼されることがあっても，基本的に保育者が与薬することはできません。治療のために医師が処方した薬は医療の範囲であり，直接指示を受けた保護者が服薬をさせます。しかし服薬時間に保護者が不在であったり，治療上やむを得ず服薬する必要がある場合には，保護者からの連絡書によって服薬させることがあります（図 5 - 3）。また，市販の薬について保護者から依頼があっても，医療従事者でない保育者による与薬は危険なため行うことはできません。塗り薬についても保育者の判断で使用せず，保護者に確認してから使用するようにします。

【参考文献】
- 内閣府・厚生労働省・文部科学省「教育・保育施設等における事故防止及び事故発生時の対応のためのガイドライン〔事故防止のための取組み〕〜施設・事業者向け〜　平成 28 年 3 月」
- 内閣府・厚生労働省・文部科学省「教育・保育施設等における事故防止及び事故発生時の対応のためのガイドライン〔事故発生時の対応〕〜施設・事業者，地方自治体共通〜　平成 28 年 3 月」

服薬させる時の注意点

- 薬の連絡書とともに，預かった薬を子どもの手の届かないところに管理する。また，冷暗保存の物は適切に保管しておく。
- 薬袋（シロップの場合にはボトル）に書かれている内容について，子どもの名前，服薬時間，1回の服薬量を確認する。
- 薬の名称，効能，副作用などを確認する。
- 薬の飲ませ方を確認し，子どもの年齢や，発達段階に合わせた適切な方法で，確実に1回量を飲ませる。シロップなどの液体は，分離あるいは沈殿していることもあるので静かに混ぜておく。服薬した後は水を飲ませる。
- 服薬後の子どもの様子を十分観察する。
- 服薬時間，服薬した量，子どもの様子を記録に残す。

薬についての連絡書

（保護者名） ○○○○ は，（児童名） ○○○○ の保育を（保育者名） ○○○○ に委託するにあたり，投薬について下記のとおり連絡します。

2022 年 6 月 15 日（署名又は印） ○○○○

処方をした 病院・医師名	○○医院○○医師	電話 番号	××―××××―××××

薬の使い方

日 付	時 刻	薬の名称（保管方法）	1回の量 （包・錠・目盛り）	留意事項
6/15	8：30	クラリチン（常温）	ドライシロップ　1包	少量の水で練る。
〃	18：00	ホクナリンテープ（常温）	シール　1枚	入浴後に貼り替える。
	：			

保育者の実施記録

日 付	時 刻	薬の名称	1回の量 （包・錠・目盛り）	子どもの様子
6/15	8：35	クラリチン	ドライシロップ　1包	いやがらずに 上手に飲めた。
〃	18：10	ホクナリンテープ	シール　1枚	皮膚のかぶれ もありません。
	：			

★保育者は，次の項目をチェックすること。
☑容器や袋に子どもの氏名が記入されています。
☑医師が処方した薬品であり，容器等に病院名・医師名・薬局名・薬剤師名等と電話番号が記入されています。
☑処方された病院あるいは薬局の包装や容器に入っています。
☑処方の日付があります。（2022 年 6 月 14 日）
☑薬の使い方・保管の指示があります。
　薬の使い方の指示内容が記載されています。
　保管方法が記載されています。

図 5 - 3　薬についての連絡書（記入例）

第 6 章

小児保健 II

> 講義の目的
> ①子どもに多い症状・病気を知り，その対応について理解する。
> ②小児に多い事故を学び，その予防と対応について理解する。
> ③異物除去法，心肺蘇生法を学び，緊急時の対応について理解する。
> 学びのポイント
> 　保育者が，子どもに多い症状・病気や事故を具体的に学び，その対応について理解する。
> 　ここでは，保育者が子どもの健康状態を把握するための基本的な考え方，並びに，子どもに多い症状・病気や事故を具体的に理解し，その対応について実践できるように学ぶ。

1　健康上の留意点

1　普段の子どもを知る

　発達段階にある子どもは，病気や事故を全く避けて成長することはできません。子どもの病気や事故を最小限とするためには，普段の子どもの健康状態を知らなくてはなりません。妊娠中から出生に至る経過，分娩や新生児期の状態や，その後の健康診査の結果が記録されている『母子健康手帳』は，今までの子どもの情報収集の手段として最も適しています。現在の子どもの状況としては，生活全般（授乳，食事などの栄養のこと，排泄，睡眠のこと，遊びのこと等）について，具体的な普段の状況を保護者から確認しておきます。健康状態を理解するには，普段の生活状況の詳細を知らなければ，子どもの素の状況を判断できないからです。

☆母子健康手帳の内容は個人情報ですから，家族の了承のもと必要な部分だけをコピーしてもらう，あるいは別紙に書き写して提出してもらうなどの対応も考慮されます。

2　子どもの異常を知る

　異常を見分けるためには，普段の子どもの様子を知らなければなりません。そして，

普段の状態と何か違う時には，それがたとえささいなことであったとしても注意が必要です。小さな子どもは自分で健康状態の異常を訴えることができません。ですから，保育者は小さなことも見逃さずに「何となくおかしいな，いつもと違うな」と思ったら，まずどこがどうおかしいのか，どう違うのかを注目して子どもを観察します。そうすることが異常の早期発見・早期治療につながります。そのことが保育者にとって最も重要なことです。

3 子どもに多い症状とその対応―病気の軽重の判断

　子どもによく見られる症状として，発熱，下痢，嘔吐，そのほか咳や鼻水など風邪症状があげられますが，これらの症状がみられても，病気が重いとは限りません。その子どもの機嫌が良く，あやせば笑い，あるいは，幼児であればお気に入りのおもちゃで遊び，そして食欲があって，水分も補給できていれば，緊急を要するような状態とはいえません。もちろん，何らかの症状があるということは，健康な状態とは違うわけですから，保育者は注意深く，症状が悪化しないか，他の症状が加わることが無いかなど慎重に様子を見なければいけません。普段より行動を制限し，子どもの変化が分かりやすい静かな生活を心がけましょう。子どもの場合，病気の軽重の判断は，発熱，咳嗽（がいそう），嘔吐，下痢などの身体症状だけではなく，まず「機嫌の良し悪し」「反応・応答の良し悪し」「意識状態」であることを忘れてはいけません。

❶発熱

　最も多く，分かりやすい症状の一つです。ただし，発熱の程度が重症度に一致するわけではありません。ケアのポイントは，①熱が出始めの時は，手足が冷たく，寒気がして鳥肌が立ったり震えたりすることがありますので身体を温めます。②熱が上がりきって手足が温かく，顔も紅潮し，汗をかいて本人も暑がっているようなら，汗を拭き，着替えさせます。③冷却用シートを額に貼ったり，氷枕などを使用したりすることは，体温を下げる効果はあまり期待できませんが，子どもが気持ち良くなるようなら使用します。④熱が高く，つらそうな時には，子どもが嫌がらなければ，わきの下や首のつけ根，足のつけ根，首の後ろ，背中などを冷やします。⑤発熱して汗をかいている時には脱水に注意して，水分（湯ざまし，麦茶，経口補水液など）をこまめに飲ませることを考慮します。

❷腹痛

　腹痛は見た目では分からない症状ですから，小さい子どもの場合は，保育者には分かりにくい場合が多くなります。食欲低下，不機嫌などの一般症状から，その原因が腹痛ではないかと意識することが重要です。ケアのポイントは，①安静にして痛みの増強がないようなら経過を見ます。②食欲，排便状況，嘔気嘔吐の有無など，他の消化器症状を検討します。③痛みが激しくなり，腹部を触ることを激しく嫌がる，顔色が悪くなるなどの場合は，緊急での受診を考慮します。

❸ 嘔吐

嘔吐を認めた時には，吐物の内容，食事との関係などを考えることが重要です。ケアのポイントは，①乳児の場合，吐いた後に口の中に吐物が残っているようなら取り除き，うがいができる年齢なら，うがいをさせます。②寝た状態で吐いた場合は，吐物で気道を詰まらせないよう身体を横向きにします。③しばらく嘔気が落ち着くまで様子を見ます。そして，落ち着いてから，本人が欲しがるようなら，ごく少量ずつ，湯ざまし，麦茶，経口補水液などを飲ませます。

❹ 下痢

下痢を認めた時には，慌てることなく便の性状（色，臭い，血液混入の有無など）を把握し，その後の様子を注意深く観察します。ケアのポイントは，①下痢により水分が失われるので，脱水を起こさないよう水分補給を十分に行います。吐気や嘔吐がないようなら，経口補水液などを少量ずつ（ペットボトルの蓋 1 杯程度）飲ませましょう。②下痢が続く場合には，食事は控え，下痢が治まってから消化のよい食べ物を少量ずつゆっくりと食べさせます。③おむつをしている場合は，お尻がただれやすいので清潔に注意します。

❺ 便秘

便秘そのものが緊急を要する問題になることはほとんどありませんが，腹痛，食欲低下，嘔吐などの症状をきたす原因が便秘であることをしばしば認めます。便秘は，食べ物・飲み物の内容，運動発達状況などに影響を受けますので，年齢によって対応が変わります。全年齢で共通の，ケアのポイントは，毎日の飲食と排便，そして運動のリズムを一定にすることを意識することです。

❻ 鼻水，咳嗽，喘鳴

いわゆる風邪症状になります。これらの症状によって，食べる，寝る，遊ぶなどが制限されるようであれば，受診，投薬などを考慮しなければなりません。ケアのポイントは，①部屋の換気，室温，湿度を調整して，室内の乾燥に注意します。②室内のほこりをたてないように気をつけます。③咳が出る時には，安静に過ごし，立て抱きや前かがみの姿勢をとらせます。④午睡の時などは，横に向けたり，やや上半身を高くします。

❼ けいれん

乳幼児においては，発熱に伴う熱性けいれんが最も多く，この場合は，ほとんどは自然に頓挫，軽快します。しかし，けいれんを認めた時は，まずは，重症を意識して対応することが重要になります。ケアのポイントは，①慌てずに，子どもを安全なところに寝かせます。②嘔吐を認めた場合は，吐物が気道をふさがないように顔を横に向けるなどで対応します。③救急車を要請し，到着までは，けいれんの様子（手足の動き，眼の様子，持続時間）を観察して記録します。

❽ 湿疹，発疹などの皮膚症状

皮膚症状は，スキンケアが重要となり，清潔を心がけることが重要となります。季節

により対応が変わることも忘れてはいけません。ケアのポイントは，①室温，湿度，寝具に気をつけ，過ごしやすい環境になるよう注意します。②かゆい時には，冷たくしぼったタオルをあてるなどして対応します。また，お風呂はシャワーなどで済ませます。③下着や衣類など直接皮膚にあたるものは，刺激の少ない素材を選びます。

❾目やに，耳だれ

目やにには結膜炎などの眼の病気を，耳だれは中耳炎などの耳の病気を診断する手がかりとなります。これらの症状を認めた時には他の症状の出現など注意深く観察することが重要です。ケアのポイントは，どちらも感染が原因の場合が多いので，清潔に保ち，感染に気をつけながら受診を考慮することです。

4 特別な健康管理を必要とする保育

❶病気の回復期にある子ども

回復期とは，「風邪」が治ったばかりや，「インフルエンザ」やそのほかの感染症が治ったばかりというように，病気の最盛期から主症状が見られなくなり，後は健康が回復すればよいという状態の時期をさします。この時期，特別な治療は必要ありません。健康状態が回復するのを待つだけです。しかし，それはあくまで回復を待っている状態ですので，普通の生活というわけにはいきません。日々の回復を見守る保育となります。

❷集団保育に不適当な子ども

病気が治ったばかりで特に治療を必要としませんが，回復期にあって，体力が回復するまでしばらく様子を見なければならないことがあります。実際には外に出て遊ぶこともできますが，まだ集団保育での周りの運動のペースについていけず，集団行動は無理という状態です。あるいは，本人の健康にはそれほど大きな負担はありませんが，周囲へ感染させてしまう危険性がある病気の場合があります。そのような時に，保育者が居宅で保育するということが多くなってきています。

2 子どもに多い病気とその対応

居宅での保育においては，通常，家庭で保護者が対応している程度の病気に対しては，保護者と同じように対応できるように努力しなければなりません。ここでは，家庭でよく見られる病気の概略を学びます。ただし，病気によっては保護者との綿密な連絡を必要とするものがありますので，現場では，個々の状況にあった対応が必要です。

1 日常に見られる病気

以下には，ごく日常的に見られる病気，あるいは慢性の病気であって普段は特に問題がありませんが，日常生活上で注意していなければならないものなどを取り上げました。

❶ かぜ症候群

　風邪とは，日常生活の中でしばしば出てくる言葉ですが「かぜ症候群」とほぼ同義と考えられます。かぜ症候群とは，数多くの原因ウイルスの感染によって引き起こされる呼吸器症状，消化器症状などをきたす病気の総称で，人から人にうつる感染症です。子どものわずかな身体の変化をきっちりととらえ，体調を悪化させないよう，普段よりも静かな規則正しい生活を心がけること，部屋の温度・湿度などを一定に保つようにすること，消化のよいさっぱりした食事を準備することなどで対応することが大切です。

❷ 急性中耳炎

　風邪をひいた時などに，のどからの病原体が耳管を通って中耳に炎症を起こすのが急性中耳炎です。乳児は成人に比較し耳管が短く，また，自分で鼻をかむこともできないので，風邪をひいた時などに容易に中耳炎を起こします。風邪をひいて機嫌が悪い，あやしてもどこか痛そうに強く泣く，何となく手を耳のほうにもっていく仕草をする，そして発熱するというような時は，耳に異常がないかどうか注意しましょう。中耳炎が疑わしい場合には，親に連絡して耳鼻科か小児科で診察を受けるようにします。中耳炎を繰り返すと聴覚障害を起こし，それが言葉の発達に影響することがありますから，適切な対応を心がけなければなりません。

❸ 気管支喘息・気管支喘息発作

　気管支喘息発作は，気管支の収縮や気管支粘膜の炎症などによって，空気の通り道が狭くなり，呼吸が苦しくなる状態をいいます。この発作は，風邪やアレルギー反応などを誘因に突然起こることが多く，息を吐く時に「ゼーゼー」といった呼吸音が聞こえたり，呼吸をするたびに肋骨の間やのどの下あたりがへこむ陥没呼吸を認めたりします。過去に気管支喘息と診断されている，あるいは「ゼーゼーし易い」子どもは，継続的服薬や，発作時頓服薬を指示されている場合が多いですから，家族に確認しておくことが大切です。初めてゼーゼーして喘息発作様になった場合には，家族と連絡をとり早めに小児科を受診することも必要でしょう。

❹ 熱性けいれん

　乳幼児が発熱とともに突然けいれんを起こすことを「熱性けいれん」といいます。6か月から5歳くらいの子どもに見られ，身体全体を硬直させたり，手足をがくがくと震わせたりします。歯をくいしばって一点を凝視したり，白目をむいたりという状態にもなります。これを「けいれん」といいます。通常，けいれんは数分間でおさまり，こわばりも呼吸も元に戻ります。このような時は，口からあふれてきた唾液をぬぐい，衣服をゆるめて様子をみます。もし，嘔吐をしそうなら顔を横に向け，吐物をのどに詰まらせないように気をつけます。熱性けいれんを起こしたことのある子どもの中には，熱の出始めに，予防薬を使用する場合がありますので，「熱性けいれん」の既往の有無を必ず確認しておきましょう。

　保育中にけいれんを認めた場合，乳幼児の場合は熱性けいれんの可能性が高いです

が，それ以外の髄膜炎，脳炎などの中枢神経感染症による重症なけいれんも否定できません。けいれんを認めた場合には熱性けいれんと決めつけずに，救急車を呼ぶなど常に最悪の事態を想定して対応することが重要です。

❺アトピー性皮膚炎

アレルギーにより皮膚炎を起こした場合をアトピー性皮膚炎といいます。卵，小麦，牛乳などの食品が原因の場合もありますし，ダニやホコリなどが原因の場合もあります。

アトピー性皮膚炎に対する対応は，皮膚を清潔にし，その子どもに合ったクリームやローションなどでのスキンケアが基本となります。夏の汗や冬の乾燥など，季節を意識しながら，常に皮膚に対する刺激の影響を考えて，適切な対応をしなければなりません。

❻食物アレルギー

特定の食物が原因となって，さまざまなアレルギー反応による症状が出る病気のことです。アレルギーの症状は以下のように多種であり，原因も，卵，牛乳，小麦，大豆など多種にわたります。

- 皮膚症状……じんましんや赤い発疹である紅斑，全体に赤くなる紅潮など
- 呼吸器症状…咳，喘鳴，鼻水，鼻づまり，くしゃみなど
- 眼の症状……眼のかゆみ，充血，目やに，目の周りの腫れなど
- 消化器症状…口の違和感，口唇の腫れ，腹痛，下痢，嘔吐など

食物アレルギーについては第4章62，63頁を参照してください。

※アトピー性皮膚炎，食物アレルギーなど，アレルギーを持つ子どもへの保育中の対応に関しては，厚生労働省による「保育所におけるアレルギー対応ガイドライン（2019年改訂版）」を参照してください。アナフィラキシーは後述します（81頁）。

❼とびひ（伝染性膿痂疹）

細菌感染によって起こる皮膚の化膿症です。肌には目に見えない無数の傷があるので，細菌が感染するとその部分が赤くなり，やがて水疱から膿疱になります。そこをひっかいた手で他の部分に触れると，手についた膿が他の部分につき，またそこが化膿します。このようにしてあちこち広がるので「とびひ」といい，虫刺されや，汗をかいたりする季節に多く見られます。化膿のためにリンパ節が腫れることがあります。湿疹やアトピー性皮膚炎があった場合には，「とびひ」が広がりやすいので注意が必要です。

❽水イボ（伝染性軟属腫）

ウイルス感染によって起こる皮膚の病気です。直径1～3mmくらいの表面が滑らかなイボ状の皮膚病変が，胸，わきの下，肘，ひざなどにでき，大きいものではえんどう豆大になることもあります。このイボ状の病変の中にウイルスが入っており，掻き壊すことによって病変が広がります。3か月から1年くらいの経過で自然に治癒しますが，中にはピンセットで除去する場合もあります。子どもが掻き壊すことがないように見守ることが大切になります。

2 緊急の対応が必要な病気

❶ 腸重積症

　腸重積症は，何らかの原因で腸の一部が腸に入り込み重なってしまう病気です。重なった腸の部分が締め付けられ痛みが強くなり，突然強く泣いたり，うずくまったりします。この痛みは繰り返すことが特徴で，「間歇的腹痛」と表現されます。その他，嘔吐，血便などの症状を認めることもあります。発症年齢は生後半年から 1 歳半頃までに多く，この年齢の場合は，「腹痛」ではなく「繰り返す不機嫌」という症状と考えられます。このような症状が現れた時は，「腸重積症」という病名を思い出してください。そして，その後に繰り返す不機嫌（腹痛）を認めた場合には，保護者に連絡し，同時に小児科または小児外科へ連れて行くことを考えましょう。

※ 2020（令和 2）年に定期接種化されたロタウイルスワクチン接種後に，腸重積の発症する頻度が少しだけ高くなることも知っておきましょう。

❷ アナフィラキシー

　アレルギー原因物質等の侵入により，じんましんのように一つの臓器症状にとどまらず，皮膚（じんましん，発赤，かゆみ），呼吸器（咳，くしゃみ，ゼーゼー，呼吸困難），消化器（腹痛，嘔吐），循環器（脈が速い，血圧低下），神経（活動性の変化，意識の変化）など 2 個以上の複数の臓器にアレルギー症状が惹起され，生命に危機を与え得る過敏反応をアナフィラキシーといいます。食物アレルギーによるものが多いですが，それ以外にも，薬物やハチ・アリ毒などが原因で起こります。アナフィラキシーに血圧低下や意識障害などのショック症状を伴う場合を，アナフィラキシーショックと呼び，これは生命をおびやかす危険な状態です。アナフィラキシーの治療の第一選択薬はアドレナリン（エピペン®）になります。エピペン®筋注の絶対適応はアナフィラキシーの重症の症状（不整脈，低血圧，心停止，意識消失，嗄声，犬吠様咳嗽，嚥下困難，呼吸困難，喘鳴，チアノーゼ，持続する我慢できない腹痛，繰り返す嘔吐等）を認める時ですが，過去にアナフィラキシーの既往がある場合や，小児のように症状の進行が分かりにくく，早いと思われる場合は，症状がはっきりしないうちに早めに投与することも考慮します。なお，エピペン®の投与方法に関しては，講習会やインターネット動画などで学ぶことができます。

❸ 乳幼児突然死症候群（SIDS：Sudden Infant Death Syndrome）

　直前まで健康な赤ちゃんが睡眠中に死亡し，死後解剖をしても異常がないということがあります。原因はまだ確定されていませんが，実際にそのような場合があるということで，これを乳幼児突然死症候群（以下，SIDS）といい，現在も原因究明が続けられています。厚生労働省は SIDS の定義として「それまでの健康状態および既往歴からその死亡が予測できず，しかも死亡状況調査および解剖検査によってもその原因が同定されない，原則として 1 歳未満の児に突然の死をもたらした症候群」とし，病気の概念としては「主として睡眠中に発症し，日本での発症頻度はおおよそ出生 6000〜7000 人に

> **Memo** 揺さぶられっこ症候群（虐待による頭部外傷：AHT（Abused Head
> Trauma））
>
> 揺さぶられっこ症候群（虐待による頭部外傷）とは，その多くが，首のすわっていな
> い3〜4か月頃までの乳児をあやす目的で，体を揺さぶる時に，その扱いが乱暴であっ
> た場合に，頭蓋内出血や眼底出血をきたし，その結果，死亡したり神経学的後遺症を残
> したりする疾患です。症状としては，顔色不良，不機嫌，嘔吐，無呼吸，けいれんなど
> があります。育児に対する不安，いらだちから，泣き続ける子どもに対して過度の力を
> 加えてしまうことによって発症する児童虐待の一つとして知られる重要な疾患です。保
> 育の現場においては，子どもの脳を守るために，子どもへの過激な動き，ことに瞬間的
> に過度な力が加わるような動きは避けなければなりません。

1人と推定され，生後2ヶ月から6ヶ月に多く，稀には1歳以上で発症することがある」
とされています。「うつぶせ寝」との関係については欧米においても特に注目されて，
予防のためには首がすわるまではうつぶせにしないようにするということになり実行に
うつされました。その結果，欧米でのSIDSの発生が減少し，後には，わが国において
もSIDSは減少しました。SIDSは除外診断ではなく一つの疾患単位であり，その診断
のためには，SIDS以外に突然の死をもたらす疾患および窒息や虐待などの外因死との
鑑別が重要になります。

　保育する時，3歳になるまでは，睡眠時の呼吸の状態をきめ細かく観察するようにし
ます。それと同時に，保育中はあおむけ寝にすることが大切です。

　SIDSに対する対応は，心肺停止という事態ですから，心肺蘇生については89頁を参
照し，保護者や事業者への緊急時の対応については第10章131，132頁を参照してください。

3　事故予防と対応

1 応急手当の実際

❶打撲・捻挫・脱臼・骨折

　いずれも腫れや痛みを伴い，局所（けがをした場所）の圧迫や動かすことでその痛み
が増します。どの場合にも局所の安静と冷却がまず重要です。手足の場合には硬い板や
段ボールなどをあてがい，包帯や布でそのままのかたちで固定します。外力が強かった
場合や，極度の腫れや痛みなどは，医療機関に受診します。傷口からの出血を伴うよう
な骨折の場合は，出血の手当てをすると同時に局所を固定します。

①頭部打撲

　大声で泣いて，その後も通常の機嫌に戻る程度の場合は，打った部位を冷やしなが
ら様子をみます。遅れて症状が出る場合もあるので，保護者と事業者に連絡し，1〜
2日間は注意を払うように依頼しておきます。

　すぐに受診をしなければいけないのは，何となくだるそうだったり，話しかけていても眠そうになったりする時，吐いた場合，顔色が白みをおびている場合などです。意識がない場合は，身体を横にして足を高くして寝かせて救急車を待ちます。

　転落事故の場合には，そのまま意識と呼吸状態を観察し，異常があれば身体は動かさないで救急車要請をします。外力が強かったと考えられる場合には，症状がなくても病院を受診します。

②胸部打撲・腹部打撲

　すぐ元気に遊べる程度ならば問題はないことがほとんどです。

　呼吸がつらそうだったり，顔色が蒼白だったりする場合には，内臓にも損傷があるおそれがあるのですぐに受診します。冷や汗をかいている様子や意識が低下している場合には，静かに寝かせて足を高く上げ，救急車を呼びます。内臓出血のおそれがあります。

❷出血・切り傷など

　小さな傷や軽いものならば，水道水で汚れを十分に流し落とし，清潔に保ちましょう。必要なら絆創膏を貼ります。過度な消毒をすることは避けましょう。

　出血が著しかったり，心臓の拍動に合わせて出血している場合には，清潔なガーゼやハンカチなどで傷口をしっかりと圧迫します。10分以上は押さえ続けて，圧迫の途中で外さないようにします。出血部位が手足なら，その部位を心臓より高く保つようにします。出血部位の中枢側を紐などで強く締める手当ては，よほどの大出血で広範な場合に限ります。

❸誤飲・誤嚥

　異物の誤飲・誤嚥による小児死亡例の約9割を5歳未満が占めています。「誤飲」とは異物が食道内に入ること，「誤嚥」とは液状の物質（多くは胃液混じりの吐物や唾液など）が気管内に入ることです。異物が口腔内の喉頭部分から気管の入口で留まる時には「気道異物」となり，窒息の原因となります。

　主な誤飲物への対処法は巻末資料（244頁），吐かせてはいけない場合の原則は表

表6-1　吐かせてはいけない場合

① 意識混濁等で咳反射がみられない場合	中枢神経系の機能が低下しているため，嘔吐反射もない可能…性が大であり，かつ咳反射がないために吐物を気管内に誤嚥する可能性が大きい。
② ショック症状の場合	
③ 生後6か月未満の場合	
④ 誤飲物が，	
a) 毒性が低い・無害無毒の場合	……吐かせるストレスのほうが害が大きいため。
b) 強酸，強アルカリ（漂白剤，トイレ用洗浄剤，パイプクリーナーなど）の場合	……これらは食道粘膜細胞のタンパク質を変性・腐食させるが，吐かせることで再び粘膜損傷を増強させることになる。
c) 揮発性物質（灯油，ガソリン，シンナー，マニキュア，除光液など）の場合	……吐くことで再び口腔内で揮発性ガスが発生し，これを吸入することでさらに中枢神経症状や肺炎が悪化する。
d) 鋭利なもの（釘・画鋲など）の場合	……食道や口腔内を損傷するため。

6-1のとおりです。しかし，医療機関へのアクセスがよい場合には，吐かせることに時間を費すことなく受診を優先しましょう。

また，公益財団法人日本中毒情報センター（https://www.j-poison-ic.jp）では，「中毒110番」を設置し，化学物質，医薬品，動植物の毒などによって起こる急性の中毒について，電話によるアドバイスを実施しています。「中毒110番」に電話をする際，あるいは医療機関に子どもの状況を説明する際に，次の点を把握しておきましょう。

①誤飲したものと，その量を確認する。

②誤飲したものの容器を手元に置いて電話をかけ，商品名や成分を伝える。

③子どもの年齢・体重を伝える。

④飲んでからの経過時間と現在の状況を，なるべく具体的に伝える。

中毒110番（情報提供料無料）（2021（令和3）年12月現在）
●大阪　　　　　　　　　　　072（727）2499（365日24時間対応）
●つくば　　　　　　　　　　029（852）9999（365日9〜21時対応）

---

❹異物

①気道異物

子どもの口に入る程度の固形物（トイレットペーパーの芯を通過する大きさが目安）が喉頭につまると，気道異物となって窒息症状をきたします。まずは応援と救急通報の依頼を行い，ただちに異物除去の手当てを実施します。

乳児では，図6-1のように抱きかかえて，背中の中央で肩甲骨の間を強く手掌の付け根で5回連続して叩きます（背部叩打法）。続いて，図6-2のように仰向けにして，今度は胸骨の下半分のところを指2本でやはり強く連続して5回圧迫します（胸部突き上げ法）。これらを繰り返します。

1歳以上では，背部叩打法のみ続けます。小学生以上には，ハイムリック法（腹部突き上げ法）（図6-3）も適応になります。子どもの背後から両腕を回し，片手のこ

図6-1　背部叩打法

図6-2　胸部突き上げ法

図6-3　小学生以上での異物除去法（ハイムリック法）

ぶしをみぞおち（胃部）にあて，もう一方の手でこぶしを握り，後上方に突き上げるように数回強く引き，腹部を思い切り圧迫して吐かせます。いずれの状況においても回数は問わず，異物が出てくるまで繰り返します。

　手当てを行ったにもかかわらず窒息により反応がなくなったならば，硬い床の上に横たえ，ただちに心肺蘇生（89頁を参照）を開始します。人工呼吸が効果的に行えているならば，あえて，やみくもに口の中の異物を探し求めることは不要です。そのまま心肺蘇生を続け救急車を待ちます。

②気管・気管支異物と食道異物

　小さな異物が気管や気管支に入り込み，窒息，咳嗽，喘鳴などを引き起こすことを気管・気管支異物といいます。また，固形物を誤って飲み込み，食道にとどまる場合を食道異物といいます。どちらも，すぐに排出できない場合には，医療機関への受診が必要となります。特に，ボタン型リチウム電池などは緊急処置を要しますので，疑わしい場合でも受診を考慮しましょう。

③耳，鼻，眼の異物

　いずれもむやみに取り出そうとするとかえって傷つけてしまうおそれがあります。

・耳

　耳内の昆虫を出す方法で，周りを暗くして懐中電灯をあてるやり方がありますが，かえって奥深く入っていくこともあり，専門家はすすめていません。固形物などは耳を下にして反対側の頭を軽く叩く程度にし，出てこないなら専門医にみてもらいます。

・鼻

　子どもの中には，自分で鼻腔内に豆などをつめて鼻づまりを起こす子もいます。鼻をかんでも出てこないなら無理をせず，専門医で取り出してもらいましょう。

・眼

　薬液が入ったら水道水ですぐ洗浄します。粉末の場合もこすらないで洗い専門医を受診します。

A：強直性けいれん

手足や身体が突っ張る，呼吸数低下あるいは一過性の呼吸停止

B：間代性けいれん

顔面や手足が屈曲伸展しながら大きく震える，不規則で不十分な呼吸，1分程度

図 6 - 4　けいれんの典型的動き

図 6 - 5　回復体位

❺ひきつけ（けいれん）

　生後6か月から5歳までの小児期に起こるけいれんのほとんどが良性の熱性けいれんで，子ども約20人に1人が経験しています。一般的な症状は，図6-4Aのようにまず体が硬く緊張し突っ張る時と，図6-4Bのように手足全体が震える時とが交互に出現します。

　発作の最中には身体に何もぶつからないように周囲から遠ざけます。身体を揺さぶったり刺激してはいけません。けいれん後は図6-5のような回復体位（衣服をゆるめ気道が詰まらないように顔を横に向ける）にして，全身状態を注意深く観察しています。

　チェックポイントとしては，次のようなことがあげられます。

①どんな時に起きたか：発熱や下痢，嘔吐，頭部打撲などその時の状況を確認します。

②何分くらい続いたか：10分以上続くけいれんや，1日のうちに2回以上数回にわたって繰り返すような場合には，至急受診します。

③どんな様子か：顔色や目の動き，身体の突っ張り方・震え方，全身性か，一部だけなのか，右側や左側だけかなど，けいれん中の様子を観察します。

④けいれん後の様子はどうか：けいれんがおさまった後，意識は戻っているか，顔色など，その後の様子を見ます。上記対応をしながら救急車要請を検討します。

表 6-2　やけどの分類

分類	所見	症状	治癒期間
Ⅰ度	紅斑・発赤（日焼け）／皮膚が赤いだけ	熱感・疼痛	数日
浅Ⅱ度	水疱・糜爛	疼痛・灼熱感・知覚鈍麻	約10日
深Ⅱ度	（水疱の底部が赤色＝浅Ⅱ度，白色＝深Ⅱ度）		約3週間
Ⅲ度	羊皮紙様／黒く焼けたり白く血色がない	無痛性	約3か月（植皮）

※受傷直後には，重症度判定が難しい場合があります。基本的に医療機関への受診をおすすめします。

❻やけど

　子どもは大人よりショック状態になりやすく，かつ皮膚が薄いので，深いやけどになりやすいといわれています。やけどの程度は傷害を受けた皮膚の深さにより分けられ（表 6-2），また，全身に与える影響はやけどの面積に比例します。乳幼児の場合，その子の手の平が体表面積の約 1 ％とみなし，子どもでは 5 ～10％以上の広さで入院治療が必要とされています。

やけどの初期対応

　①すぐに流水で 15 分程度冷やします。洗面器やバケツに水を張り冷やす場合は，水温が上がらないよう水は流したままにします。部位によっては，氷水で冷たくしたタオルや氷のうを利用します。

　②広範囲に及ぶ場合にはシャワーをかけるなどして冷やします。やけどがひどい時には，衣服は無理に脱がせずにその上から水をかけて冷やします。

　③水ぶくれができている場合は，破かないように注意して冷やします。

その後の処置

　①十分に冷やした後は，清潔なガーゼでやけどの部分を圧迫しないようにそっと覆い，傷口を清潔に保ちます。

　②薬や民間療法で効果があるといわれているアロエや油などを塗ることは避けましょう。

　前述したように，やけどの範囲が体表面積の 5 ～10％以上の場合には大至急病院へ行く必要がありますが，そこまで重度でなくても，保育中に子どもがやけどをした場合には，家庭での応急手当の後，病院を受診する必要があるでしょう。

❼熱中症

　熱中症とは，高温環境下での身体の適応障害によって起こる状態のことで，症状としては，眩暈，頭痛，嘔気，眠気，不快，体温の異常な上昇，などがあります。子どもは高齢者同様に容易に熱中症になりますが，これは体重に比して体表面積が成人より広いこと，体温調節中枢が未熟なこと，外出時などは身長が低いために地面からの輻射熱の影響を成人よりも受けやすいこと，などがその理由です。夏の車内に取り残されたための死亡事故はよく知られていますが，冬場でも電気毛布や電気カーペットでの死亡事故が報告されています。

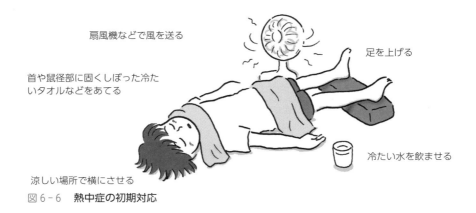

扇風機などで風を送る

足を上げる

首や鼠径部に固くしぼった冷た
いタオルなどをあてる

冷たい水を飲ませる

涼しい場所で横にさせる

図6-6　熱中症の初期対応

　乳幼児の場合は，軽症から重症までの境界が明確ではありません。少しでも熱中症が疑われた場合には，まず子どもを涼しいところへ移し，体を冷やします。その際には氷冷剤で太い血管を冷やしたり，うちわなどで扇いだりして対応しましょう。意識があれば水分補給も行いますが，少しでもボーッとしているようならすぐに医療機関を受診しましょう（図6-6）。

❽虫刺症・咬傷

①ハチ，蛾，毛虫など

　ハチに刺された，蛾や毛虫に触れた，粉がかかったなど虫による刺傷，かぶれの場合，清潔にして，冷やします。急激なアレルギー反応をきたす場合もありますので，応急処置をした後は医療機関を受診しましょう。

②蛇，犬など

　蛇に噛まれた場合は，可能なら噛まれた場所より中枢側をしばり，噛まれた部位を洗浄した後に医療機関を受診します。犬に噛まれた場合も，破傷風感染の恐れもありますから，洗浄，止血など一般的処置をした後に医療機関を受診しましょう。

❾感電

　まず電源を切ります。軽い場合には皮膚がやけどする程度ですが，皮膚の一部から身体を経由して床などに電気が通じてしまうと心臓が止まってしまうこともあります。電源を切ることができない場合，濡れた手などで触ると自分も感電する可能性があるので，台所などにあるゴム手袋をしてから電源から外します。意識がなく手足がグッタリとしている，呼吸がないなどの場合にはただちに心肺蘇生を実施します。

❿一酸化炭素ガス中毒

　閉め切った部屋で遊んでいた子が，頭痛・吐き気・めまいなどを訴えている場合，部屋の窓を開け，新鮮な空気を取り込みます。意識ももうろうとしているなら安静に寝かせ，顔を横向きにして，衣服をゆるめ，新鮮な空気を吸入させます。救急車を呼び，呼吸停止なら心肺蘇生を行います。

4 心肺蘇生法（CPR）

心肺蘇生法（CPR：Cardio-pulmonary Resuscitation）は基本を身につければ誰もが行うことができます。実習でマネキンなどを使いながら慣れるようにしましょう。本節では 1 人で行う心肺蘇生法について解説します（JRC 蘇生ガイドライン 2020 に準拠）。

1 心肺蘇生法（CPR）の基本的な流れ

心肺蘇生法の流れ（図 6 - 7）は，基本的には成人も小児も同じです。意識を確認後，意識がない場合は大声で助けを呼びつつ，通報のためにその場を離れることなく次の段階に進み 2 分間の蘇生を行います。2 人以上いる場合は，意識を確認後，1 人が蘇生をもう 1 人が 119 番通報をします。

※子どもから離れることなく通報できるように携帯電話を使用できるようにしましょう。

2 心肺蘇生法（CPR）のポイント

- 意識の確認

  周囲の安全を確認し，次に，肩を軽くたたきながら大声で呼びかけます。何らかの応答や仕草がなければ「反応なし」とみなします。外傷がある場合には首や肩を強く動かしてはいけません。

- 大声で助けを呼ぶ

  窓やドアを開放し大声で助けを呼びます。119 番通報と AED（自動体外式除細動器）の手配を依頼します。

- 呼吸の確認

  ①「正常な呼吸」や「普段どおりの呼吸」がない場合，あるいはその判断に自信がもてない場合には，心停止とみなし，ただちに胸骨圧迫から開始します。

  ②あえぐような呼吸は呼吸停止と同じ状態です。

- 胸骨圧迫

  ①胸骨圧迫は，硬い床あるいは畳の上で行います。

  ②部位としては，胸骨の下半分を圧迫します。その目安としては「胸の真ん中」です。

  ③押し方

  1．1 歳未満では，指 2 本で，真上から背骨に向かって圧迫します（図 6 - 8 A）。

  2．1 歳以上では，片手あるいは両手を組んで掌の付け根で，肘を伸ばして肩が胸の真上に来るようにします（図 6 - 8 B）。

  ④強さ

  1．胸の厚みの 3 分の 1 以上凹むぐらい強く圧迫します。

  2．圧迫後は確実に胸が戻るように力を抜きます。

3．力を抜くときは，押している指（掌）は胸から離さないようにします。

⑤リズム

1．全年齢において，１分間に100〜120回のリズムで圧迫します。

2．全年齢において，胸骨圧迫30回，人工呼吸２回を１サイクルとし，５サイクル（約２分間）行います。

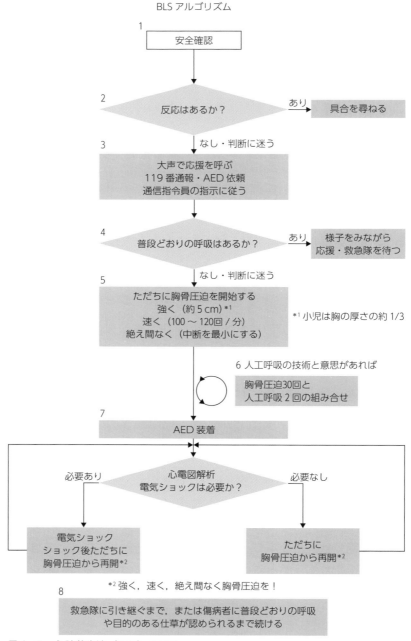

図6-7 心肺蘇生法（CPR）の流れ
一般社団法人日本蘇生協議会『JRC蘇生ガイドライン2020』医学書院，p.20，2021.

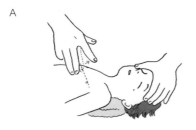 

図 6-8　胸骨圧迫

気道確保と人工呼吸

(1)気道確保

　頭部後屈・顎先挙上法（図 6-9）が基本です。肩の下にロールの枕（肩枕）を入れると効果的です。

(2)人工呼吸

　1 歳未満では口対口あるいは口対鼻，または口対口鼻の人工呼吸を，1 〜 8 歳までは鼻をつまみながら口対口での人工呼吸（図 6-10）を行います。子どもは成人と違って体格が年齢によって異なり，肺活量も成人よりかなり小さいので特別な配慮が必要です。

①息を吹き込む時は，あわてず丁寧に子どもの胸が動くまで吹き込みます。動いたら止めます（胸の動きを眼で確認するのが難しい場合，あいている片手を胸の上に軽く置くとその手が動くことで分かります）。

②まず，はじめに 2 回，胸の動きを横目で確認しながら約 1 秒間かけて吹き込みます。

③おなか（胃）がふくらむ場合は，気道確保姿勢を修正します。

④吹き込む時間は 1 秒以上にはならないようにします。

⑤胸骨圧迫をしている時は，気道確保体位を保つだけで息は吹き込みません。

3 実施時間について

①胸骨圧迫 30 回，人工呼吸 2 回を 1 サイクルとして，5 サイクル（約 2 分間）行います。

②その後，初回においては，1 人なら 119 番通報します。

③ AED の装着，実施も，5 サイクル行った後に実行します。

4 AED の使い方

　AED とは，自動体外式除細動器（Automated External Defibrillator）の略語です。成人ばかりでなく乳児以上の小児にも使用できるようになりました。AED が到着したら，心肺蘇生法（CPR）を継続しながら，ほかの 1 人が AED の電源を入れ，パッドを傷病者に貼付します。心肺蘇生法を中断せず，AED の音声指示に従って操作を進めます。パッドの装着部位はパッドケースなどに記載されていますが，子どもの年齢が小学校入学前（乳幼児）の場合は，小児用パッドを前胸部と背部に皮膚に密着するように貼

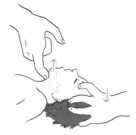

図6-9　気道の確保

図6-10　人工呼吸

ります。身体が濡れている時は水分を完全に拭き取らないとうまく貼り付きません。子どもの年齢が小学生以上の場合は成人用パッドを使用します（この場合のパッド装着部位は成人と同じで，右上の前胸部と左下胸部（左乳頭の斜め下））。小柄な小児の場合，パッド同士が接触してしまい，うまく作動しませんので，この場合は胸部と背中に貼ってもかまいません。小児用パッドがない場合は，乳幼児にも成人用パッドの使用が許可されていますが，パッドが大きすぎるのでこの時も胸部と背中に貼付します（図6-11）。心肺蘇生法を中断するのは，ショックボタンを押す時だけですが，この時，傷病者の身体に触れてはいけません（図6-12）。AEDのメッセージが「ショックに成功しました」とアナウンスしない限りは，パッドをそのままにした状態で再び，心肺蘇生法を続行します。心肺蘇生法を5サイクル（約2分間）続行しても回復しなければ，再びAEDの指示に従いショックボタンを押して反応を見ます。救急隊が到着する，あるいは，傷病者が呼吸を開始する，あるいは，目的のある動作が起こるまでは，心肺蘇生法を継続し2分ごとのショックを繰り返します。

> **Memo** 新型コロナウイルス感染と保育
>
> 　2020（令和2）年初頭から始まった新型コロナウイルス感染拡大は，保育現場にも大きな変化をもたらしました。感染拡大当初は，得体の知れないウイルスに対して，すべてに慎重に対応することから始まりましたが，その後，ウイルスの特性が解明され，ワクチンや治療薬も開発され，診断，治療においては，既知の感染症とほぼ同じように対応できるようになってきました。
>
> 　この間，大人が感染予防に気を配って生活をすると子ども達の多くの感染症が激減することがわかりました。新型コロナウイルスだけでなく，多くの感染症は大人が社会から家庭に持ち込み，家庭内感染により子どもが発症するのです。もちろん，その後の子ども達同士の感染の広がりは，病原体によって違ってきます。しかし，残念ながら，保育現場において家庭内感染を予防することは不可能です。保育者は，少なくとも自らが訪問家庭に感染を持ち込まないように世の中の感染流行情報，行動規制状況などに気を配り，また，マスク装着，手洗いなどの標準感染予防策を励行しましょう。

図 6-11　AED パッドが大きな場合の貼付部位

これからショックボタンを押す
直前の状況。この瞬間のみ傷病
者には手を触れてはいけない。

図 6-12　AED

【参考文献】
- 『アメリカ心臓協会　心肺蘇生と救急心血管治療のためのガイドライン（2020 American Heart Association Guidelines for CPR and ECC)』のハイライト
- 一般社団法人日本蘇生協議会『JRC 蘇生ガイドライン 2020』医学書院，2021.

第7章

居宅訪問型保育の保育内容

講義の目的
①居宅訪問型保育を利用する家庭のニーズについて理解する。
②居宅訪問型保育の特徴と配慮事項を学び，演習を通じて考え，理解する。
③夜間に行われる居宅訪問型保育における配慮事項について理解する。
④居宅訪問型保育の計画と記録の書き方を学び，さまざまな家庭状況に応じた計画の
　必要性について理解する。

学びのポイント
　居宅訪問型保育の対象となる子どもや家庭のニーズを把握したうえで，子どもの居
宅における1対1の保育の方法や配慮事項を学ぶ。その際，「保育所保育指針」に準
じた保育が必要とされるが，居宅訪問型保育ではどのように「保育所保育指針」を取
り込んで行うのかを考えるとともに，計画の立て方と記録の書き方の基本を学ぶ。

1 居宅訪問型保育を利用する家庭（子ども・保護者）のニーズ

1 居宅訪問型保育の対象

　居宅訪問型保育事業の対象となる乳幼児は以下の（1）と（2）に大別されます。さ
らに，（3）は，必要に応じて行われる一時的な保育の提供です。

（1）ひとり親家庭の夜間の就労，児童福祉法に基づく措置への対応（例：待機児童対策）
　　　等，社会的理由により居宅訪問型保育を必要とする子ども
（2）子どもの障害や慢性疾患等の理由により居宅訪問型保育を必要とする子ども
（3）地域子ども・子育て支援事業の対象となる子ども
　　　一時預かり事業（居宅訪問型），病児保育事業（非施設型），延長保育事業（訪問型）
　本章では，（1）を中心としながら，居宅訪問型保育の保育内容として共通する事柄
を学びます。その際，居宅訪問型保育と一般型家庭訪問保育の相違点と共通点を踏まえ
る必要があります。なお，（2）に関する特別な配慮については，専門研修で学びます。

2 保育を利用する家庭（子ども・保護者）のニーズ

　保育を提供する際に，保育を利用する家庭（子ども，保護者）はどういうニーズを抱

えているか，保護者はどんな悩みに直面しているかを把握することが必要になります。

以下に，さまざまな家庭で起こりうる悩みを例示します。

❶ 保護者が直面する子どものニーズ

①子どもの欲求・サインが分からない（泣く・求めるなどの行動）

②子どもの発達が分からない

③子どもとのかかわり方・言葉のかけ方が分からない

④子どものしつけ方が分からない

⑤子どもとの遊び方が分からない

⑥なぜ他の子と同じようにできないのかが分からない

❷ 保護者自身のニーズ

＜保護者自身＞

①保護者自身の子どもとの接触・人との触れ合い体験が少ない

②保護者自身の子ども時代の自分と比較してしまう

③保護者自身の自己解決力・自己コントロール力が低い

④保護者自身の遊び体験が少ない

⑤保護者自身の家事力が低い

⑥時間がない，余裕がない

＜子育て環境＞

⑦身近に相談する人がいない（家族・友人・地域・親戚等）

⑧家族の子育て参加，協力が得られにくい（夫・祖父母等）

⑨経済的な悩みを抱えている（本人・家族）

⑩精神的な悩みを抱えている（本人・家族）

⑪身体的な悩みを抱えている（本人・家族）

❸ 保護者と連携しながら行う保育

子育て中の家庭はそれぞれの保護者がさまざまな課題を抱えており，また，子育ての仕方も子育ての方針も，保護者が育ってきた家庭環境や経験などによっても大きく異なります。家庭に入ると，状況がより分かるので，子どもの居宅で1対1で保育を行う場合は，子どもだけを対象とするのではなく，保護者の思いにも寄り添いながら，保護者と連携しながら行う保育が求められます。

2 居宅訪問型保育の特徴

1 居宅訪問型保育の内容

「家庭的保育事業等の設備及び運営に関する基準」（平成 26 年厚生労働省令第 61 号）には，居宅での保育における「保育の内容」と「保護者との連絡」に関して，下記のよ

うに示されています。

（保育の内容）

第 25 条　家庭的保育事業者*は，児童福祉施設の設備及び運営に関する基準（昭和 23 年厚生省令第 63 号）第 35 条に規定する厚生労働大臣が定める指針に準じ，家庭的保育事業の特性に留意して，保育する乳幼児の心身の状況等に応じた保育を提供しなければならない。

（保護者との連絡）

第 26 条　家庭的保育事業者は，常に保育する乳幼児の保護者と密接な連絡をとり，保育の内容等につき，その保護者の理解及び協力を得るよう努めなければならない。

＊　この第 25 条・第 26 条の規定は居宅訪問型保育事業について準用するとされており（第 41 条），ここでの「家庭的保育事業者」は，この場合「居宅訪問型保育事業者」に該当する。

　この中で，「厚生労働大臣の定める指針」とは，「保育所保育指針」（平成 29 年告示，以下同）のことを指しています。すなわち，居宅訪問型保育においても保育内容および環境整備は「保育所保育指針」に準じること，またそうした保育内容等について，保護者にも説明を十分に行い家庭と連携していくことが必要です。

　一般型家庭訪問保育と居宅訪問型保育の大きな違いは，「保育所保育指針」に準じた保育が求められるか否かにあるともいえます。居宅訪問型保育は保育所のような集団保育ではありません。しかしながら，「保育所保育指針」の「第 1 章　総則」には，集団保育でなくとも保育を行ううえで最低限意識しておかなければならない事項が次のように示されています。以下のア，イに示されているような保育の目標があるということ，子どもの生活にはそのような体験が詰まっていることを理解しておきましょう。

第 1 章　総則　1　保育所保育に関する基本原則　（2）保育の目標

ア　保育所は，子どもが生涯にわたる人間形成にとって極めて重要な時期に，その生活時間の大半を過ごす場である。このため，保育所の保育は，子どもが現在を最も良く生き，望ましい未来をつくり出す力の基礎を培うために，次の目標を目指して行わなければならない。

（ア）十分に養護の行き届いた環境の下に，くつろいだ雰囲気の中で子どもの様々な欲求を満たし，生命の保持及び情緒の安定を図ること。

（イ）健康，安全など生活に必要な基本的な習慣や態度を養い，心身の健康の基礎を培うこと。

（ウ）人との関わりの中で，人に対する愛情と信頼感，そして人権を大切にする心を育てるとともに，自主，自立及び協調の態度を養い，道徳性の芽生えを培うこと。

（エ）生命，自然及び社会の事象についての興味や関心を育て，それらに対する豊かな心情や思考力の芽生えを培うこと。

（オ）生活の中で，言葉への興味や関心を育て，話したり，聞いたり，相手の話を理解しようとするなど，言葉の豊かさを養うこと。

（カ）様々な体験を通して，豊かな感性や表現力を育み，創造性の芽生えを培うこと。

> イ 保育所は，入所する子どもの保護者に対し，その意向を受け止め，子どもと保護者の
> 安定した関係に配慮し，保育所の特性や保育士等の専門性を生かして，その援助に当た
> らなければならない。

　子どもにとって極めて重要な時期に，１対１で長時間にわたり居宅で子どもと向き合うことから，そこでの保育者のはたらきかけが子どもの育ちに多様な影響を及ぼすことを理解することが必要です。私的契約の一般型家庭訪問保育の場合は，主として保護者の要望にそって保育をします。しかし，公的補助のもとに行われる居宅訪問型保育の場合には，保護者の要望どおりではなく，「保育所保育指針」に準じた保育が求められます。

　子どもの居宅で１対１で行う保育であることから，個別保育は子どもの状況に応じやすいといえます。子どもの発達にそった生活が行えるようにしましょう。保護者との緊密な連携は必要ですが，保護者の要望だけで判断するのではなく，就学前の，または，３歳未満の子どもにとってどのような生活が大切かという視点が大切です。

　「保育所保育指針」の「第２章　保育の内容」には次のように示されています。

> **第２章　保育の内容**
> 　この章に示す「ねらい」は，第１章の１の(2)に示された保育の目標をより具体化したものであり，子どもが保育所において，安定した生活を送り，充実した活動ができるように，保育を通じて育みたい資質・能力を，子どもの生活する姿から捉えたものである。また，「内容」は，「ねらい」を達成するために，子どもの生活やその状況に応じて保育士等が適切に行う事項と，保育士等が援助して子どもが環境に関わって経験する事項を示したものである。
> 　保育における「養護」とは，子どもの生命の保持及び情緒の安定を図るために保育士等が行う援助や関わりであり，「教育」とは，子どもが健やかに成長し，その活動がより豊かに展開されるための発達の援助である。本章では，保育士等が，「ねらい」及び「内容」を具体的に把握するため，主に教育に関わる側面からの視点を示しているが，実際の保育においては，養護と教育が一体となって展開されることに留意する必要がある。

　保育所保育指針「第２章　保育の内容」では，「①乳児（０歳児）」「②１歳以上３歳未満児」「③３歳以上児」という三つの年齢区分でそれぞれの保育内容が示されています。乳児の保育は，「健やかに伸び伸びと育つ」（身体的発達），「身近な人と気持ちが通じ合う」（社会的発達），「身近なものと関わり感性が育つ」（精神的発達）の三つの視点（表７-１）とともに，養護と教育を一体として展開することが求められます。１歳以上３歳未満児の保育は，「健康」「人間関係」「環境」「言葉」「表現」の５領域のねらい（表７-２）にそって，生活や遊びの充実が図られることが重要です。この５領域は，乳児の保育内容の三つの視点から連続するものとして意識してかかわります。また，乳児〜３歳未満児は，大人との信頼関係を基盤に育ちを積み重ねていきます。大人の応答的なかかわりが大切です。

　　5領域は相互に関連し合い，遊び活動を通して総合的に育ちます。子どもの生活や遊びの中で，五つの領域の関連を意識した環境設定や言葉かけ，子ども同士の関係づくりを行いましょう。これらが，3歳以上児の保育の内容（5領域，ただし3歳未満児とは異なる）へと移行していきます。居宅訪問型保育においてもこれらのことを意識して，保育を行うことが求められます。

表7-1　乳児保育のねらい

ア　健やかに伸び伸びと育つ	イ　身近な人と気持ちが通じ合う	ウ　身近なものと関わり感性が育つ
健康な心と体を育て，自ら健康で安全な生活をつくり出す力の基盤を培う。	受容的・応答的な関わりの下で，何かを伝えようとする意欲や身近な大人との信頼関係を育て，人と関わる力の基盤を培う。	身近な環境に興味や好奇心をもって関わり，感じたことや考えたことを表現する力の基盤を培う。
㋐ねらい ①身体感覚が育ち，快適な環境に心地よさを感じる。 ②伸び伸びと体を動かし，はう，歩くなどの運動をしようとする。 ③食事，睡眠等の生活のリズムの感覚が芽生える。	㋐ねらい ①安心できる関係の下で，身近な人と共に過ごす喜びを感じる。 ②体の動きや表情，発声等により，保育士等と気持ちを通わせようとする。 ③身近な人と親しみ，関わりを深め，愛情や信頼感が芽生える。	㋐ねらい ①身の回りのものに親しみ，様々なものに興味や関心をもつ。 ②見る，触れる，探索するなど，身近な環境に自分から関わろうとする。 ③身体の諸感覚による認識が豊かになり，表情や手足，体の動き等で表現する。

表7-2　1歳以上3歳未満児の保育のねらい

ア　健康	イ　人間関係	ウ　環境	エ　言葉	オ　表現
健康な心と体を育て，自ら健康で安全な生活をつくり出す力を養う。	他の人々と親しみ，支え合って生活するために，自立心を育て，人と関わる力を養う。	周囲の様々な環境に好奇心や探究心をもって関わり，それらを生活に取り入れていこうとする力を養う。	経験したことや考えたことなどを自分なりの言葉で表現し，相手の話す言葉を聞こうとする意欲や態度を育て，言葉に対する感覚や言葉で表現する力を養う。	感じたことや考えたことを自分なりに表現することを通して，豊かな感性や表現する力を養い，創造性を豊かにする。
㋐ねらい ①明るく伸び伸びと生活し，自分から体を動かすことを楽しむ。 ②自分の体を十分に動かし，様々な動きをしようとする。 ③健康，安全な生活に必要な習慣に気付き，自分でしてみようとする気持ちが育つ。	㋐ねらい ①保育所での生活を楽しみ，身近な人と関わる心地よさを感じる。 ②周囲の子ども等への興味や関心が高まり，関わりをもとうとする。 ③保育所の生活の仕方に慣れ，きまりの大切さに気付く。	㋐ねらい ①身近な環境に親しみ，触れ合う中で，様々なものに興味や関心をもつ。 ②様々なものに関わる中で，発見を楽しんだり，考えたりしようとする。 ③見る，聞く，触るなどの経験を通して，感覚の働きを豊かにする。	㋐ねらい ①言葉遊びや言葉で表現する楽しさを感じる。 ②人の言葉や話などを聞き，自分でも思ったことを伝えようとする。 ③絵本や物語等に親しむとともに，言葉のやり取りを通じて身近な人と気持ちを通わせる。	㋐ねらい ①身体の諸感覚の経験を豊かにし，様々な感覚を味わう。 ②感じたことや考えたことなどを自分なりに表現しようとする。 ③生活や遊びの様々な体験を通して，イメージや感性が豊かになる。

2 居宅訪問型保育の特徴

❶ 子どもの居宅で行われる保育

居宅訪問型保育は，居宅での保育です。そのため，子どもが慣れ親しんだ環境で受けられる良さがあり，子どもはリラックスして過ごすことができます。また，その子どものために用意された玩具，道具，布団などを使って，いつもどおりの過ごし方をすることができます。体調不良の場合など，通園など外出による心身への負担や感染のリスクを軽減できます。

❷ 1対1の個別保育

一人ひとりの子どもの特性に合わせたきめ細かい保育を提供することができます。生活の連続性，発達の連続性を重視した保育を行います。そのため，低年齢児においては，「特定の大人（保育者）との間に愛着関係（アタッチメント）を築き，心の安全基地を確立していく時期」に適した保育といえます。

❸ 保護者と連携しながら行う保育

常に保護者と密接な連携を取りながら，子どもの保育内容等について「保育所保育指針」に基づき，保護者の理解や協力を得ながら行う保育です。それぞれの家庭環境や家族の状況に配慮し，保護者と子どもの関係性を高める保育です。

3 居宅訪問型保育における配慮事項

1 保育環境の理解

❶ 家族と子どもの生活の場で行われる保育

①居宅訪問型保育が行われる場所は，その家庭の日常の生活空間です。保育者はそのことに留意し，保育を行う場と家族の生活の場としての配慮と区別が必要になります。

②保育者は，子どもの保育を行うと同時に，保育中は保育環境である居宅の安全管理も担っているという認識が求められます。

③保育する子ども以外の家族がいる場合などもあり，家族構成や家族の機能を把握したかかわりが求められます。

④地域における親子と近隣住民との関係性への配慮が求められます。

❷ 保育に使用する部屋・設備，器具等保護者との確認の必要性

①保育の実施に必要な設備及び備品は家庭の物を使用することを原則とします。

②保育の開始前には，保護者・管理者・保育者により実際の保育場所である子どもの居宅において確認する必要があります（詳細は第8章で学びます）。

❸ プライバシーの保護と守秘義務

①子どもの居宅で保育が行われるため，保育にかかわる情報以外に，家庭内のさまざまな情報を知り得る立場にあります。保育者は，守秘義務が課されていることを認識し，

情報の取扱いには十分注意します。

②保育環境である居宅は，家庭のプライベートな空間でもあります。業務上必要とされる事柄以外，家庭のプライバシーの保護には十分留意します。

2 保育の計画に基づき行う保育

❶ 保育の計画と実施

「保育所保育指針」に準じ，各家庭の実情を踏まえ，保護者の育児観に寄り添いながら実施します。居宅訪問型保育の特徴を活かした保育の計画を作成します。

保育の実施にあたっては，保育者は，計画に基づく保育内容や子どもの発達の状況等について記録し，記録に基づく保育の振り返りを行い，計画を見直し，保育の改善を図っていきます。

❷ 保育者間の連携

担当保育者間での情報の共有を図り，引継ぎの際には正確な情報の伝達を行います。

①保育の計画や，保育日誌，子どもの健康状態，発達等の記録のほか，保育者間での連絡ノート等の活用をします。

②担当保育者同士，互いの保育を見る機会がない（少ない）ため，定期的なカンファレンスの実施が必要になります。

3 食事に関する配慮

子どもの食事については，保護者が調理したものを保育者が提供します。喫食の様子をよく観察し，記録をとります（第4章63頁を参照）。

4 健康管理，衛生面における配慮

子どもの健康状態と発育・発達状態を把握し，健康の増進や疾病などへの対応に取り組みます（詳細は第5章，第6章で学びます）。

5 夜間，泊まりの場合の保育

❶ 生活リズムや生活習慣への配慮

子どもの生活リズムを整え，あるいはつくりながら，1日の活動の疲れを癒すリラックスした時間，空間に配慮します。テレビの視聴など，家庭のルールも取り入れるよう配慮します。

❷ 入浴時の介助

①安全面への十分な配慮をし，入浴の介助を行います。

②使用時にも必ず保育者が直接給湯温度の確認を行うなど，十分注意します。

③事前の準備を充分に行い，入浴中は水回りに子どもを一人にしないようにします。

❸睡眠中の注意事項

①順調な発育・発達のために，また生活のリズムを整えるためにも，子どもにとって睡眠は重要です。眠りの環境を整えたり，子どもの眠りの癖を知ることで，快適かつ安心して眠れるよう配慮します。

②乳幼児突然死症候群や睡眠中の窒息など，午睡時や夜間の睡眠時には，子どもの体調の急変や事故予防に留意し，常に子どもの観察を怠らず，年齢に応じて定期的な呼吸の確認を行い，「ブレスチェックリスト」（第 5 章 69 頁を参照）などの記録を残すことが必要です。

③昼夜に限らず，子どもが睡眠中であっても，保育者にとっては，保育時間中であることを忘れないようにしましょう。

6 地域の自然や保育資源を活用した保育

戸外での活動を通じ，子どもが自然に触れたり，近隣に暮らす人々や社会に興味や関心が持てるよう，地域の資源を有効かつ適切に活用するよう心がけましょう。

7 地域資源との連携，交流

近隣の保育施設等の園庭開放の機会や地域の子育て支援拠点などを活用して，子ども集団やさまざまな人との交流を図り，多様な体験ができるよう配慮します。また，その子どもにとって必要な療育センター等の関係機関へ同行する場合も，互いの連携を図ることが求められます。

8 家庭と連携しながら行う保育

①保護者と連携して保育を行うために，保育者と家庭間の連絡帳を活用します。

②保育内容について保護者の理解や協力を得ながら行うことが必要です。

③保育環境の調整については，常に家庭と連携を図り，確認をとりながら，家庭のプライバシーや保護者の気持ちに配慮して行います。

④保護者と子どもとの関係性を高めるようなかかわりを工夫します。

9 定期的な保育の振り返り・計画の見直し

保育実施後の保育者の記録による振り返りと，保育の計画の見直しを，管理者，保育者，また，必要に応じて行政担当者や関連施設等，時には保護者も交え検討します。保育内容や保育環境の調整については，事業者の管理者，保育者が保護者に説明し，協力を得ながら行います。

4 居宅訪問型保育の実際（演習）

　具体的場面を想定し，居宅訪問型保育者としてどのように行動すべきかを実際に考えてみましょう。意見交換を行うことにより，居宅訪問型保育の実際をイメージしてみましょう。

演習（例）

夜間の場合の保育ではどのような配慮が必要でしょうか？

- 看護師等で夜勤がある。　・会議の終了が予定より遅くなる。
- 泊まりがけで出張がある。　・病気（出産）で入院する。　・泊まりがけで介護をする。

　※終了の時間が特定できない場合はどういう体制で行うか，交代要員を確保しておくか？

　※事業者との連絡を密にする。連絡したい時に連絡がつくようにする。

　※保護者との緊急連絡先の確認を行う。

　※子どもが病気になった場合など，急な対応への事前確認を行う。

5 居宅訪問型保育における計画と記録

1 保育の計画

　居宅訪問型保育における実践は，保育所等の集団保育とは異なります。まず，保育の場が子どもの居宅であることから，子どもにとっては日常生活と同じ環境であり，適応していくことには無理がありません。しかしながら，同じ環境であるにもかかわらず，子どもは，居宅訪問型保育者という人との関係性の変化への適応が求められます。

　保育の計画の作成が「保育所保育指針」で求められています。しかし，居宅訪問型保育の場合には，集団保育やクラス運営を行うことはありません。また，継続的な利用期間も未確定であることから，詳細なものでなくてよいでしょう。ただし，同じ子どもに対して継続的な保育を何年も行う場合には，年齢や発達，何年目かを考慮した計画を考えましょう。

　年間指導計画は，1年間保育することがあらかじめ分かっている場合には簡単な計画が必要となります。期別指導計画とも関連して，季節や時期（初めての出会い，少し慣れてきた時期，引継ぎの時期など），文化的行事などを意識すると計画しやすいでしょう。

　月間指導計画や週案は，これも詳細なものは必要ありませんが，その月の気候や発達の時期（月齢など）に合わせた生活や遊び，環境構成（安全対策を含む）についてイメージできる計画が必要です（図7-1を参照）。

　日案（デイリープログラム）は生活の基本となるものです。その日の子どもの実態（発達・健康状態）に合わせた保育時間の確認や基本的生活習慣（食事・睡眠・排泄・清潔・着脱），生活や遊びのねらいにもとづいた保育内容についての計画が必要となります（図7-2，7-3を参照）。乳児期は睡眠時間が月齢によっても個人によっても異なります。もちろん1対1であることから，臨機応変さや子どもの主体性への寄り添いやまなざしも必要です。また，生活全てについて家庭養育ではどのように過ごしてきたのかということを考え，保護者と情報交換することが大切です。そのうえで，保育の専門性に基づいた子ども理解をしましょう。

　大切なことは，単に子どもを預かっているだけではないということです。子どもの育ちの保障を考え，無意識ではなく，「今，何が育ちつつあるか」を意識した保育の実践をしましょう。その際，子どもの発達の見通しをもって援助することが必要になります。このように育ってほしいという保護者の思いにそって，保育の焦点化を図り，子どもの

月案　　年　　月			事業者名　　○○○○
子ども	氏名：○○　○○　　　　性別：　男　　　　年齢：　2　歳　0　か月		
先月までの様子	スプーンやフォークを使って食事を食べることができ，食事を楽しんでいる 電車やバス，自動車に興味をもち，散歩で見かけるととても喜ぶ		
月のねらい	自分で食べることの喜びを感じる 興味のあることを十分に楽しむ		
家庭・地域 との連携	食欲にムラがあるので，遊び食べや，食事を残す場合もあることを伝える 乗り物に興味をもっていることを伝え，絵本などを準備してもらえるよう依頼する 砂遊びに興味をもっていることを伝え，道具や，十分な着替えを準備してもらう		
健康・安全	うがい・手洗いの習慣を身につける 体調の変化に十分注意する		
保育資料	絵本「せんろはつづく」　竹下文子作　鈴木まもる絵　金の星社 砂遊び用おもちゃ（スコップ，バケツ），蜜蝋クレヨン，画用紙，積み木		

	子どもの姿	育てたい内容，環境構成	保育者の援助，留意すること
健康 人間関係 言葉 環境 表現	• スプーンやフォークを使って自分で食べる • 好き嫌いなど食欲にムラがある • 自分で着替え・靴履きをしようとする • トイレに座ると自分でできることもある • 保育園や公園の友達とかかわろうとする • 言葉数が多くなり，おしゃべりを楽しんでいる • 道具を使い，砂遊びを楽しむ • 乗り物に興味をもち，見かけると指さして名前を言う • 電車の絵を描いたり，積み木を車に見立てて動かしたりする	• 自分で食べたいという思いを大切にする • 無理をせず，食事を楽しむ • 自分でしたいという思いを大切にする • トイレができたことの喜びを味わう • 他者に興味をもち，かかわる喜びを知る • 保育者と言葉をやり取りしながら，思いを交わす楽しさを知る • 興味のあることを十分に楽しむ • 興味のあることを言語の表現や遊びに取り入れる	• お皿や盛り付けを変えるなど，おいしく食べられる工夫をする • 食材の名前や，色，味などについての言葉かけをする • 子どもの動きをよく見て，上手くできないところだけ手伝う • 上手くいかなくても否定的なことは言わない • 「貸して」「どうぞ」など，お互いの気持ちを保育者が言語化して，やり取りを仲立ちする • 子どもと目線を合わせて丁寧に会話をする • 砂遊び用のおもちゃを準備する • 一緒に図鑑を見たり，散歩時に乗り物を見られるようにする • 画用紙，クレヨン，積み木を準備する
反省・評価			

図7-1　2歳児の月案（月間指導計画）の例

デイリープログラム（0歳6か月）			年　　　月　　　日　天候
			保育者名　○○　○○

子ども	氏名：○○　○○	性別：	年齢：　0　歳　6　か月

時間	子どもの姿	保育者の援助，留意すること
8：00 9：00	健康観察，検温	訪問 保護者との打合わせ，連絡帳の確認 子どもの様子，けがの有無などを確認する
10：00 11：00 12：00	散歩・外遊び おむつ交換 食事（離乳食，ミルク） 睡眠	室内外の寒暖差，事故やけがに気をつける 尿や便の量，状態を記録 食事とミルクの準備，食べた量の記録 5分ごとの呼吸確認，記録 食事の片づけ
13：00 14：00	目覚め・おむつ交換 食事（ミルク） 遊び	睡眠時間の記録，尿や便の量，状態を記録 ミルクの準備・片づけ （お座りで音を楽しむ遊び，腹ばいで体を動かす遊び　など）
15：00 16：00	睡眠	5分ごとの呼吸確認，記録 連絡帳の記入
17：00 18：00	目覚め・おむつ交換 食事（ミルク） 遊び	睡眠時間の記録，尿や便の量，状態を記録 ミルクの準備・片づけ （絵本を一緒に見る，手指を使った遊び　など） 保護者帰宅，保護者に今日の報告をする
保育記録		

図7-2　0歳児の日案（デイリープログラム）の例

デイリープログラム（2歳0か月）			年　　　月　　　日　天候
			保育者名　○○　○○

子ども	氏名：○○　○○	性別：	年齢：　2　歳　0　か月

時間	子どもの姿	保育者の援助，留意すること
8：00 9：00 10：00	健康観察，検温 室内遊び 排泄の援助 散歩・外遊び 水分補給	訪問 保護者との打合わせ，連絡帳の確認 子どもの様子，けがの有無などを確認する （歌遊び，音を楽しむ遊び　など） トイレへの声かけ，尿や便の量，状態を記録 室内外の寒暖差，事故やけがに気をつける
11：00 12：00 13：00	食事 清潔・排泄の援助 睡眠	手洗い・うがい 食事の準備（テーブルの下に新聞紙を敷くなど） 手や顔を拭く，必要なら着替え，尿や便の量，状態を記録 睡眠中の健康観察，記録 食事の片づけ 連絡帳の記入
14：00 15：00 16：00	目覚め・排泄の援助 おやつ 室内遊び	睡眠時間の記録，尿や便の量，状態を記録 おやつの準備・片づけ （ボールや積み木を使った遊び，体を動かす遊び　など）
17：00 18：00	水分補給 排泄の援助 遊び	トイレへの声かけ，尿や便の量，状態を記録 （絵本の読み聞かせやお絵かき　手指を使った遊び　など） 保護者帰宅，保護者に今日の報告をする
保育記録		

図7-3　2歳児の日案（デイリープログラム）の例

内面性を考えつつ子どもを理解します。一人ひとりの子どもにふさわしい生活や遊びの援助を行いましょう。

2 指導計画作成上留意すべき事項

　3歳未満児については，子どもの成育歴，活動の実態に即して個別的な計画を作成します。長時間にわたる保育については，子どもの発達，生活のリズム及び心身の状態に配慮し，家庭との連携を指導計画に位置づけます。

　ただし，居宅訪問型保育での保育の実践は，家庭養育で習慣化されている事項を土台としながら保育を行うことが大切です。生活リズムや声のかけ方，おむつの替え方，名前の呼び方など，まず家庭での養育がどのようになされていたのかを把握することです。そのうえで，「保育所保育指針」に準じた保育を実践しながら，居宅訪問型保育では可能な限り大人である居宅訪問型保育者が子どもの生活実態に寄り添うことが大切です。それは，子どもの好きにさせたり，子どものペースにまかせたりするという意味ではありません。指導計画作成は，「計画→実践→記録（評価）→改善→計画→実践」という循環の中に位置づけられており，居宅訪問型保育という保育の中でも，なくてはならない役割を果たすものです。

3 保育の記録

　保育記録や連絡帳の書き方，記入のポイント等について，理解を深めましょう。詳しくは第9章も参照してください。

　居宅訪問型保育における保育実践は単に日々の生活活動・遊び活動の経過だけを書くのではなく，その体験から「何が育ち，子どもは何を学んでいるのか」を観察・記録することが大切です。居宅訪問型保育は，保育者と子どもの1対1の関係性が実践の軸となります。保育者が子どもにどのように働きかけるのかによって，その後の展開や結果は違ったものになるでしょう。子どもの興味や意欲がわくような，楽しく過ごせるような指導計画を作成しましょう。はっとしたこと，子どもへのまなざし，新しい発見や気づきを「書いておきたい」と直感した時，子どもの安全を意識しながらすぐにメモしておきましょう。その習慣をつけることが大切です。それをきちんと記録し，次の保育へ生かしましょう（図7-4，7-5を参照）。

保育の記録

子どもの名前 _____ 年齢・月齢　　　歳　　か月

月日（曜日） 保育担当者名	生活	遊び	子どもとのかかわり, 保育の振り返り
月　日（　）			
月　日（　）			
月　日（　）			
月　日（　）			
月　日（　）			
月　日（　）			
今週の 振り返り			

図7-4　保育の記録の様式例

連　絡　帳

月　　日　　曜日	天候	家庭より
PM 6:00	AM 6:00	（検温　　時　　分　　　℃）
7	7	
8	8	
9	9	
10	10	**子どものすがた・食事など**
11	11	（検温　　時　　分　　　℃）
AM 12:00	PM 12:00	
1	1	
2	2	
3	3	**保育者より**
4	4	
5	5	
6	6	

図7-5　連絡帳の様式例

第8章

居宅訪問型保育における環境整備

講義の目的
①保育環境の整備にあたり，基本的な考え方と配慮事項について理解する。
②児童の居宅であることを踏まえた環境整備の必要性について理解する。
③保育に必要な設備・備品を確認し，自己点検を行えるようにする。
学びのポイント
　子どもの居宅において，１対１で行われる居宅訪問型保育の特性を踏まえ，個人の居宅で公的補助による保育を行うにあたり，どのように保育環境を整えることが必要か，また，その配慮事項について理解する。

1 保育環境を整える前に

1 制度上の規定について

　居宅での保育において保育を実施する場所と必要な設備・備品については，「家庭的保育事業等の設備及び運営に関する基準」（平成 26 年厚生労働省令第 61 号）に，以下のとおり規定されています。

（設備及び備品）
第 38 条　居宅訪問型保育事業者が当該事業を行う事業所には，事業の運営を行うために必要な広さを有する専用の区画を設けるほか，保育の実施に必要な設備及び備品等を備えなければならない。

　ここでいう「当該事業を行う事業所」とは，主に子どもの居宅を指します。保育を行う場所の広さについて具体的な数値は規定されていませんが，保育のための専用のスペースを設けることが求められています。また，保育の実施に必要な設備や備品は，基本的に保育の対象となる子どもの家庭に備えられているものを使用することになります。不足している場合には，何をどのようにして準備するか，事業者担当チームと保護者の間で検討することが必要です。

　保育にあたっては，こうした基準を満たしたうえで，子どもが安全かつ安心して過ごすことができ，情緒の安定と健やかな発達が保障される保育環境を整えることが求めら

れます。家庭によって条件や状況は異なりますが，それぞれの実状に即しながら，より
よい保育環境を目指して改善や工夫を重ねていかなくてはなりません。

　また，保育を行うためのスペースだけでなく，トイレ・洗面台・廊下・台所などの設
備やスペースを使用することも視野に入れて，環境を整備することが重要です。

2 「保育所保育指針」（平成 29 年告示）を踏まえた保育

　保育者が子どもの居宅を訪問して行う保育（一般型家庭訪問保育）は，従来，保育者
がそれぞれの家庭の育児・教育方針をあらかじめ確認し，それにそって保育することが
基本とされてきました。居宅訪問型保育においても，各家庭の保護者のおかれている状
況や意向を理解し，家族の家庭生活に配慮しながら保育を行うことが重要であることに
は，もちろん変わりありません。しかし，同時に，「保育所保育指針」（平成 29 年告示，
以下同）についてその理念や内容を理解し，それらを踏まえた保育を行うことが求めら
れているのです。もし，家庭の育児・教育方針や保育環境と「保育所保育指針」に示さ
れた考え方の間に何らかの大きな相違点が見られるような場合には，保護者の思いや考
えを尊重し信頼関係を大切にしつつ，「保育所保育指針」について理解を共有できるよ
う，保護者に対して丁寧に説明を重ねていく必要があります。

3 「保育所保育指針」における環境の考え方

　「保育所保育指針」では，子どもが主体的に自らを取り巻く環境にかかわり，そこで
生じる環境との相互作用を通して発達していくことを重視して，保育の環境に関する以
下の四つの留意点を示しています。

第 1 章　総則　1　保育所保育に関する基本原則　（4）保育の環境

ア　子ども自らが環境に関わり，自発的に活動し，様々な経験を積んでいくことができる
　　よう配慮すること。

イ　子どもの活動が豊かに展開されるよう，保育所の設備や環境を整え，保育所の保健的
　　環境や安全の確保などに努めること。

ウ　保育室は，温かな親しみとくつろぎの場となるとともに，生き生きと活動できる場と
　　なるように配慮すること。

エ　子どもが人と関わる力を育てていくため，子ども自らが周囲の子どもや大人と関わっ
　　ていくことができる環境を整えること。

　これらは，保育所などの施設における集団保育の場でも，居宅での保育のような一般
の住宅等における個別の保育の場でも，共通して大切にしたい子どもの保育環境の基本
的な考え方といえます。子ども一人ひとりの特徴や発達過程に応じ，生活の流れを踏ま
えながら，子どもの興味や関心を促し，保育の中で多様な経験を重ねることができるよ
う配慮したいものです。

　ただし，保育所等との違いとして，居宅での保育の場合，事業者側のみの保育方針や判断で環境をつくったり変えたりすることはできないということがあります。居宅での保育において，子どもの保育環境をよりよいものへと整備していくために，保護者との連携を欠かすことはできません。共に保育の場をつくっていくという認識を共有することが重要です。

2　居宅訪問型保育に必要な環境の基本

1　保育に必要な環境の構成要素

　「保育所保育指針」に示されているように，保育の環境は，物的環境・人的環境・自然や社会の事象から成り立っています。物的環境とは，保育を行う場所の広さや間取り，そこにあるモノ（家具・設備・遊具等）の種類や素材，配置状況などです。人的環境とは，居宅での保育の場合，主に保育者です。その他，きょうだいなど同じ屋内にいる子どもの家族も含まれます。自然や社会の事象とは，気候や植物・動物，周辺地域や社会のさまざまな文化や伝統，公共の施設や制度といったものです。送迎時や散歩など，保育中に外出することもあるため，公園など出かけた先で出会う地域のさまざまな人々や自然，事物についても保育の大切な資源としてとらえられます。

　これらは，それぞれが互いに関連し合い，全体として保育の環境を構成しています。家庭によって環境が異なることはいうまでもありませんが，同じ家庭であっても，その時々の季節や家族の生活などにより環境は変化していきます。保育者には，子どもにとって保育の場が日常的に慣れ親しんでいる家庭生活の場でもあることや，状況に応じて比較的柔軟に環境を変えられることなど，居宅での保育のメリットを生かしながら，保育の理念や目標に基づき，その家庭における保育環境を構成しているさまざまな要素を把握・活用して保育を行うことが求められます。

　保育の基本的な考え方においては，子どもの主体性を尊重し，子どもが自ら周囲の環境にかかわってさまざまな体験を重ねる中で発達していくことが特に大切にされていますが，そうした子どもの経験を支える保育者の意図や周到な配慮・工夫といったものは，他者からは「見えにくい」面もあります。そのため，保護者からの理解を得るために，保育者には，保育実践のための知識・技術・判断力に加えて，「保護者に説明する力」も専門性の一角として必要となります。保育の計画や記録，保護者とのやり取りといった機会を通じて，どのような考えのもとで保育の環境を構成するのかを他者に伝えることも，保育者の重要な務めです。

2　保育環境の整備に関する留意点

　よりよい保育環境を整えていくために，「子どもにとって望ましくないものを取り除

く」「子どもの健やかで豊かな発達を支え促す」という二つの視点を持つことが必要となります。

前者は，危険なものや不衛生なもの，子どもにとってふさわしくないと思われるものを，片づけたり子どもの見えないところや手の届かないところに移したりするということであり，事故などのリスクをあらかじめ排除するということです。ただし，どのようなものを危険・不衛生・不適切とみなすのか，またどの程度まで子どもを危険なものや不衛生なものから遠ざけるのかについては，保育者・保護者それぞれに考え方が違うことも少なくありません。保育者のみで判断するのではなく，できるだけ保護者とも話し合う機会を持ち，双方の意向を伝え確認し合うことが望ましいでしょう。

後者は，一般的な発達の道筋についての理解を踏まえたうえで，一人ひとりの子どもの発達を見通しながら，その時・その子どもにとって最もふさわしい環境をつくるということです。そこには保育観や子ども理解が自ずと現れてくるものであることを，認識しておきたいものです。

3 子どもの発達を支える保育環境とは

子どもが心身ともに豊かに育まれる環境とは，どのようなものなのでしょうか。この問いに決まった「正解」はなく，また到達点もありません。居宅での保育のそれぞれに指定された場所と時間の中で，どのような配慮が必要なのか，どのような工夫ができるのかといったことを保育者が常に意識し考えることが，保育の質の向上につながります。

一人ひとりの子どもの発達過程や興味・関心，一日の生活の流れなどを踏まえながら，子どもが心を惹きつけられ，意欲を持って十分に個性や能力を発揮できる環境，遊びや活動に集中して取り組める環境（時間・空間も含む），ホッとくつろぐことのできる環境（保育者との関係性も含む）を保障していくことが重要です。

3 保育環境の整備

1 保護者への確認・提案

居宅訪問型保育においては，保育を開始する前に，事業者側の管理者やコーディネーター，そして保育者が，保育を行う場に直接出向き，保育の流れにそって保育環境を点検・把握することが必要です。この際，確認事項に漏れがないよう，事前にチェックリストや点検シートを用意しておきます。

保育を実際に開始した後も，状況に即して何らかの対応を行った場合には，そのつど保護者に事後確認（例：「○○のような状況があったため〜しました。この方法でよかったでしょうか？」）をとるようにします。これらは，記録をとり，担当する保育者等，事業者担当チームで情報を共有することが重要です。

　また保護者の中には，子どもにとって使いやすいものや楽しく遊べるものについて，あまりよく知らないという人もいます。家庭内にあるものを保育に活用しつつ，子どもの発達に応じて，あるとよいと思われる備品・玩具・道具などを折に触れて提案・紹介することも，保護者に対する有益な情報提供となることがあります。

　以下では，保育中の遊び・活動場面ごとの環境整備における保護者への確認事項と留意すべき点を述べます。

❶ ポイント：屋内の遊び

> **確認事項**
> - 使用可能な部屋，スペース
> - 子どもが使うもの，保育の際に使って構わないもの
> - 玩具や絵本などを保育者が持参してもよいか？

　発達に即した玩具・絵本・素材・用具等，保育に必要なものや，あるとよい物のリストがあると，保護者にも伝えやすいでしょう。保育者が持参することもありますが，保護者によっては他者との共用を好まない場合もあります。また，事業者によっては事故や紛失・破損などのトラブルを避けるため，持参しない規則となっている場合もあります。子どもの使うものについてどのように用意するか，管理者・保育者・保護者の間で事前に確認することが必要です。

❷ ポイント：外遊び

> **確認事項**
> - 普段よく行く場所，移動の手段
> - 安全な散歩ルート（周辺環境・交通量・歩道の有無等を実際に歩いて確認しておく）
> - 公園等の遊んでよい遊具

　図書館などの公共施設や散歩の際の遊歩道，近隣の公園など，地域資源を活用することによって，子どもの遊びの世界をより広げたり深めたりすることができます。保育中に外出する際，あらかじめ家庭で用意しておいてほしい備品を保護者に伝えておきます（例：ベビーカー・水筒・外出用バッグ・絆創膏など応急処置に必要なもの・虫よけスプレー・帽子・おむつなど）。

　子どもの健康状態や保育の時間帯により，外出しないよう求められる場合もあるため，外遊びを実施することの可否については保護者に事前の確認が必要です。ただし，外出予定がない場合にも，災害発生時など非常時には家の外に出ることが想定されることから，万一の事態に備えて家の鍵は常に必ず預かっておきます。

❸ポイント：食事

> **確認事項**
> ・台所の使い方
> ・料理が余った場合の処理，ゴミの分別方法や捨て方

　保育者は保育中に調理はしません。食事に関する保育者の役割は，保護者が用意したものを温め直したり配膳したりすること，食後に食器を洗い食卓の後片づけをすることなど，子どもの保育に支障がない範囲で行える内容に限られます。子どもから目を離すことがないよう，料理だけでなく使用する食器類はあらかじめ1か所にまとめておいてもらうことが必要です。

　また，基本的に保育者は子どもと同時に食事を摂ることはありません。保育者が持参した自分の弁当などについては，保育中どこに置いておけばよいか確認しておくとともに，冷蔵庫や電子レンジなどの使用が必要な場合には，事前に保護者の承諾を得ておきます。

　幼児の場合，保護者の依頼により，保育者も弁当などを持参して子どもと一緒に食べる場合もありますが，その際は持参したものを子どもにあげてはなりません。

❹ポイント：睡眠・排泄

> **確認事項**
> ・使用する部屋や場所，備品
> ・子どもが寝るときに必要なもの（タオル・人形など）
> ・排泄の際に必要な備品，おむつ替えの場所，使用済みのおむつの捨て方や捨てる場所

❺ポイント：手洗い・シャワー・着替え

> **確認事項**
> ・タオルや着替えの置いてある場所
> ・汚れたものを置く場所

　保育中に子どもが汗をかいた時などは，身体を清潔にすることが必要となります。

　子どものおむつや着替えは，あらかじめ数組をセットで保護者に用意しておいてもらうとよいでしょう。どの程度の頻度で着替えるかは保育者の判断に任されることが多いため，子どもの状態に注意を配るとともに，その日の天候などに応じて，ある程度は事前に予測しておくことも必要となります。

　いずれにおいても，使用する場所や設備・備品の使い方については事前に保護者に確認しておくこと，子どもが使用するものは，保育者が分かりやすく取り出しやすい場所にまとめて置いてもらっておくことが，子どもの安全管理や効率のよい保育を行ううえで重要です。

4 安全の確保

1 安全で安心できる保育環境をつくるために

　子どもの安全が保障され安心して過ごせる保育環境を整備することは，保育者の最も基本的な役割の一つです。保育環境の安全性を保障するためには，災害や子どもが遭いやすい事故のリスクを軽減する必要があります。子どもが遭いやすい事故とは，転落・転倒・切り傷・打撲・誤飲・窒息・やけど・溺水などです。さらに，外出する場合には，交通事故や連れ去り・熱中症・虫さされ・公園の遊具等による事故などにも注意が必要となります。

　子どもの事故は，その多くが子どもの発達と密接に関連しています。したがって，子どもの発達過程やそれぞれの時期の認知・身体・運動面の特徴などを十分に理解しておくことによって，事故を未然に防ぐための配慮や工夫をすることができます。成長や発達に伴って，視界に入りやすい範囲や手が届く範囲，とりやすい行動パターンや注意力などがどのような状態にあるのか，想定しながら環境を整備することが重要です。

　事故を未然に防ぐための具体的な工夫の例としては，危険な場所（玄関・階段・台所・風呂場など）への進入を防ぐための柵を設置する，家具が転倒しないよう固定する，危険物の取り出しや落下を防ぐために鍵や留め具をつけておくといったことがあげられます。また，鋭利なものや熱いものが床に落ちたりしていないかできるだけこまめに確認する，浴槽・洗濯機・流し台などに水をためておかないといったことを，日常的に心がけておきます。

　さらに，保育中の快適性を保つため，温度（夏は26〜28℃，冬は20〜23℃）や湿度（50〜60%），日当たり等にも十分な配慮が必要です。温度計・湿度計による点検や換気（冷暖房を使用する際には1時間に1回10分程度を目安とします）を適宜行って，室内の環境を調節するよう努めましょう。

2 リスクをなくす・減らすための対応

　保育を始める際には，危険物や子どもに触ってほしくないものが出ていないか，あるいは床などに落ちていないか確認し，見つけた場合には子どもが近づけない，使えないように手の届かない場所や目につかない場所に移すことが基本です。なお，保育者が移動させたものは，保育終了時にはもとの場所に戻しておきます。もし，保育では使用できない場所（保護者の部屋など）に子どもが入ってしまった場合には，いったん保育者も入り，子どもを連れ出してから，子どもが入れないようにします。

　いずれの場合においても，保護者の帰宅後に報告することが必要です。

3 室内がちらかっている時

　室内がちらかっていて保育を安全に行うことが難しいと思われる場合には，必要な範

囲で子どもにとって危険なものは片づけ，汚れているものは取り除くかきれいにします。掃除や整理整頓は保育者の業務ではありませんが，子どもにとって安全で衛生的な場所で保育を行うための準備は，業務の範囲内としてとらえられるからです。必要に応じて，家庭の掃除機・雑巾等を使用させてもらう場合もあります。

　置いてあったもの（新聞・雑誌，食器など）を移動させた場合には，保育終了後，保護者にその旨を報告し，元の位置に戻す必要があるかどうか尋ねて指示に従います。

4 安全性を確保するために

　前述したように，保育を行う場所の中で，特に事故等の起きやすいと思われる場所や環境をあらかじめ把握し，必要に応じて対策をたてておくことが重要です。さらに，地震・火事・不審者といった事態が発生した場合の対応については，避難経路や避難場所，緊急連絡先や連絡手段などを保護者と確認しておくことが必要です。この他，消火器や非常口の場所については日頃から確認しておく，非常時の対応マニュアルを用意しておくといったことも，緊急時に落ち着いて対応するために欠かすことができません。また，大きなマンションなどでは，緊急避難時の方法やルールが住民同士の間で決められている場合もあるので，保護者に確認しておきます。外出時についても，何かあった場合の対応はあらかじめ想定しておくことが大切です。

　いずれにせよ，保育中思いがけないことが起きた時に，冷静な判断で子どもと自分自身を守るためには，日頃からさまざまなケースに対応した避難方法をシミュレーションしたり，避難訓練を実施したりしておくことが必要です。

5 衛生管理

　空調等の機器の使い方，窓の開閉の仕方は家庭によって異なる場合も多いので，保育を始める前に保護者に確認しておきます。玩具等の洗浄や消毒は，基本的には家庭で保護者が行いますが，必要と判断した場合には，子どもが寝ている時など，保育者が手の空いている時間に行います。消毒に何を用いるかについては，保護者にあらかじめ確認しておく必要があります。洗剤・消毒液など必要なもの・あることが望ましいものについては，保育者が使用する場合も原則として家庭にあるもので行うため，事前に保護者に伝えて用意してもらいます（ただし，状況によっては保育者が持参する場合もあります）。

5　環境のチェックポイント

1 必要な備品のリスト

　子どもの年齢や保育の時間，季節など，さまざまな条件によって，保育に必要となる

ものや重点的に整えたい環境は異なりますが，保護者と接する時間が限られている場合も多く，保育環境の整備について，頻繁に保護者に確認したり用意してもらうことは難しいこともあります。必要な備品のリストを用意して保護者にも渡しておくと，確認漏れなどが起きにくくなります。

　救急用品（体温計・絆創膏など）や温湿度計，嘔吐処理キットや消毒液など，子どもの健康や安全管理にかかわるもの，着替えや外出用のセットなど，用途ごとにまとめてリストアップしておくと便利です。

　また，複数の保育者が交代で保育を行っている場合には，記録用紙や筆記用具，保育者間での連絡・引継ぎ用ノートなど，毎回保育に必要なものをまとめて置かせてもらっておくと，保育者間での情報共有や伝達などが円滑に行われやすくなります。

2 居宅訪問型保育における環境のチェックポイント

　居宅訪問型保育では，保育者が事前に環境整備を行える範囲がごく限られており，保育環境を整える際には保護者との連携が特に重要となります。また，もともと保育を行うことを前提とした場所で保育を行うのではないため，家庭によって状況はそれぞれ大きく異なり，安全管理への配慮や居心地のよい環境の確保も，一律の方法ではなくそのつど丁寧かつ細やかに行うことが求められます。大切なことは，定期的に保育環境のチェックを行い，実際に保育を行う中で気がついたことなどをもとに，改善が必要ではないか，工夫の余地はないか，多様な観点から見直しを重ねてよりよい環境づくりを目指していくことです。保育環境を意識することは，日頃から子どもの様子をよく観察したり自身の保育を振り返ったりして，子どもや保育についての理解を深めることにもつながります。こうした理解が，長期的な視野でとらえれば保育の質を高める重要な一歩となるのです。管理者・保育者には，環境整備の重要性を十分に認識するとともに，保護者にもしっかりとその意味を伝えていくことが求められます。

　子ども・保護者・保育者自身のそれぞれの立場から見た保育環境のチェックを行う際の主な観点を表8-1にまとめます。各々の居宅での保育の環境について考える際の参考にしてください。

表8-1　保育環境を確認・見直す際のポイント

子どもの立場から	安全性・快適性・発達の過程にふさわしいかどうか・楽しさ・明るさ・分かりやすさ・清潔など
保護者の立場から	安心感・信頼感・分かりやすさなど
保育者の立場から	作業のしやすさ・機能性・効率性・衛生管理や安全管理のしやすさなど

第9章

居宅訪問型保育の運営

講義の目的
①居宅訪問型保育者の職務について理解する。
②情報提供の方法，受託前の利用者との面接，記録や報告の管理などについて学ぶ。
③事業所及びコーディネーターとの連携について学ぶ。
④児童の居宅で保育を行う居宅訪問型保育者の姿勢について理解する。

学びのポイント・ねらい
　居宅訪問型保育事業は，従来の私的契約であるベビーシッター事業とは異なり，市町村の条例に基づいた認可事業であることを理解したうえで，業務の流れにそって運営上の留意点や事業者の組織や各役割について理解を深める。

　はじめに本章の中で使用する用語について整理します。

- 「事業者」とは，居宅訪問型保育の認可事業者を示します。
- 「事業」とは，居宅訪問型保育の利用者1名に対して1事業といいます。（利用者が3名いる場合には，3事業となります。）
- 「事業所」とは，居宅訪問型保育を実施する場所である，子どもの居宅を指します。
- 「事業者担当チーム」とは，管理者，コーディネーター，同じ子どもを担当する複数の居宅訪問型保育者で構成されます。

1 居宅訪問型保育の業務の流れ

1 利用者と事業者の条件

　居宅訪問型保育事業は市町村による認可事業であることから，利用者ならびに事業者のいずれも，国が定めた関連法令に基づき各自治体が定めた条例にそった手続きを要します。

❶利用者

　居宅訪問型保育を利用するにあたっては，事前に市町村が定めた手続きに則り「保育認定」を受ける必要があります。

　利用対象者ならびに利用条件は，各自治体により異なります。

❷事業者

　居宅訪問型保育事業の運営を行う事業者は，「家庭的保育事業等の設備及び運営に関する基準」（平成 26 年厚生労働省令第 61 号）（以下，「基準」）に基づき，各自治体の条例により作成された基準を満たし，実施市町村の認可，確認を受ける必要があります。

2　居宅訪問型保育の大まかな業務の流れ

　居宅訪問型保育事業を運営するにあたり，事業者はチーム（組織）体制を整備しておく必要があります。

❶事業者のチーム体制（事業者担当チーム）

　事業者は居宅訪問型保育事業を運営するにあたり，認可事業であり，1 事業に対して，保育者の休暇や長時間の延長保育がある場合に備えて 5 名程度の複数の保育者が必要であること，保育の内容は「保育所保育指針」（平成 29 年告示）に準じ，障害や疾病のために居宅訪問型保育を必要とする子どもの利用にあたっては，それぞれの状況に応じた連携施設を設けなくてはならないことなどを踏まえ，事業者内に担当チームを設け，保育計画の立案，保育の報告，各メンバー間の情報共有・連携を図り，保育の質の維持向上に努める必要があります。

①管理者
- 事業の運営管理全般の責任者
- 連携施設や市町村担当者等と連携を図る
- 保育者等に対する保育の助言等
- 事業規模や事業数によっては，代表者が兼務したり複数の管理者を配置することもある

②コーディネーター
- 利用者との窓口
- 保育者のシフト作成や勤務管理を含めた，保育者との窓口
- 事業規模や事業数によっては，代表者が兼務したり複数のコーディネーターを配置することもある

③保育者（1 事業あたり，5 名程度の複数の保育者）
- 居宅訪問型保育を必要とする家庭において，保育の実践を行う
- 保護者や事業者に対して報告義務がある

❷居宅訪問型保育事業の大まかな業務の流れ

　居宅訪問型保育事業の大まかな業務の流れは次のとおりです。

①利用（希望）者の決定

　利用（希望）者は，居宅訪問型保育を利用するにあたり，事前に市町村にて保育認定を受ける必要があります。その時または保育認定を受けた後に，自治体の担当者や保育コンシェルジュ（保護者からの相談に応じ，状況に合った保育サービスの情報提供などを行う利用者支援事業の専門の相談員）等から，居宅訪問型保育事業の利用対象，条件などの概要説明や事業者の紹介を受けることになります。

②利用者と事業者の面談

　事業者は，居宅訪問型保育の利用者の紹介を自治体から受けたら，利用者と直接に面談の機会を設けます。居宅訪問型保育事業を責任もって遂行するために，利用上の留意点の説明を行ったり，保護者から子どもや家庭の状況，利用の方法など，必要な情報について収集・確認を行います。また，慣らし保育など具体的な利用手順なども，面談時に確認します。

　面談は保育の実践の場である子どもの居宅にて，管理者またはコーディネーター及び担当する保育者と，実際に利用する子どもも同席のうえで行うとより具体的で詳細な確認ができます。障害や疾病などで連携施設を要する場合には，事前または事後に意見をもらうなどしておくことが望ましいでしょう。

- 確認したい内容（例示）
  - 利用曜日や時間帯，延長保育など具体的な利用内容や方法
  - 家族の状況など
  - 利用する子どもの健康状態や保育上の留意点など
  - 連携施設になり得る関係機関の有無（通所する施設，医療機関）や連絡先など
  - 保育を行う場所（家庭）や範囲（外遊び先など）
  - 鍵の預かり（外出の予定がなくても，万一の場合に備えて預らせてもらう）
  - その他
    緊急連絡先，かかりつけ医などの情報
    体温計など健康管理上必要な備品，子どもの着替えや保育玩具など
    子どもの生活習慣，養育方針，家庭内のルール，緊急時や来客時の対応など

③保育開始前の準備

　利用理由が障害や疾病等に起因する際には，連携施設を設けなくてはなりません（「基準」第 40 条）。この場合には，子どもの状況に応じて，事前に実習や見学をさせてもらうなど，子どもの状態について理解を深め，適切な対応が図れるようにすることが必要です。

④保育の計画の立案・実施

　居宅訪問型保育事業の保育内容は，「保育所保育指針」に準ずるとともに，居宅訪問型保育の特性に留意して行います。事業者はあらかじめ保育理念や方針などを明確に示し，事業者担当チーム（管理者，コーディネーター，保育者）全員が共通理解をする必要があります。

　保育の計画の立案にあたっては，子どもの月齢や年齢，発達，個別性などを考慮するほか，連携施設や関係機関など専門家からの情報や意見も取り入れて，一人ひとりの子どもの状況に応じて作成します。また，子どもの居宅における保育という点で，保護者の意向（家庭のルールなど）に対する配慮も求められます（第 7 章も参照）。

　保育を実施するうえでは，保育者間の情報共有，報告や連絡の方法，安全な保育のための環境整備や緊急時対応，健康・衛生管理，留守宅の管理など具体的なやり方を定めるようにします。マニュアルを作成するなどして担当者ごとの保育方法のバラツキを抑制し，保育の質を担保することが求められます。事業者全体として共通する事項もありますが，各事業（子ども）によって異なる内容もあります。

⑤保育記録・保護者への報告

　保育の記録は子どもの健康状態や発達の状況の確認，保護者への報告，保育の振り返り，保育の計画の見直しなどのために必要となります。保育日誌，連絡帳，健康観察表，睡眠時のブレスチェックリスト等は日々記録をします。

● **保護者への報告**

　保護者には連絡帳や口頭での報告を通じて，子どもの様子を報告しなければなりません。連絡帳は保護者にも記入してもらい，保育者と保護者が相互に子どもの 24 時間を伝え合うようにします。また，複写式にすれば，控えを事業者が保管し，保護者に伝えた内容の確認や保育の振り返りを行うために活用することができます。

　連絡帳の記載内容としては一日の子どもの過ごし方や子どもの様子を中心に，子どもの食事（分量）や排泄（便のときは状態や分量），入眠から目覚めの様子，検温や体調の変化，遊びの内容やその時の様子などがあります。時間の経過にそって記入すると一日の生活の流れが分かりやすくなります。けがなどした場合にはその状況や処置なども記録します。

　保育者から保護者への報告にあたっては，報告書だけではなく口頭でも簡潔に行い

ます。

● **保育者間の引継ぎと情報共有**

　子どもの生活の継続性を担保するために，保育者間の情報共有は大切なことです。しかし，居宅訪問型保育においては複数の保育者が同時に保育を行うことは極めて少ないため，情報共有の方法を確立しておくことが必要です。連絡帳や保育日誌等から把握できることもありますが，保護者とのやり取りの中で確認したことや子どもとの接し方の留意点など，連絡帳には記載できない（しない）事柄や，保育者間だけで共有したい事項もあります。引継ぎノートを作成して，利用者宅に置かせてもらうことも一つの方法ですが，それ以外にもさまざまな方法を考える必要があります。いずれにしても，個人情報やプライバシーに関する内容が含まれるため，情報の管理方法については十分な配慮が必要です。

● **保育者から事業者への報告（就業報告）**

　居宅訪問型保育者は，利用者宅へ直行直帰で勤務に就くことが多く，一般的な勤務管理が困難なケースが多く見受けられます。実際の勤務状況については，電話など事業者が指定する方法で報告します。日々の業務報告時に，保育の状況や，事業者担当チームへの報告や連絡事項なども併せて伝えることで，情報共有を図ります。

　日々の報告以外にも，1か月の勤務記録等，事業者が提出を求める報告書類などがある場合には，その指示に従います。

⑥定期的な記録・計画の見直し

　日々の保育や子どもの様子についての記録に基づき，定期的に子どもの発達の状況などについて記録を作成します。その際，指導計画に基づいて行った保育を振り返り，計画の見直しをすることが必要になります。このようなことは単独の保育者が行うのではなく，定期的に事業者担当チーム間で会議を持ち，チームとして対応することが必要となります。

2 事業者・コーディネーターへの連絡，チームワーク

1 事業者の役割

❶居宅訪問型保育事業の使命と社会的責任

　居宅訪問型保育事業は，「子どもの居宅における個別的保育」を特性とする新しい保育事業として，地域型保育事業に位置づけられたものです。保育所と同じ認可事業として，社会的責任を担っています。

　居宅訪問型保育事業の対象となる子どもの保育は，保育所等で行われる集団保育よりもより高度な専門性が求められる場合もあります。何よりも子どもの居宅で，子どもを

安全に保育することについて，事業者が中心となり，その安全管理体制を構築していくことが必要です。

❷ 業務基準の明確化と地域社会への説明責任

　事業者は，利用者や地域社会に対して，事業の目的や保育内容等について情報提供することが必要です。その特徴，利用対象，利用条件，申込方法等について，分かりやすい案内書（パンフレットやチラシ，ホームページ）などを作成し，自治体との連携を図り，保育を必要とする子どもや家庭に情報を提供します。また，保育所を含む地域の保育資源や，地域の関係機関にも情報を提供することにより理解を深め，協力が得られる体制をつくることが必要です。

❸ マニュアル等の整備

　「基準」第18条に準じて，以下のような規定を定める必要があります。

①運営にかかわる内容
- 事業の目的及び運営の方針や，事業の概要（保育の提供を行う日ならびに時間や内容など），保護者が負担する費用と支払い・取扱い方法など
- 保育開始時の確認事項

②保健衛生，安全管理・事故予防，緊急時対応，非常災害対策などに関する事項など
③個人情報やプライバシー保護に関する事項
④保育者による虐待防止のための措置に関する事項

　マニュアルは整備することが目的ではなく，すべての保育者が等しく業務遂行できるようにすることが目的です。保育者はマニュアルの内容を熟知し，記述のとおりに運用します。事業者は実際に運用されているかについて確認することはいうまでもありません。

　なお，保育の記録等の保存期間は，5年間です。

❹ 保育者の労務管理

　保育者の勤務時間については，コーディネーターがシフト調整を行います。1人の子どもに対して複数の保育者が担当するという体制を組む目的は，保育者の都合で保育者が訪問できない事態を回避すること，1人の保育者による保育内容の偏りを軽減することが主となっています。

　「労働基準法」に基づき，一般の労働者は本来休憩時間に職場を離れるなど自由に過ごす権利がありますが，居宅訪問型保育者については適用除外になっています。子どもの睡眠中であっても目を離すことはできませんから，当然のことです。しかしながら，保育者が休憩もなく長時間の勤務に就くことは，疲れから集中力を欠き，事故やけがにつながりかねません。コーディネーターはこの点にも配慮してシフトを組むことが必要です。

　また，特に勤務時間帯が夜間の場合の事業者への連絡体制を確立し，緊急時に応援が駆けつけられるようにすることへの考慮も必要になります。

2 保育の質の向上のための連携施設，地域資源，関係機関等との交流及び連携

　居宅訪問型保育事業を必要とする家庭を中心に，地域には多くの関連する機関があります。

　自治体内には，保育認定を行うなどの保育サービスに係る部課がありますし，最近では子ども・子育て支援新制度の利用者支援事業ができたことにより，保育コンシェルジュに代表されるように，利用者の立場にたって，保育サービスの案内や相談を行う専門の窓口も充実してきました。居宅訪問型保育事業者においては，管理者やコーディネーター，複数の保育者など事業者担当チームで子育て家庭を支えています。

　また，障害や疾病のある子どもに対しては，連携施設の設置が義務づけられており，これらの施設も家庭やこの事業を支えています。障害のある子どもの場合には，障害児入所施設や児童発達支援センターなどの障害関係施設，慢性疾患等の子どもには，通院する医療機関等があります。

　連携施設の設置義務がない子どもを対象とする場合でも，保育所や児童館などの地域資源と連携することが望まれます。夜間利用やひとり親家庭の子どもも，地域の保育所等と連携を図ることで，園だよりや給食だより・メニュー表をもらうなどの情報提供を受けられますし，保育者は保育の助言を受けやすくなります。また，園庭開放や行事に参加するなど，集団保育の機会を設けることにもなります。

　保育所などのように他の保育者と一緒に保育する機会がない居宅訪問型保育者が，孤立したり孤独感を持たないように配慮しましょう。

3 連携施設を含めた情報の共有，カンファレンス

　保育者が子どもの居宅で，とりわけ対応が難しい障害や慢性疾患のある子どもを1対1で保育するにあたっては，実施事業者，関係機関，自治体が連携し，保育の安全確保や質の担保を保障していくことが必要であり，個々の子どもの状況に応じた連携施設（障害児施設，医療機関等）の専門的サポートが不可欠なため，情報共有や対応協議のためのケースカンファレンスは極めて重要となります。

　ケースカンファレンスとしては，事業者内（管理者，コーディネーター，保育者）のものと，保護者を含むもの，連携施設や自治体などと共に行うものが考えられます。

3 居宅訪問型保育者のマナー

　保護者が安心して子どもを託すことができ，子どもや保護者と信頼関係を構築できる居宅訪問型保育者となるために，以下の保育者としてのマナーをよく理解しましょう。

1 基本的な持ち物

身分証や報告書類・筆記用具，スケジュールノートなどの一般的な社会人としての備品のほかに，保育者としてエプロンや着替え，自身が使用するタオル類などを準備します。

2 身だしなみ

社会人としても身だしなみを整えることは大切です。子どもの保育にかかわる職業ということからは，以下の点に気をつけてふさわしい身だしなみを心がけます。

衣服は動きやすいもので，綿素材を用いるなど肌のデリケートな子どもに配慮します。吐乳や食事の提供時に汚れることもあるのでエプロンを着用しましょう。靴はヒールのない，脱いだり履いたりしやすい機能的なものを選びます。また，長い髪はゴムで後ろでひとまとめにして，子どもを抱いた時に子どもの顔にかからないように気をつけます。爪は短くそろえる，お化粧も控えめにするなど，清潔感や健康的なイメージを保ちましょう。

また，訪問時にはすぐに洗面所を借りて手洗い・うがいを行い，外からウイルスなどを極力持ち込まないようにします。マスクの着用など感染予防にも努めましょう。

3 話し方

社会人として，保育に携わる専門職としてマナーにかなった正しい言葉遣い（敬語）やあいさつを心がけます。これから言葉を覚える乳幼児期にあたっては保育者が正しい言葉遣いをすることは大切なことですし，保護者とのコミュニケーションをスムーズに運ぶためにも必要です。保護者からの指示等に対しては，理解したことを示すための返事や復唱，不明な時は聞き返す，ミスをしたときには素直に「申し訳ありません」など謝罪の意を示しましょう。

4 態度

保護者や子どもと対応する時の態度も，信頼関係を築くうえで重要です。相手に安心感や信頼感を与える態度，不快と感じられる態度とはどのようなものか，自分に置き換えて考えてみましょう。

❶相手に安心感や好感をもたれる態度

- いつも笑顔で，明るくて優しくて，あいさつや言葉遣いが丁寧で誠意のある態度
- 子どもに対して目線を合わせて，積極的なかかわりを持とうとする態度
- 保護者に対して肯定的，共感的な態度であり，保育への自信もあって頼れる雰囲気

❷相手が不安や不快と感じる態度

- 冷たい，怖い，厳しい，投げやり，なれなれしすぎる言葉遣いやだらだらした態度
- 保護者に対して否定的，批判的で，自分の経験や保育観を押し付ける態度

第10章

安全の確保と
リスクマネジメント

> **講義の目的**
> ①保育環境上起こり得る危険について学び，事故を未然に防ぐための予防策や安全確保の留意点について理解する。
> ②万一事故が起こった場合の対応や報告について理解する。
> **学びのポイント**
> 　子どもの発達と事故の関係性を理解し，居宅訪問型保育において起こり得る危険を踏まえ，必要な予防策が立てられるようにする。また，緊急時の具体的な対応方法を学ぶ。

1　子どもの事故

1　子どもに多い事故とは

　子どもの事故は，発達と密接に関係しており，年齢や発達の程度により事故の内容は異なります。日々発達し，目まぐるしく変化していく子どもの事故予防には，その成長に応じた安全管理が必要となります。

　特に子どもの死因において，不慮の事故は常に上位にあがっており，0歳児では5位，1〜4歳児は3位となっています（2020（令和2）年度人口動態調査）。また，死因となった不慮の事故の内容をみてみると，0歳児では窒息が圧倒的に多く，8割近くになっています。1〜4歳児では，4割近くが交通事故，次いで窒息，溺水，煙・火及び火災への曝露，転倒・転落となっています。

　低年齢の子どもに多い事故として，屋内では，転倒・転落・誤飲・窒息・熱傷・溺水があります。また，年齢が上がるにつれて，屋外での遊具などからの転落や交通事故，あるいは熱中症なども見られるようになります。

　これら子どもの事故の多くは，周囲の大人の注意で防げるということを認識し，保育者は今現在の子どもの発達段階をとらえ，その時期に多い事故を知るとともに，今後の発達に伴って増加する事故についても把握して予防する必要があります。さらに「教育・保育施設等における事故防止及び事故発生時の対応のためのガイドライン〔事故防止のための取組み〕」（平成28年3月）では，睡眠中，プール活動・水遊び中，食事中等の

保育場面では重大事故が発生しやすいため，必要な対策を講じるよう注意喚起しています。

2 子どもの事故の予防，保育上の留意点

1 居宅での保育における安全の確保

　保育における安全の確保のためには，保育環境上起こり得る危険について，子ども，保育者，保育環境の三つの側面から危険因子をとらえ，それぞれが及ぼす影響を理解する必要があります。

【子ども】

- 成長・発達段階である
- 個別性がある
- 感染症などに罹患しやすく，急に体調が変化する可能性がある

【保育者】

- 保育者の不注意・不適切な対応（目を離す・子どもの体調管理，安全対策が不十分など）
- 保育者の体調（急な体調不良・けが）
- 情報の管理不足（業務上の連絡，報告，記録漏れ，個人情報の漏えいなど）

【保育環境】

- 保育環境が子どもの居宅（家族の生活の場）
- 保育環境の安全管理（施錠，火の元の管理など）
- 設備，保育用品等の故障や破損，紛失
- 居宅周辺や送迎・外出時の不審者
- 非常災害

2 居宅での保育における事故予防

　居宅での保育の環境は家族が暮らす家であるため，家庭内で起こり得る子どもに多い事故を想定し，保育開始前の保護者との面談等で確認します。また，危険な場所，注意すべきことなど，子どもの発達に合わせた具体的な事故予防についても保護者と共に対応するようにしましょう。

❶家庭内での留意点

- 転倒・転落

　　発達段階によって活動の範囲が異なるため，子どもの状況に合わせて保育環境の整備を行い，危険な場所がないか子どもの目線に立った安全確認が必要です。

　　家庭内では，玄関・廊下・風呂場（濡れた床）・床の段差やコード類・家具類（ソファー・子ども用の椅子やベビーベッドなど）・階段・窓・ベランダなどに注意します。

- 誤飲

　子どもが誤飲しやすいものが子どもの手の届くところにないか，危険な薬品などは安全に保管されているか確認します。また，家族が日常的に過ごす場所であることを踏まえ，保育に使用する部屋の床に危険な物が落ちていないか保育前の確認も必要です。

- 誤嚥

　食事中はゆっくり落ち着いて食べることができるよう，子どもの意志に合ったタイミングで与えることが大切です。子どもの口に合わせた量で，食材によっては飲み込みやすい大きさに切るなど配慮します。また，汁物などの水分を適宜与え，食べ物を飲み込んだことを確認してから次の量を与えましょう。この他，食事の提供中は驚かせないように気をつけ，食事中に眠くなっていないか，椅子に正しく座っているかなどにも注意しましょう。

- 窒息

　窒息の理由はさまざまであるため，保育の場面ごとに，原因となるものそれぞれへの予防的対応が必要です（第5章69頁「睡眠中の留意事項」を参照）。

　柔らかすぎる寝具・ベッド内，特に頭部周辺に置かれたガーゼやぬいぐるみなど・睡眠時のよだれかけのひも・食べ物や口に入る大きさのおもちゃなど，どれも窒息の原因となるため，十分な注意が必要です。

- 熱傷（やけど）

　家庭内で起きる熱傷には，身近にある家電（電気ケトル・ポット・炊飯器・電気ストーブなど）によるものや，子どもが食べる食事など，子どもが誤って触れてしまう場合と，入浴の介助でお湯の温度が高温であったり，あるいは暖房器具などによる低温火傷などがあります。使用する際には，保育者は必ず自分自身の手で温度を確かめるなどの注意が必要です。

- 溺水

　乳幼児はわずかな水深の水でも溺れてしまいます。家庭内で水を使用している場所，あるいは溜めてあるような場所で子どもが一人になることがないように，保育者には細心の注意が必要です。特に居宅での保育においては，入浴の介助やプールなどで遊ばせている時に，子どもから目を離すことのないよう注意します。また，浴室や洗濯機で子どもが遊ぶことのないよう，安全対策も必要です。

❷屋外での留意点

- 道路

　外出時には周辺の道路事情に留意し，自転車や自動車などの車両に十分注意します。保育者は車道側を歩き，子どもは安全な歩道側を歩くように誘導します。また，手をつなぐなど安全に配慮し，子どもの飛び出しに注意します。工事中の箇所やマンホール，階段，段差などでは転倒や転落にも気をつけます。

- 公園

  遊具は使用する前に破損などの確認をします。また，子どもが遊ぶ周辺に，動物の糞など不衛生な物や，ガラス瓶，タバコの吸い殻など危険物を確認し，あれば排除します。遊具については，それぞれ遊ばせる時の注意点が異なるので，遊具に合わせた安全への配慮が必要です。また，砂場の利用は不衛生な環境も考えられるので使用には注意します。

- ベビーカー・三輪車などの乗り物

  ベビーカーを使用する際には，事前に使用方法を確認し，ストッパーやシートベルトの使用など，安全に注意して使用します。子どもが自分で乗る三輪車などは，公園内など安全な場所を選んで遊ばせるようにします。

❸ 安全チェックリスト

　家庭内や屋外でのさまざまな保育の場面を想定し，子どもの年齢別安全チェックリスト（表10-1）などを用いて，具体的な安全対策を行いましょう。

　こうした安全確認は，保育開始前のみならず，日常の保育においても子どもの成長・発達に合わせて定期的に行うことが必要です。

表10-1 **年齢別安全チェックリスト**

月年齢		チェック項目	チェック欄
〜3か月〜	1	寝かす時は仰向けにし，うつぶせ寝は避けるようにしていますか。	
	2	ベビーベッドの柵はいつもあげてありますか。	
	3	寝ている赤ちゃんの上に，物が落ちてこないようにしてありますか。	
	4	床暖房やホットカーペットなど，赤ちゃんに暖房の熱が直接触れないように寝かせていますか。	
	5	授乳後の排気（げっぷ）をしてから寝かせていますか。	
	6	赤ちゃんを抱いて歩く時に，自分の足元に注意していますか。	
4か月〜1歳	7	ベビーベッドの柵とマットレスの間に隙間ができていないか確認していますか。	
	8	ベビーベッド内や子どもが寝る場所のまわりに，小さなおもちゃやビニール製の物，ひもなどを置かないようにしていますか。	
	9	眠る時にはよだれかけは外していますか。	
	10	食卓上の熱い食べ物やお湯は，子どもの手の届かないところに置いていますか。	
	11	ポットや炊飯器，電気器具のコードは，子どもの手の届かないところに置いてありますか。	
	12	包丁や鍋，洗剤などは，子どもの手の届かないところに置いてありますか。	
	13	子どものイスは安定性のいいものを使用していますか。	
	14	子どものイスを使用する時は，安全ベルトを正しく使用していますか。	
	15	台所に段差や滑りやすい所がないか，注意していますか。	
	16	保育する床の上や子どもの手の届く所に，小さな物やビニール袋，タバコ，灰皿が置いてありませんか。	
	17	ストーブやヒーターに子どもが触れないようガードしてありますか。	
	18	子どもが座っている場所のそばに鋭いものや固いものが置いてありませんか。	
	19	テーブルなど角がとがった家具には，コーナークッションでガードしてありますか。	

4か月〜1歳	20	子どもの手の位置を確認してからドアや窓を閉めていますか。また，ちょうつがいの側に手を入れないよう注意していますか。	
	21	階段の上下に入れないような柵が取り付けてありますか。	
	22	階段の上り下りには，保育者が下から付き添う，あるいは手をつないでいますか。	
	23	階段には滑り止めが付いていますか。	
	24	玄関の土間と床との段差に注意していますか。	
	25	浴室の扉は閉めてありますか。あるいは外鍵がついていますか。	
	26	子どもの遊んでいる場所で，つまずきやすい物や段差はありませんか。	
1歳〜2歳	27	子どもがフォークや歯ブラシ，ペンなどとがった物をくわえて歩いたり，走り回ることはありませんか。	
	28	医薬品や化粧品，洗剤などが子どもの手の届くところに置いてありませんか。	
	29	子どもが鼻や耳に小さな物を入れて遊んでいませんか。	
	30	飴玉やピーナッツなどが子どもの手の届くところにありませんか。	
	31	子どもがドアや引き出しを開け閉めして遊んでいませんか。	
	32	子どもがテーブルやイスなど高い所で立ち上がったり，遊んだりしていませんか。	
	33	階段では走らないよう注意していますか。	
	34	ベランダや窓際に踏み台となるような物はありませんか。	
	35	ベランダの柵の高さは110cm以上ありますか。	
	36	ベランダの柵の間隔は十分狭く，また，間に足をかけられるような構造物はありませんか。	
	37	窓が開けたままになっていたり，自由に開け閉めできるようになっていませんか。	
	38	子どもの入浴のお世話中に目を離すことがありませんか。	
	39	浴槽のふたはしっかりとした物ですか。また，きっちりと閉めていますか。	
	40	シャワーや蛇口のお湯の温度は適温に設定されていますか。また，使用する前は，保育者が必ず手で触れて温度を確認していますか。	
	41	入浴する前に，風呂のお湯を沸かしすぎていないか確認していますか。	
	42	子どもの手の届く所にカミソリや洗剤などを置いていないですか。	
3歳〜	43	飴やこんにゃくゼリー，おもちなどを食べさせる時は，のどに詰まらせないよう注意していますか。	
	44	子どもが飲み物と勘違いするような薬品やアルコール，洗剤などが，子どもの手の届くところにありませんか。	
	45	おもちゃで遊んでいる時，危険な遊び方をしていないか注意していますか。	
	46	カミソリ，包丁，はさみなどの刃物は，使用したら必ず片づけていますか。また，子どもが勝手に取り出さないよう，引き出しにはロックがついていますか。	
	47	浴室の床やタイルで滑らないように注意していますか。	
	48	子どもが一人で入浴することはありませんか。また，水遊びの際に目を離すことがありませんか。	
	49	ベランダや窓の近くに踏み台になるようなものがあったり，子どもが身を乗り出したりするようなことはありませんか。	
	50	子どもが外遊びをする時，つまずきやすい物や段差がないか，注意していますか。また安全な場所で遊ばせていますか。	
	51	ブランコやすべり台の安全な乗り方を伝えていますか。	
	52	公共の交通機関を使用する際，バス停や駅のホームでの過ごし方，乗っている時の注意などを子どもに伝えていますか。	
	53	子どもに交通ルールを伝えていますか。	

3 居宅での保育の特徴からみた保育中の安全管理と配慮事項

❶ 保育者の初期対応と配慮事項

　居宅での保育は，保育者が 1 人で子どもを保育します。子どもの体調不良やけが，災害などの緊急時には，保育者の判断で初期対応を行わなければならないことが多いため，緊急時におけるマニュアルの整備や，常日頃から場面を想定した訓練，応急手当に関する知識や技術の習得が求められます。

　また，緊急時の連絡については，保護者の連絡先は 2 か所以上確認しておくことや，事業者が営業時間外の場合の連絡方法，災害時における連絡方法など事前に確認しておき，いざという時にすぐ見られるよう，連絡先を分かりやすい場所に表示しておくなどの配慮が必要です。

　さらに，保育者の急な体調不良やけがの場合にも，事業者へ連絡をして代替保育者を用意してもらうなどといった安全管理上の対策が必要です。

❷ 子どもの居宅で行う保育環境の整備と安全管理

　家族の生活の場が保育環境であることから，中には生活用品が片づけられていない，清掃が行き届いていない，危険な物があるといったことも考えられます。保育者は安全管理上，日々の保育の前に確認を行います。環境整備については第 8 章も参照してください。

　さらに，火の元や水回りの確認，外出時も含めた施錠の徹底などにも十分注意します。特に，居宅周辺の不審者など地域の情報にも留意しておきます。

❸ 保育上必要な情報の共有と確実な保育の引継ぎ

　安全管理上，保護者・事業者・保育者（交代要員）との連絡は，それぞれ連絡帳や日々の保育記録，業務日誌を用いて確実な保育の引継ぎと情報の共有を行うようにします。

❹ プライバシーの保護と守秘義務

　保育者の守秘義務を認識し，安全管理上，個人情報の漏えいには十分注意するとともに，家族の生活の場としてのプライバシーの保護にも配慮します（第 11 章・第 12 章を参照）。

❺ 留守宅での配慮事項

　急な来客など，保護者から事前に聞いていない場合には，親戚・友人と名乗られても必ず保護者に確認が取れるまでは室内には入れないなど，安全への配慮が必要です。

　また，宅配便の受け取りや，集金，営業対応についても，その時々の状況に合わせて適切な対応が求められます。特に留意すべきこととして，安全の確認が取れないうちに子どもが勝手に開錠してしまうことのないよう注意が必要です。

❻ 物品を破損した場合の対応

　保育上使用する設備や備品は，その家庭にあるものを使用するため，それらの物品を破損した場合には，どのような物であったとしても，必ず事業者に連絡し指示を仰ぎ，保護者にも報告します。中には，損害賠償保険で対応する場合もありますので，保育者

の勝手な判断で廃棄することのないよう注意します。また，破損した物で子どもがけがをすることのないよう保管しておきます。

❼安全管理上のマニュアルの整備とマニュアルに基づいた対応

まず，事業者が用意した安全の確保とリスクマネジメントに関する一般的なマニュアルをよく理解することが大切です。そのうえで，それぞれの家庭に合わせた対応ができるように，個々の家庭の状況を事前に確認しておくことが重要です。いざという時に困らないよう，マニュアルに基づいた柔軟な対応を常日頃から心がけておきましょう。

例　•保護者・事業者・医療機関などの緊急連絡先
　　•緊急時，災害時の初期対応マニュアル
　　•居宅での保育における安全管理マニュアル　など

4 送迎・外出時における留意点

❶送迎・外出時の注意点

居宅周辺へ散歩などに出かける場合と，決められた時間に目的の場所へ送迎する場合があります。散歩の場合は，居宅周辺の公園や自然環境，安全などについて事前に調べたうえで，子どもの年齢に適した場所を選択します。また，送迎の場合には，目的の場所への所要時間，交通経路など，気候や，天候の情報も踏まえて事前に確認しておきます。

いずれの場合にも，移動中の子どもと周囲への安全確認を怠らず，安全に移動が行えるよう注意します。いざという時の緊急連絡先についても把握しておきます。

❷交通機関を利用する場合

移動先によっては，交通機関を利用する場合があります。バス，電車，タクシーなど利用する交通機関によって，それぞれ留意点が異なりますので配慮が必要です（第18章を参照）。

❸送迎先での保育の引継ぎについて

送迎先では，誰から（誰に）保育を引き継ぐのか，その他の留意事項を事前に確認しておきます。また無事に送迎が終了したことを保護者や事業者に報告します。

5 夜間，泊まりにおける留意点

夜間，泊まりの保育であっても，子どもと過ごす時間はすべて保育時間です。夜間，子どもが睡眠中であっても，保育者は保育中であるという認識のもとに，常に安全対策を怠らず行動することが求められます。特に，乳幼児突然死症候群への対策や窒息予防として，睡眠中の呼吸確認は子どもの年齢に合わせたチェックと記録が重要です（第5章69頁を参照）。

また，窓や玄関などの施錠も確認し，不用意に開け放すことのないよう注意します。

3 緊急時の連絡・対策・対応

1 緊急時の連絡・対策・対応

　居宅での保育における緊急時を想定し，保護者や事業者との連絡先や具体的な連絡方法について事前に確認し，緊急時には確実に連絡が取れるように準備しておきます。また，緊急時の対策，対応方法については，前述したように緊急時，災害時のマニュアルを整備し，個々の居宅の状況に合わせて柔軟に対応するようにします。

　緊急時に保育者が一人でも適切に迅速に対応できるよう，日頃からそれぞれの保育環境に合わせた避難訓練や，応急手当の習得などが求められます。

　また，事故が起きた場合の報告や記録は，事故当時の状況や保育者の対応を確認するうえで重要なものであり，特に居宅での保育における保育中の記録は，保育者が一人であることから客観的な情報として重要な意味を持っています。事故後の対応では，まず保護者への誠意ある謝罪と丁寧な説明が必要です。報告時には，事故の発生時間，事故の状況，子どもの様子，保育者の対応など5W1H（いつ，どこで，誰が，何を，どのように，どうして）を意識して整理したものを見せながら，時系列にそって報告します。さらに行政への報告や，保育者，事業者による，事故の分析と，事故予防のための対策が求められます。

　なお，教育・保育施設等で起こった死亡事故・重大事故（治療に要する期間が30日以上の負傷や疾病を伴う重篤な事故等）については，行政への報告が義務づけられており，居宅での保育の場合でも同様です。

2 子どもの体調の急変やけがの時の対応

　子どもの体調不良によるさまざまな症状への対応，あるいは事故によるけがや窒息など，症状の程度と状況により，すぐに保護者と事業者へ連絡します。また，緊急を要する場合には適切な手当てを行いながら119番通報をして救急車を呼びます。図10-1を参考に，子どもの様子による緊急時の対応の仕方を確認しておきましょう。

　特に，外出先での緊急時には，事業者や保護者が到着するまで，第三者の助力を得る必要もあります。事前に周辺のコンビニエンスストアや，近隣の常に在宅している家庭など複数個所の候補をあげておき，いざという時には助けを求めるようにします。救急車を呼ぶ場合にも近くにいる人に協力を依頼しましょう。

　保育者は常に子どもの傍にいて，子どもの様子に応じて適切な行動が取れるよう注意するとともに，いざという時，即時に対応できるよう心肺蘇生法などの訓練を繰り返し受けておく必要があります。

3 非常災害時における対応

　火事や地震などの非常災害時には，まず子どもと保育者の安全の確保が第一となります。火事の場合は，子どもの安全を確保したうえで，初期の消火活動を試みますが，保育者が一人であることから無理はせず，屋外へ避難し安全を確保してから119番通報を行います。また，近隣へも火事を知らせます。その後，保護者と事業者へ連絡を入れます。

　地震やその他の災害時にはむやみに逃げるのではなく，安全に避難経路にそって地域で指定されている避難場所に向かいます。また，住居環境によってマンションなどでは非常階段を使うなど，それぞれに避難の方法が異なることもあります。保護者に確認しておき，いざという時に迷うことがないようにします。

　また，災害時には通常の連絡方法では連絡が取れないことも考えられるため，保護者や事業者とは事前の打ち合わせで連絡方法（メールや災害時の伝言サービスなど）について確認しておくことが大切です。

　地震の際には，家庭などの屋内にいる場合と，屋外にいる場合では避難の際に注意することが異なります。特に送迎などがある場合には，地域の情報を確認しておきましょう。

　さらに，こうした災害時においては，子どもが感じる恐怖や不安，親との分離による心的ストレスにも配慮して，安心感を与えるよう心がけます。

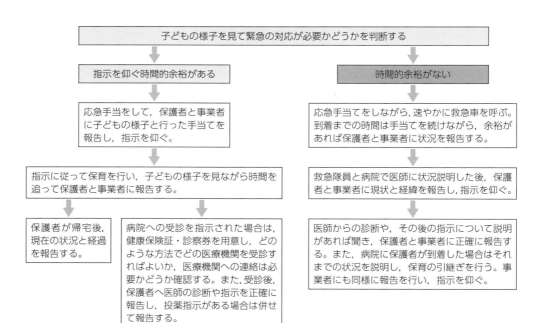

図10-1　緊急時の対応例

4 リスクマネジメントと賠償責任

1 リスクマネジメントとは

　リスクマネジメントとは，事故や災害は起こるということを前提に，さまざまなリスクの軽減を図ることを目的とした管理のことで，危機（危険）管理ともいいます。

　リスクマネジメントには

① 起こり得る事故や災害を想定する

② 想定した事故や災害による被害を最小限にとどめるための予防策や対策を講じる（マニュアル・計画）

③ 事故や災害時の訓練

④ 事故や災害時の対応

⑤ 事後の報告，見直し

⑥ 情報収集・記録の蓄積

⑦ 再発防止策の構築

⑧ 保険への加入

などの対策が求められます。

2 保育中の事故と賠償責任

　事業者は保育時間中に発生した事故に関して，無過失の証明ができない限り，損害賠償責任を追及されます。この場合，保育者個人も同様の責任（連帯責任）を負います。

　事業者はリスクマネジメントの対策からも，損害賠償責任保険への加入が義務づけられています。

　どのような事故に責任が生じ，誰が責任を負うのか，また補償対象となる主な事故例，ならない事故例についても事業者と確認しておくことが大切です（資料編 3 254～257頁参照）。

【参考文献】
- 内閣府・厚生労働省・文部科学省「教育・保育施設等における事故防止及び事故発生時の対応のためのガイドライン〔事故防止のための取組み〕～施設・事業者向け～ 平成 28 年 3 月」
- 内閣府・厚生労働省・文部科学省「教育・保育施設等における事故防止及び事故発生時の対応のためのガイドライン〔事故発生時の対応〕～施設・事業者，地方自治体共通～ 平成 28 年 3 月」

第11章

居宅訪問型保育者の
職業倫理と配慮事項

講義の目的
①居宅訪問型保育者としての基本姿勢（保育マインド，プライバシーの保護と守秘義務（個人情報の保護），自己研鑽）と職業倫理について理解する。
②居宅訪問型保育者の自己管理について理解する。
③地域住民との関係づくりについて理解する。
④保育所やさまざまな保育関係者との関係づくり，行政との関係などについて理解する。

学びのポイント
保育者の専門性（知識，技術，判断，倫理）を十分に踏まえつつ，施設型保育とは異なる居宅訪問型保育者の特徴や役割を深く認識し，居宅における保育の基本姿勢や職業倫理を身につける意義とその重要性を理解する。

1 居宅訪問型保育者としての基本姿勢と職業倫理

1 居宅訪問型保育者の役割

❶居宅訪問型保育者の役割

居宅訪問型保育者の業務に関する専門性の基本は，保育士の専門性です。保育士は，児童福祉法に以下のとおり定義されています。

> **児童福祉法　第18条の4**
> 保育士とは，第18条の18第1項の登録を受け，保育士の名称を用いて，専門的知識及び技術をもつて，児童の保育及び児童の保護者に対する保育に関する指導を行うことを業とする者をいう。

保育士の有する専門的知識及び技術は「児童の保育：ケアワーク（乳幼児の場合はケア・エデュケーション）」と「児童の保護者に対する保育に関する指導：保育ソーシャルワーク」で構成されています。

しかし，専門職者として欠かせない要件として，専門的知識及び技術だけでは不十分です（図11-1）。「保育所保育指針」（平成29年告示）は，保育士の役割を次のように

図11-1　保育士の役割と要件

明示しています。

保育所保育指針

第 1 章　総則　1　保育所保育に関する基本原則　（1）保育所の役割　エ
保育所における保育士は，児童福祉法第 18 条の 4 の規定を踏まえ，保育所の役割及び機能が適切に発揮されるように，倫理観に裏付けられた専門的知識，技術及び判断をもって，子どもを保育するとともに，子どもの保護者に対する保育に関する指導を行うものであり，その職責を遂行するための専門性の向上に絶えず努めなければならない。

居宅訪問型保育者は，法律上は「家庭的保育者」です。家庭的保育者とは，「市町村長等が行う研修を修了した保育士または保育士と同等以上の知識及び経験を有すると市町村長が認める者であって，次のいずれにも該当する者」をいいます。

家庭的保育事業等の設備及び運営に関する基準

第 23 条第 2 項
①保育を行っている乳幼児の保育に専念できる者
②児童福祉法第 18 条の 5（欠格事由）各号及び同第 34 条の 20 第 1 項第 3 号（児童虐待等児童福祉上著しく不適当な行為）のいずれにも該当しない者

つまり，保育士資格保有の有無にかかわらず，市町村長等が行う研修（基礎研修）を修了していることが不可欠の要件となります。さらに，欠格事由や，児童虐待等児童福祉上著しく不適当な行為のいずれにも該当しない者と定めていることは，専門性の基盤となる“倫理”が重視されていることを意味しています。

❷集団保育と個別保育の相違

　子どもの居宅で家庭的な環境のもと，1 対 1 で行う保育は，他の保育者や職員との協働による保育ではなく，他に誰もいないところで行われ，何が行われているか外からは覗うことができにくい保育，いわゆる密室保育と呼ばれる特性が見られるなど，さらなる倫理観も必要となります。

　居宅訪問型保育基礎研修のさまざまな科目を通じて学ぶ個別保育の特徴を十分に踏ま

えるとともに，事業者，事業者担当チームとの連携のもとで保育を進めることが，居宅
訪問型保育者の職業倫理を身につけるうえで欠かせません。また，居宅訪問型保育者と
しての業務に就いた後も，継続的な研修受講等を通じて，専門的資質の研鑽とその維持
向上に努めることが必要となります。

2 居宅訪問型保育者としての基本姿勢

❶保育マインド

専門的知識，技術，判断とともに専門的資質としての倫理観を身につけるうえで，重
視する必要があるのが，「保育マインド」です。

保育マインドとは，「健全で健康な生活を送ることのできる能力や適応性とともに，
子どもを愛し，理解し，尊重する基本的態度と，それに基づいた真に豊かなヒューマン・
リレーションシップをもつことのできる人間性と感性」（網野，序章 12 頁以降を参照）
と定義されています。

保育マインドを身につける際の重要な事項は以下のとおりです。

①子どもの「育ち」への理解

- 子どもの心の発達に不可欠な人間における相互作用の重要性を知り，基本的信頼関
  係を育みます。
- 「ケア」の真の意味を理解し，子どもにとっての安全基地となります。
- 子どもの生きる喜びと意欲に寄り添い，保育者が「育てる」こととともに，子ども
  が「育つ」ことを尊びます。

②保育マインドの理解と実践

- 保育マインドの意義を知り，心と身体の健康や，子どもを愛し，理解し尊重する姿
  勢の真の意味を理解します。
- 子どもに目を向け心を向け，受容的，寛容的，肯定的姿勢を身につけ，子どもが「育
  つ」ことに心を向けます。

  詳細については，序章（7～16 頁）を参考にしてください。

❷子どもの最善の利益（The best interest of the child）を考慮する保育

①子どもの最善の利益を考慮する保育

子どもの最善の利益を考慮する保育は，保育者としての職業倫理を常に認識するうえ
で不可欠なものです。児童福祉法第 2 条第 1 項は，「全て国民は，児童が良好な環境に
おいて生まれ，かつ，社会のあらゆる分野において，児童の年齢及び発達の程度に応じ
て，その意見が尊重され，その最善の利益が優先して考慮され，心身ともに健やかに育
成されるよう努めなければならない。」と記されています。

子どもの最善の利益とは，「子どもの生存，発達を最大限の範囲において確保するた
めに必要なニーズが最優先されて充足されること」です（網野武博『児童福祉学：〈子
ども主体〉への学際的アプローチ』中央法規出版，2002）。

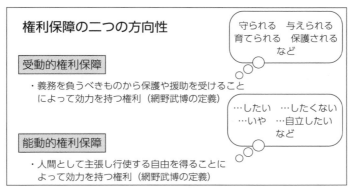

図11-2　子どもの人権の特質と権利保障の方向性

第1段階	第2段階	第3段階	第4段階
子どもの命や健康，成長・発達が脅かされることのないように考慮する	子どもへの差別，偏見，蔑視がなされないように考慮する	子どものニーズ，思い，願いを無視，軽視することのないように考慮する	子どもの意見を確かめるように考慮する
虐待，ネグレクトの予防・対応，など	人格を辱める行為，先入観，固定概念はないか，など	保護者や保育者の思いのままに，子どもを支配・管理していないか，など	思いを聴き取る，声なき声を聴く，など

図11-3　子どもの最善の利益を考慮する4段階

（註：ここでいう「利益」とは，子どもの本質的なあるいは個々の具体的なニーズ，欲求が満たされ，その生存，成長，発達，自己実現が有利に展開されることを意味します。）

②子どもの人権と子どもの最善の利益の考慮

　子どもの最善の利益を考慮するうえで，子どもの人権の特質と権利保障の方向性を，図11-2 を参照して，受動的権利のみならず能動的権利の両面から理解，認識することが重要です。常に，次のことに思いを致して保育をすすめましょう。

- 親，保護者，保育者の利益，ニーズ・欲求が満たされ，子どものそれが軽視されている状況がないか。
- 子どもを一人の人間として尊重し，人間の尊厳を重んじる心や行為をおろそかにしていないか。

③子どもの最善の利益を考慮する4段階

　子どもの権利の特徴を踏まえると，図11-3 のように，子どもの最善の利益を考慮する段階は，受動的権利保障のウエイトの高い段階から，能動的権利保障のウエイトの高い段階までの四つの段階を視野に入れる必要があります。

❸居宅訪問型保育者の職務とマナー

①居宅訪問型保育者の職務

　集団保育の場と異なり，居宅訪問型保育者は，子どもの居宅を本拠として保育を行います。居宅訪問型保育は，公的な制度と仕組みのもとで行われるとはいえ，保育が営まれる場は社会的，公的な場ではなく，基本的にプライバシーの世界に関与する場です。

保育者としての専門的知識，技術とともに，居宅における保育の特徴を踏まえた職業倫理的配慮が格段に必要となってきます。

　子どもの居宅において，1対1で行われる保育は，保育の場においては他の保育者や職員との連携や協力は難しく，保育者の特徴や個性がより鮮明に表れます。保護者や子ども，家族の生活環境を深く把握しつつ，さまざまなところで，瞬時の適切な判断が求められます。また，集団保育とは異なる種類の事故や非常事態への対応も必要になります。職務上知り得た保護者や子ども，家族のプライバシーの秘密厳守は特に重要です。

　保育の場に他の保育者や家族がいるか否か，また子どもが自分の気持ちを表現したり，実際に起こったことを保護者に伝えることができるか否かにかかわらず，保育者の行動は倫理感，自律性に基づくものであることが求められます。

②居宅訪問型保育者としてのマナー

　子どもの居宅で，そして地域社会の中で営まれる保育は，保護者とのあるいは地域の方々とのかかわりの中で，社会人としての身だしなみや，あいさつ，話し方や態度・雰囲気が，より重要な意味を持ちます。

　初任保育者，中堅保育者，ベテラン保育者のすべての段階で，常に自己研鑽，自己評価等の場を通じて，マナーの維持向上を図ることが必要となります。

3 居宅訪問型保育者としての職業倫理

❶ 保育者に求められる専門性と人間性

　ここまで述べた内容を総括すると，保育者に求められる専門的知識と技術とともに，迅速で適切な判断も重要な専門性の一つであり，これらはすべて倫理観に裏付けられているということが理解されるでしょう。

　倫理観は，深く人間性と感性にかかわっています。保育マインドを十分に踏まえた保護者とのかかわりが大切です。

❷ 倫理観に基づく保育の実践

　保育の実践は，居宅訪問型保育者のみで完結してはいません。事業者が共に倫理観に基づく保育の実践の重要性を理解，認識していることが大切です。

　「子ども・子育て支援法」やその他政令等，地方自治体の条例その他の規定には，倫理観に基づく保育の実践に関する事業者や保育者の義務規定が多く明記されているので，よく確認しましょう。

　例えば，「家庭的保育事業等の設備及び運営に関する基準」（平成26年厚生労働省令第61号）第8条には，「家庭的保育事業等において利用乳幼児の保育に従事する職員は，健全な心身を有し，豊かな人間性と倫理観を備え，児童福祉事業に熱意のある者であって，できる限り児童福祉事業の理論及び実際について訓練を受けた者でなければならない。」と記されています。

全国保育士会倫理綱領

　すべての子どもは，豊かな愛情のなかで心身ともに健やかに育てられ，自ら伸びていく無限の可能性を持っています。

　私たちは，子どもが現在（いま）を幸せに生活し，未来（あす）を生きる力を育てる保育の仕事に誇りと責任をもって，自らの人間性と専門性の向上に努め，一人ひとりの子どもを心から尊重し，次のことを行います。

　　私たちは，子どもの育ちを支えます。

　　私たちは，保護者の子育てを支えます。

　　私たちは，子どもと子育てにやさしい社会をつくります。

(子どもの最善の利益の尊重)

１．私たちは，一人ひとりの子どもの最善の利益を第一に考え，保育を通してその福祉を積極的に増進するよう努めます。

(子どもの発達保障)

２．私たちは，養護と教育が一体となった保育を通して，一人ひとりの子どもが心身ともに健康，安全で情緒の安定した生活ができる環境を用意し，生きる喜びと力を育むことを基本として，その健やかな育ちを支えます。

(保護者との協力)

３．私たちは，子どもと保護者のおかれた状況や意向を受けとめ，保護者とより良い協力関係を築きながら，子どもの育ちや子育てを支えます。

(プライバシーの保護)

４．私たちは，一人ひとりのプライバシーを保護するため，保育を通して知り得た個人の情報や秘密を守ります。

(チームワークと自己評価)

５．私たちは，職場におけるチームワークや，関係する他の専門機関との連携を大切にします。

　また，自らの行う保育について，常に子どもの視点に立って自己評価を行い，保育の質の向上を図ります。

(利用者の代弁)

６．私たちは，日々の保育や子育て支援の活動を通して子どものニーズを受けとめ，子どもの立場に立ってそれを代弁します。

　また，子育てをしているすべての保護者のニーズを受けとめ，それを代弁していくことも重要な役割と考え，行動します。

(地域の子育て支援)

７．私たちは，地域の人々や関係機関とともに子育てを支援し，そのネットワークにより，地域で子どもを育てる環境づくりに努めます。

(専門職としての責務)

８．私たちは，研修や自己研鑽を通して，常に自らの人間性と専門性の向上に努め，専門職としての責務を果たします。

社会福祉法人 全国社会福祉協議会

全国保育協議会

全国保育士会

❸ 「全国保育士会倫理綱領」に学ぶ

「全国保育士会倫理綱領」は集団保育を前提にしていますが，その多くは居宅訪問型保育者にも該当する極めて大切な内容です。その内容をよく理解し，実践することが必要です。

2 自己管理，自己評価，第三者評価

1 自己管理

居宅訪問型保育者が高い職業倫理を持ってその業務にあたるために，常に自己管理に努めることが望まれます。特に重要な内容は，以下の三つです。

（1） 心身の健康
（2） 子ども，保護者との受容的，積極的かかわり
（3） 事業者，スーパーバイザー，連携施設等との協働

2 自己評価，第三者評価

❶ 自己評価，自己研鑽の意義

「家庭的保育事業等の設備及び運営に関する基準」（平成26年厚生労働省令第61号）では，「家庭的保育事業者等は，自らその行う保育の質の評価を行い，常にその改善を図らなければならない。」とされています（第5条第3項）。

居宅訪問型保育者は，他の保育者や職員とのカンファレンスや勉強会をもつ機会が限られているため，自己評価を継続的に実施するためには，管理者やスーパーバイザー，事業者担当チームの保育者との定期的な面接や報告を通して自己評価を重ね，自己研鑽に努めることが望まれます。

「保育所保育指針」（平成29年告示）は，保育士等の自己評価について，「保育士等は，保育の計画や保育の記録を通して，自らの保育実践を振り返り，自己評価することを通して，その専門性の向上や保育実践の改善に努めなければならない。」（「保育所保育指針」第1章3保育の計画及び評価―（4）保育内容等の評価 ア保育士等の自己評価）と記述しています。

また，前述の「全国保育士会倫理綱領」にも，「自らの行う保育について，常に子どもの視点に立って自己評価を行い，保育の質の向上を図ります。」とあることにも留意しましょう。

❷ 自己評価の方法

埋橋は，ストラクチャー（構造），プロセス（過程），アウトカム（成果）を評価の枠組みとする方法を提示しています（図11-4）。

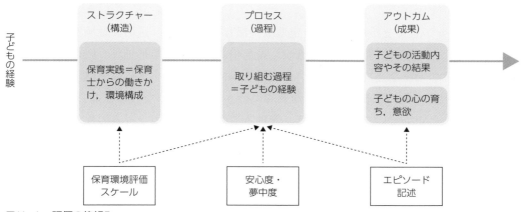

図11- 4　評価の枠組み

出典：埋橋玲子「第 2 章第 4 節─ 4　保育の評価」新 保育士養成講座編纂委員会編『改訂 2 版 新 保育士養成講座 第 1 巻 保育原理』全国社会福祉協議会，p.107，2015.

❸第三者評価

　「家庭的保育事業等の設備及び運営に関する基準」では，「家庭的保育事業者等は，定期的に外部の者による評価を受けて，それらの結果を公表し，常にその改善を図るよう努めなければならない。」とされています（第 5 条第 4 項）。第三者評価の内容として，居宅訪問型保育者の保育の評価は重要な位置を占めます。事業者，管理者や事業者担当チームの保育者との定期的な面接や報告を通して自己評価を重ねることは，第三者評価に有効に結びつきます。

3 地域や保育所等との関係

1 居宅訪問型保育における地域連携

❶居宅訪問型保育における地域連携の意義

　居宅訪問型保育は，日々の保育を通じて子どもの生活の連続性，発達の連続性が重視されますから，地域社会との連携は非常に重要なものとなります。

❷地域住民との関係

　居宅訪問型保育では，子ども，保護者と密接な関係にある地域住民とのさまざまなかかわりが保育に影響を及ぼすこともあります。子どもがよく利用する遊園・公園や商店等，そして保護者や子どもと深くかかわる住民等とのかかわりは，保育や保護者支援の一環としても，重要であることが多いものです。

❸保育所，関係機関との連携

　子どもの生活の連続性，発達の連続性を重視した保育は，地域に所在する保育所等の保育施設や保育サービスの関係者との交流の機会を促します。また，病院・クリニック，保健センター，関係施設や児童相談所等との連携・協力や支援を受けることに結びつき

やすくなります。

　「子ども・子育て支援法」は，特定地域型保育事業者は，「適切な地域型保育を提供するとともに，市町村，教育・保育施設，児童相談所，児童福祉施設，教育機関その他の関係機関との緊密な連携を図りつつ，良質な地域型保育を小学校就学前子どもの置かれている状況その他の事情に応じ，効果的に行うように努めなければならない。」（第45条第4項）と定めています。事業者，管理者等の事業者担当チームの保育者がこの点を深く認識しておく必要があります。

2 居宅訪問型保育者と連携施設との協働

　居宅訪問型保育においては，保育を必要とする乳幼児で集団保育が難しい障害や疾病のみられる子どもの保育は，非常に重要です。その際には，障害児のための入所施設や支援センター等の連携施設との連携，協働が欠かせません。

　事業者，保育者ともに，常日頃の関係を配慮するように努めましょう。

4　居宅訪問型保育事業者と行政との関係

1 居宅訪問型保育等にかかわる制度の理解

　居宅訪問型保育事業は，国がその基準を定め，市町村が実施する公的保育制度として行われるものです。居宅訪問型保育事業を担う事業者には，実施主体である市町村行政とのかかわりが必要となります。

2 基礎自治体との連携，協力

　居宅訪問型保育事業者と行政は協力し合う関係です。居宅訪問型保育事業者は，行政に居宅訪問型保育の現状を知ってもらい，より良い保育が実践できるように理解を求めることが必要となります。居宅訪問型保育の現状を知ってもらうためには，何をすればよいのか，どのような機会があるとよいのかを検討してみましょう。事業者ができること，事業者として行わなければならないことを踏まえたうえで，行政からはどの部分に助言や支援を得られることが望ましいか等についても考えてみることが必要となります。

5　演習

　KJ法を応用して，演習を行います。居宅訪問型保育者の役割を検討しながら，居宅訪問型保育者の定義をグループで作りましょう。

（註：KJ法とは，川喜田二郎氏が考案した発想法です。）

演習

準備：グループ分け　5〜6名程度

　　　　それ以上になる場合は配布する付箋の数を1人2枚とします。

　　　　模造紙（半分の大きさのものを各グループ1枚）

　　　　付箋（7.5センチ×2.5センチ）　1人3枚

　　　　太字カラーマジック

　　　　役割分担（司会，発表者）

進め方：

　①「居宅訪問型保育者とは？」について，思うことを付箋に1人3枚書きます。

　②全員が書き上がったら，1人1枚ずつ読み上げて，発表します。

　　　付箋は模造紙の上の好きなところに貼ります。

　　　「居宅訪問型保育者とは○○○な人である。」

　③全員の発表が終わったら，同じような内容をグループ分け（島）して，マーカー

　　で囲みます。そのグループの内容を要約する名前をつけます。

　　　この時にグループは三つか四つくらいにし，多くしすぎないことがコツです。

　④グループにつけた名前をつなぎながら，一つの文章（定義）にまとめます。

　　　「居宅訪問型保育者とは，○○○で，△△△で，◇◇◇な人である。」

　　　定義を模造紙の上に書きます。

　⑤模造紙を見せながら，グループごとに定義を発表します。

参考（各法令の趣旨をまとめたもの）

・家庭的保育事業等の設備及び運営に関する基準

・家庭的保育事業者等の一般原則（第5条）

1　本事業者等は，利用乳幼児の人権に十分配慮するとともに，一人一人の人格を尊重して，その運営を行わなければならない。

2　本事業者等は，地域社会との交流及び連携を図り，利用乳幼児の保護者及び地域社会に対し，事業の運営の内容を適切に説明するよう努めなければならない。

3　本事業者等は，自ら行う保育の質の評価を行い，常にその改善を図らなければならない。

4　本事業者等は，定期的に外部の者による評価を受けて，それらの結果を公表し，常にその改善を図るよう努めなければならない。

・家庭的保育事業者等の職員の一般的要件（第8条）

本事業において利用乳幼児の保育に従事する職員は，健全な心身を有し，豊かな人間性と倫理観を備え，児童福祉事業に熱意のある者であって，できる限り児童福祉事業の理論及び実際について訓練を受けた者でなければならない。

・保護者との連携（第26条）

本事業者は，常に保育する乳幼児の保護者と密接な連絡をとり，保育の内容等につき，その保護者の理解及び協力を得るよう努めなければならない。

・苦情への対応（第21条第1項，第2項）

本事業者は，その行った保育に関する利用乳幼児又はその保護者等からの苦情に迅速かつ適切に対応するために，苦情を受け付けるための窓口を設置する等の必要な措置を講じなければならない。また，本事業者は，その行った保育や保育の提供や措置に関して，市町村から指導又は助言を受けた場合は，それに従って必要な改善を行わなければならない。

・職員による虐待等の禁止（第 12 条）

本事業者，職員は，利用乳幼児に対し，児童福祉法第 33 条の 10 各号に掲げる行為その他当該利用乳幼児の心身に有害な影響を与える行為をしてはならない。

・懲戒に係る権限の濫用禁止（第 13 条）➡削除

家庭的保育事業者等は，利用乳幼児に対し児童福祉法第 47 条第 3 項の規定により懲戒に関しその利用乳幼児の福祉のために必要な措置を採るときは，身体的苦痛を与え，人格を辱める等その権限を濫用してはならない。

＊「民法等の一部を改正する法律」（令和 4 年 12 月 10 日法律第 102 号）により親権者による懲戒権に関する規定が削除されたことに伴い，「家庭的保育事業等の設備及び運営に関する基準」でも同様の規定が削除されました。（令和 4 年 12 月 16 日施行）

・秘密保持義務（第 20 条第 1 項，第 2 項）

本事業者，職員は，正当な理由がなく，その業務上知り得た利用乳幼児又はその家族の秘密を漏らしてはならない。事業者は，職員であった者が，正当な理由がなく，その業務上知り得た利用乳幼児又はその家族の秘密を漏らすことがないよう，必要な措置を講じなければならない。

・子ども・子育て支援法

・子どもの人格の尊重，法令の遵守，誠実な職務遂行義務（第 45 条第 6 項）

本事業者は，乳幼児の人格を尊重し，子ども・子育て支援法の法令の規定を遵守し，誠実にその職務を遂行しなければならない。

・国の基準，市町村の条例で定める基準の遵守義務（第 46 条第 1 項，第 2 項）

本事業者は，国が定める地域型保育事業の認可基準を遵守し，市町村の条例で定める特定地域型保育事業運営に関する基準に従い，保育を提供しなければならない。

・適切かつ良質な保育の提供及び関係機関等との連携義務（第 45 条第 4 項）

本事業者は，適切な保育を提供するとともに，市町村，教育・保育施設，児童相談所，児童福祉施設，教育機関その他の関係機関との緊密な連携を図りつつ，良質な地域型保育を子どもの置かれている状況その他の事情に応じ，効果的に行うように努めなければならない。

・保育の質の向上義務（第 45 条第 5 項）

本事業者は，保育の質の評価等を行い，その質の向上に努めなければならない。

【参考文献】
・上村康子「第 10 章家庭的保育者の職業倫理と配慮事項」家庭的保育研究会編『家庭的保育の基本と実践 第 2 版』福村出版，pp.171〜187，2015.

第12章

居宅訪問型保育における
保護者への対応

講義の目的
①保護者と協力して子どもの発達を支えるとともに，保護者の子育てを支援する役割についての意義を学び，このために必要な知識と技術について理解する。
②家族とのかかわりにおける配慮等について理解する。
③保護者への対応において，保護者との信頼関係づくりや保護者への支援が必要な際のかかわり方について，重要なポイントを学び，事例検討などを通して考え，理解する。

学びのポイント
　居宅での保育は個々の家庭が必要とする子育て支援が可能である。また，子どもの居宅で保育が行われるため，保護者との信頼関係を基盤とした協力や連携が重要である。保護者とのかかわり方の基本を学ぶとともに，事例検討を通して，理解を深める。

1 居宅訪問型保育における保護者支援の必要性

1 保護者支援の意義と必要性

❶子育て支援の必要性

　子育ては，家庭での保護者による養育が基本となります。しかし，保護者による養育力が不十分な場合や不適切な養育がなされている場合もあります。

　少子化に伴い，きょうだいや甥や姪などの世話をする機会がなく，子どもと触れ合った経験がないまま親となり，子どもとのかかわり方が分からない保護者が増えています。

　従来は祖父母が保護者の子育て支援者として位置づけられてきましたが，核家族化等に伴い支援を受けられないケースが増えています。

　かつて地域社会では「お互い様」「子どもだから大目にみよう」と，子育ては温かく見守られ，近所の人が少しの時間，預かることも自然に行われました。また，地域全体で子どもを見守る社会的親も存在しました。出産にかかわる「とりあげおや」，初めての乳をもらう「ちおや」，名前をつけてもらう「なづけおや」等で，特に「とりあげおや」は明治時代には「お産婆さん」となり，出産後1〜3か月間は産後の手伝いをしながら子育ての知恵を新米の母親に授けていたようです。しかし，最近は子どもの声を騒音と

とらえた苦情が出ることもあり，近隣の住人による誘拐など痛ましい事件さえ起きています。このように地域と子育て家庭とのつながりが希薄になり，身近に相談ができ，子どもを見守ってくれる人がいない状況があります。

家族や地域で伝承されてきた育児文化が世代を超えて伝承されることも少なくなりました。ネットなどに氾濫する育児情報から何を選択したらよいか，保護者は迷います。

このような状況の中で，保護者は子育てに自信を持てなかったり社会からの孤立感を感じたりして育児不安に陥るかもしれません。子どもに対していらいらする気持ちを抑えきれず，家庭という密室の中で虐待が行われる恐れもあります。

そこで，保育士，居宅訪問型保育者などの子育てや保育の知識，技術を持つ保育者による保護者支援の必要性が高まっているのです。

❷ 保育者のソーシャルワーク的機能を生かした子育て支援

2001（平成 13）年の「児童福祉法」の改正において，保育士は「保育」及び「保育に関する保護者に対する指導（保育指導）」を行うことを業とすることが定められました。このことによって，保育者には保育を行うケアワークに加えて，子育てに関する相談・助言，さまざまな保護者支援などのソーシャルワーク的機能の役割を持つことが明確にされたのです。

保育者がソーシャルワーク的なかかわり方を通じて保護者の子育て支援を行うことは，保護者の養育力を高め，保護者と子どもの関係性を深めるために重要な役割を持つことを心にとめておきましょう。

2 「保育所保育指針」に基づいた保護者支援

保育所保育指針（平成 29 年告示）「第 4 章 子育て支援」には，保育所が子どもの健やかな育ちを実現することができるよう，子どもの育ちを家庭と連携して支援していくとともに，保護者及び地域が有する「子育てを自ら実践する力」の向上に資することが必要だと述べられています。ここでは保育所保育指針の第 4 章「1 保育所における子育て支援に関する基本的事項」に目を通してみましょう。

第 4 章 子育て支援 1 保育所における子育て支援に関する基本的事項

(1) 保育所の特性を生かした子育て支援
 ア 保護者に対する子育て支援を行う際には，各地域や家庭の実態等を踏まえるとともに，保護者の気持ちを受け止め，相互の信頼関係を基本に，保護者の自己決定を尊重すること。
 イ 保育及び子育てに関する知識や技術など，保育士等の専門性や，子どもが常に存在する環境など，保育所の特性を生かし，保護者が子どもの成長に気付き子育ての喜びを感じられるように努めること。
(2) 子育て支援に関して留意すべき事項
 ア 保護者に対する子育て支援における地域の関係機関等との連携及び協働を図り，保

> 育所全体の体制構築に努めること。
> イ　子どもの利益に反しない限りにおいて，保護者や子どものプライバシーを保護し，知り得た事柄の秘密を保持すること。

3 居宅訪問型保育における保護者支援の基本

❶「子どもの最善の利益」を目指す

　従来からある一般型家庭訪問保育は個々の保護者の要望・養育方針を重視した保育サービスの提供を行う側面も持っていました。

　しかし，保護者の要望・養育方針が「子どもの最善の利益」とかけ離れたものであった場合，「子どもの最善の利益」が優先されなければなりません。保育者は事業者担当チームと共にケースカンファレンスを行い，「子どもの最善の利益」を目指すために保護者に対してどのように対応したらよいかを検討します。

　保育者は保護者を否定したり一方的に指導したりするのではなく，保護者の要望や気持ちをまずはありのままに受け止め，保護者が「子どもの最善の利益」のために自らの考えや方針を見直さなければならないことに気づくように支援しましょう。そのために，保護者との信頼関係の構築と，個々の保護者にとって適切な支援を行うことが必要になります。

❷ 保護者の養育力を高める

　居宅における保育での保護者支援は，保護者と子どもの関係性を高め，保護者の養育力を高めることを目標とします。

　保護者が「子育てに不安がある」「子育てが負担だ」と感じることは子どもに敏感に伝わり，子どもの気持ちを不安定にします。保護者が自分の子育てに自信を持ち，「子どもがいる生活」を喜びと感じ，「子どもと共に活かされて生きている」と自己肯定感を持って自立的な生活を送ることは，「自分が生まれてよかった」「自分は価値のある存在である」という子ども自身の自己肯定感に結びつきます。保護者が子育てを喜びに感じることそのものが，養育力の向上につながるのです。

　子どもの成長を共に喜び，専門性を生かした保育を行う保育者が身近に存在することそのものが，保護者の不安や負担感，孤立感を払しょくしていきます。

　さらに，保育者が日々の記録や報告を通じて子どもの成長する様子を具体的，肯定的に伝えることで，保護者は成長する子どもの様子を理解し，自らも子どもの成長に対して喜びを持つことに結びつきます。

　保育者は個々の家庭や子どもの状況を理解したうえで，家族以外の第三者として，保育の専門性や個別保育の特性を生かした保育や保護者支援を行う立場にあります。保護者を尊重し，適切な距離をおきながら保護者の心に寄り添うことで保護者支援の効果が発揮されるのです。

❸地域の関係機関，連携施設，自治体との連携を行う

　保育者は園庭開放や公共施設，公園や商店街などの地域の資源を活用することで，子どもと地域の人たちとのつながりをつくるように努めましょう。子どもが地域の人たちに見守られる中で育つことが，保護者と地域との関係性を深めることにつながります。

　一方，保育者は，保護者や子どもの家庭での生活に密接にかかわるため，保護者や子どもの変化をいち早く察知することができます。気がかりな様子を察知した時は，事業者担当チームで話し合い，状況に応じては，自治体担当部署，地域の関係機関，連携施設に相談する機会を持ち，協力を求めることも必要です。

　また，保育者は地域の情報を保護者に伝える窓口として，地域と保護者，社会と保護者をつなぐパイプ役としての役割も担います。

　保護者が地域から孤立することなく子どもの養育を行えるように，地域の子育て支援の資源を積極的に活用した保護者支援を行いましょう。

4 居宅での保育における保護者支援の特性

❶子どもの居宅において保育をする意義

　保育者により親子への支援が行われたプロセスを具体的に分析した調査報告書（章末参考文献に記載）では，考察として以下のように書かれています。

　「家庭で行われる保育の利点は，家庭生活に第三者が関与することにある。家庭訪問保育では『家庭の方針に沿って』『保護者の希望通りに』保育をすることが重視されているが，そこで質の高い保育が行われたとき，家庭訪問保育の効果は，保護者の要望する保育以上の効果がもたらされている。保育者が家庭を訪問したからこそ，保護者が気づいていなかった様々な問題性が保育上のニーズとして発見され，個々の家庭の状況に応じて，個々の子どもの状態に柔軟に対応することにより保育の効果がもたらされている。

　その具体的な内容としては，子どもと保護者の情緒の安定，保護者への育児知識の提供や育児行動の模範の提示，そして保護者への手段的サポートの提供などであった。また，親子関係の調整については，家庭訪問保育の特性としてあげることができる。

　家庭内に第三者が入ることは，従来家庭というプライベートな環境で保育を進めることへの阻害要因として受け止められる側面が見られた。しかし，今回の調査結果からは，デメリットとして働くよりも，メリットとして働く側面が再認識されたところに特徴がある。第三者が個人のプライバシーに関与することを超えたメリットを今後はより重視すべきであり，そのような利点を生かすためには，在宅での実の親などの保護者とともに育児に関わる保育者の利用が広がることが必要である。

　これはかつて地域社会などが担っていた『社会的親』の意義を持つものと言える。」

❷保護者への子育て支援効果

　保護者，保育者対象に行われた調査から，居宅での保育の保護者への子育て支援効果として，「保護者の多様な勤務時間や勤務形態に合わせて利用できる」「保護者は子ども

を預けている間，充実した自分の時間を過ごすことができる」などが保育者により高い割合であげられ，それ以外には「（産後ヘルパーなど）育児休業中の育児支援として利用できる」「子育てのストレスを軽減できる」などもあげられました。

また，「子どもの立場に立って子どもの成長発達をみてもらえる」「保護者は子育ての相談にのってもらえる」「保育者の助言により，子どもの行動や気持ちへの理解を深めることができる」「保護者は子育ての仕方を具体的に学ぶことができる」などの項目についても，保護者支援の効果を持つことが示されました。

2 さまざまな家庭における家族とのかかわり方

1 信頼関係に基づく保護者支援のあり方

保育者は，それぞれの家庭の状況を的確に把握したうえで，保護者の気持ちを受け止め，共感し，温かく支援する必要があります。また，相互の信頼関係を基本に，保護者の意思を尊重した支援を行うことが必要です。

❶家庭の状況の的確な把握

①子どもに関する日々の情報の把握

事業者及び保育者は，保育を開始するにあたって子どもに関する基本情報を保護者から入手します。保育開始後は，基本情報に基づいた子どもの生活援助を行い，その内容については保育記録等を通じて保護者に伝えます。

さらに，成長によって日々変化する子どもの状況や，日々の家族の状況を把握する必要があります。保護者と円滑なコミュニケーションを取りながら，日々の保護者の仕事の状況や緊急連絡先，日々の子どもの健康状態，成長にそって変化する子どもの生活リズムや食事，排泄，睡眠などに関する情報を知り，保護者と事業者，保育者が共有するようにしましょう。

②保護者の育児方針や価値観の理解

家庭によって，遊び方，食育，知育，健康，マナーなどに対する考え方はさまざまです。事業者及び保育者は，家庭によってさまざまな価値観があることを前提に，保護者が何を大切にしているかを把握する必要があります。

保護者の育児方針や価値観が「保育所保育指針」，保育者の価値観と異なる場合も，まずは「こういう方針なのですね」「こういうことを大切にされているのですね」と保護者の価値観を理解している態度を示しましょう。そのことで，保護者は自分が受け入れられているという肯定的な思いを持つことができるのです。

著しく偏った育児方針，価値観を持っている場合は，「子どもの最善の利益」を優先し，事業者担当チームなどと相談しながら助言，指導することが必要です。

❷記録・報告・連絡による情報の伝達・共有

　保育者は保育記録を通じて，日々の子どもの成長の様子を保護者に具体的に伝える義務があります。保護者と共に子どもの成長の喜びを共有するために必要な業務ですから，記録に言葉を添えて保護者に日々の子どもの様子を肯定的に報告するように努めましょう。保育に関する知識や技術を備えた専門性の高い保育者が子どもの成長にかかわっていることは，保護者の安心感につながります。

　否定的な報告を避け，保育者のはたらきかけや子どもの成長している様子，楽しんでいる様子を具体的に伝えるようにしましょう。

　ただし，例え小さなけがであっても，事故があった場合は「いつ」「どこで」「どんな状況で」事故が起き，それにどのように対処したか，記録を添えて事業者と保護者に報告することが必要です。

❸信頼関係を築くための基本

　保護者との信頼関係を築くために必要な留意点は次のとおりです。

①第一印象をよくする

　初めて接した時の第一印象はその後のかかわりに大きな影響を与えるといわれています。第一印象をよくするためには，「時間を厳守すること」「服装や身だしなみに気をつけること」「笑顔で，保護者にきちんと顔を向けてはきはきと話すこと」「受容，共感に基づいた保護者とのコミュニケーションが適切に行われること」「機敏に行動すること」等があげられます。

②保護者との信頼関係を深める話し方

　保育者が保護者との信頼関係を深めるために，保護者の気持ちを受け入れ，共感していることを言葉で示すことが必要です。具体的には次の点に留意します。

• 聴き上手であること

　保護者が話している途中で口を挟んではいけません。共感していることを示すために，うなずきながら「そうですね」「分かります」と肯定的な相槌を打ちながら話が終わるまで聴くようにしましょう。保護者は，保育者にありのままの自分を受け入れられていると感じ，自らも心を開くことができ，このことが信頼関係につながります。

• 保護者の要望や指示を理解していることを示すこと

　保護者の要望や指示に対して「分かりました」「○○すればよいのですね」と言葉で示します。十分に理解できない時は曖昧にせず，確認をする必要があります。

• 保護者に対してふさわしい言葉遣いをすること

　保育者は社会人として正しい言葉遣いを身につけることが大切です。流行語や，友達同士のようなくだけた話し方は避けます。保護者に対して適切な距離を保ち，尊重していることを示す言葉遣いを心がけましょう。

　保護者の人格を尊重した態度で接することを常に心がけることで，保護者も保育者を尊重し，信頼関係が築かれます。

❹ 保護者との適切な距離に基づく支援

保育者は，社会的親の役割を持ち，専門性を備えた保育者であるという自覚を常に持つことが必要です。

距離が近くなりすぎて家族の問題に介入しすぎることは避けたいものです。逆に保護者に対して批判的，否定的で，保護者との距離があるために保護者の心に寄り添えないということがないように努めましょう。

❺ 保護者と子どもが安定した関係を築くための支援

保育者は保護者の養育力を向上させる役割を担っていることを常に念頭におく必要があります。保護者の育児不安を軽減し，保護者と共に子どもの成長を喜び，保護者が心の余裕を持って「子どものいる生活」に喜びを感じられるような支援を目指しましょう。

❻ 保護者から不適切な言動や業務範囲を超えた要望への対応

保護者から保育者に対して不適切な言動があった時，家事の要求や業務時間外の頻繁な連絡などがあった場合は，保育者は問題を一人で抱え込まずに，事業者に伝える必要があります。事業者担当チームで検討のうえ，適切な対応をします。必要に応じて自治体担当者等に相談し，解決することもあります。

② 個人情報，プライバシーの保護

保育者には，保護者から知り得た事柄については，正当な理由（このままでいたら子どもが虐待を受け，心や体に傷を受ける恐れがあるなど）がない限り，その秘密を保持する義務があります。また，業務を終了した後も，個人情報，プライバシーについて一切漏えいしてはなりません。

❶ 個人情報の保護

「個人情報の保護に関する法律」では「個人情報とは，生存する個人に関する情報で，情報に含まれる氏名，生年月日その他の記述等により特定の個人を識別できるもの」と定義されています。保育者は「個人情報」を取り扱ううえで，保護者や子どもに関する基本情報の安全管理，漏えい，滅失，き損の防止，目的以外の情報利用をしないように留意する義務があります。

事業者からの資料によって知り得た家庭や子どもの情報の管理，取り扱いに十分な配慮を行いましょう。個人情報が記入された用紙などの紛失，置き忘れ，他者への開示，メールやファックスの誤送信，第三者への転送などは絶対に避けなければなりません。

❷ 保護者や子どものプライバシーの保護

保育者は，家族が誰もいない場で乳児などを長時間保育するため，鍵と大切な子どもの命を預かるという責任感と意識を持つことが求められます。

保育者は家庭内のさまざまなことを知ることになります。保護者と子どもの関係，両親の関係，経済状況，信仰している宗教，家庭内に起きているさまざまな問題やトラブルなど，家族にとっては他人に知られたくないこともあるでしょう。仕事で知り得た家

族の情報は，決して口外してはなりません。

公共の場で子どもを遊ばせている時に出会う保護者たち，集合住宅の住人，近隣の住民などと触れ合う場合，節度を持った態度で接し，家庭のプライバシーを守ることが必要です。また，他人ばかりでなく保育者の家族や友人にも漏らしてはなりません。

保護者に対しても，保育に必要な範囲を超えたプライバシーについて尋ねたり，立ち入ったりすることは避けましょう。

ただし，「子どもの最善の利益」に反する情報，例えば子どもが虐待されている場合，虐待の恐れがある場合，保護者の心身に気がかりな点がある場合，子どもの発達や行動に気がかりな点がある場合，保護者と子ども，両親の関係が著しく悪く，子どもの精神に影響を及ぼしている場合等は，即座に事業者担当チームに伝え，情報を共有し，迅速な対応を行う必要があります。

3 さまざまな家庭における保護者支援
❶社会的理由により居宅訪問型保育を必要とする家庭
①ひとり親家庭で夜間の勤務がある場合等

ひとり親家庭にはさまざまな状況があり，それぞれの状況にそった支援が必要とされます。特に経済的に不安定で，身近な支援者が不在，地域との交流が少ない家庭は保護者が孤立しがちです。

母子家庭では，母親がすべてを抱え込み，経済的不安も重なり心身共に不安定になることがあります。特に夜間勤務，長時間労働，仕事の掛け持ちなどの厳しい労働環境から起こるストレスや過労を抱えながらの子育ては，ゆとりのない親子関係へとつながりかねません。

父子家庭では，家事を行うことも含めて子育てが負担になることがあります。子育ての方法が分からず，極端に厳しいしつけが行われたり，逆に育児放棄になったりすることもあり，安定した親子関係が築きにくくなります。

就労支援と共にひとり親家庭の保護者を精神的に支える役割を果たすように努めましょう。

②以下の社会的理由により居宅訪問型保育を必要とする場合
• 待機児童，保育所の閉鎖により保育の提供が必要な場合
• 離島その他の地域であって，居宅訪問型保育事業以外の家庭的保育事業などの確保が困難な場合

保護者の仕事と子育ての両立支援は，なくてはならない子育て支援です。
③保護者への支援

個々の家庭の状況にそった支援を行います。保護者や子どもに気がかりなことがある場合は，事業者担当チームでカンファレンスを行い，状況に応じて地域の関係機関に伝え，協力を得ることが必要になります。要約すれば以下のとおりです。

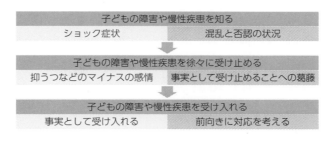

図12-1 子どもの障害や慢性疾患を知った保護者の感情の変化

- 個々の子どもの最善の利益を考慮し，子どもの福祉を重視した支援
- 個々の保護者と共に，子どもの成長の喜びを共有できる支援
- 保育に関する知識や技術などの保育士の専門性や，子どもの居宅において行われる個別保育の特性を生かした支援
- 個々の保護者の状況を個別に踏まえ，子どもと保護者の安定した関係に配慮して，保護者の養育力の向上に資するような適切な支援

❷ 子どもの障害や慢性疾患等により居宅訪問型保育を必要とする家庭

①保護者の抱える問題と支援の必要性

保護者が子どもの障害や慢性疾患に対して持つ感情は，保護者の気質，障害や疾患を知ってからの段階によりさまざまです。子どもの障害や疾患を知ってから，事実を受け入れ，前向きに対応を考えるまでには多くの葛藤があることを心にとめておかなければなりません。保護者の感情には次のような段階があると考えられます（図12-1）。

保護者は個々の障害や慢性疾患の種類やその程度などによって，特別な配慮を休むことなく行わなければならないこともあり，心身共に疲労しています。過労のため，保護者の情緒が不安定になることもあります。また，自分の育て方，妊娠・出産時に問題があったのではないかという思いにとらわれることもあるでしょう。身内も含む周囲の差別感や偏見にさらされ，心の中に大きな葛藤を抱えていることもあります。

ともすれば，将来への希望を持ちづらかったり，養育する気力が薄れたりすることもあるかもしれません。障害や慢性疾患のある子どもにきょうだいがいる場合は，きょうだいに対する配慮や支援も必要となることを忘れてはいけません。

②保護者への支援

保育開始前に専門機関や連携施設を交えたカンファレンスを行い，それぞれの子どもの障害，慢性疾患の状況及び保護者の状況を明確に把握したうえでの適切な支援を行うことが必要とされます。

保育者は，身近な子育て支援者として，保護者の孤立感，子育てへの負担，心の葛藤などを軽減する必要があります。一定の時間，専門性を持った保育者に保育を依頼することそのものが，保護者の子育て負担の軽減につながることが考えられます。

保護者への相談援助や実践を通じて，保護者の養育力を高めるように努めましょう。

　保護者，子どもに気がかりなことがある場合，事業者担当チームでカンファレンスを行い，状況に応じて連携施設，専門機関，自治体などに相談し，協力を求めることも必要となります。

3　居宅訪問型保育における相談援助

1　相談援助の原則

　保護者支援における相談援助の最終目標は，保護者自身が自分の問題に気づき，自分の歩む道を自分で決めることができるようになることです。次にあげる保護者への相談援助に必要な原則に基づいて，個々のケースに適切な相談援助をすすめましょう。

❶傾聴・受容・共感的理解

　保護者の思いや聴いてほしいという気持ちをありのままにしっかりと受け止めて，その内容を傾聴します。自らの価値観と異なっていても否定的な態度を示してはいけません。ありのままに受け止め，共感的な態度で理解しようと努めることで，保護者は「自分は受け止められている」「自分のことを分かってもらえている」という肯定的な思いを持つことができます。

　人は「よく聴いてもらっている」と感じることができた時に初めて相手に対する信頼感を持つことができ，その人らしさを発揮できるのです。

❷利用者・相談者のありのままの感情表出の促進

　保護者が持っているありのままの感情（肯定的な気持ち，否定的な気持ち，葛藤，不安など）を自由に表出できるように心がけましょう。保育者が傾聴の姿勢を示し，共感的理解をすることで，保護者が「自分の思いをありのままに聴いてくれる」という安堵の気持ち，満たされた気持ちを持てるようになります。このことで保護者自身がありのままの感情を表出できることにつながります。

❸自らの感情のコントロール

　保護者に対して，否定的な感情を持ったり拒んだりしないようにしましょう。また強く共感しすぎて，保護者の感情に引き込まれないようにしましょう。保護者の思いや感情に対して保育者自身の感情を交えないように，自らの感情をコントロールして対応することが必要です。

　しかし，保育者が心の中に保護者に対する違和感，批判，同情などのさまざまな思いを抱くことがあります。この時「なぜ，否定的な思いを抱くのか？」「なぜ，引きずられてしまうのか？」という自己洞察を行うことも大切です。これは保育者自身が自分を知ることにつながり，保護者を理解することにもつながります。例えば，引きずられすぎてしまった場合，保育者自身が同じ悩みを抱えていたという事例もあります。

❹一人ひとりの個別性の尊重

　性格，気質，育ってきた環境，現在の状況などによって築き上げられた価値観や思いは，一人ひとり異なり，保護者と保育者が全く同じ価値観を持っていることはありえま

せん。自分とは異なった個性，独自性をもった保護者を自分の価値観で画一的に評価したり決めつけたりするのではなく，それぞれの個性や独自性を尊重し，一人ひとりのおかれている立場を理解して接することが必要です。

❺ 非審判的態度

保護者に対して上から決めつけるような態度で「指導」することは避けたいものです。特に，批判的態度，指導的態度，逆に迎合的態度で接することも避けましょう。「あなたは保護者として○○するべきです」「間違っています」というような断定的な言葉，「保護者なのに○○できないのですか？」「このままでは，子どもの将来が心配です」という否定的な言葉は避けるべきです。

保育者自身の主観，価値観，道徳観に基づいて判断しないように努めます。

❻ 利用者の自己決定の尊重

保護者が具体的な指示や助言を求めても，それに応じて指示をしたり導いたりしないように心がけます。保護者の本来持っている可能性を信じ，見守り一緒に考えていく中で，保護者自身が問題を克服できるような支援をしましょう。

2 相談援助の留意点

❶ 保護者から相談があった場合

育児に対する不安やストレスは程度の差はあれ多くの人が抱くものですが，相談援助が求められるケースでは，出産時の状況や子どもの体質あるいは気質などにより心身の疲労が特に大きく，子どものことや育児の方法が分からない，身近に援助してくれる人がいないことなど，これまでの生活スタイルや経験も含め，育児に必要な環境が得られない状況下に保護者がおかれている場合が多いのが特徴です。

①保育実践を通じての援助

保護者が子どもの生活習慣の改善や子どもとのかかわり全般について悩みを持っている場合，保育の実践を通じて具体的に保護者に示していく方法があります。保護者は保育者と子どものかかわりを実際に見ることで，子どもとのかかわり方を観察学習することができるでしょう。また，保育者が子どもとかかわることで子ども側の問題が緩和されたり解消されたりすると，保護者の気持ちに余裕が生まれ，子どもに対する態度や感情によい変化が見られることがあります。このように，保育者の保育実践そのものがモデルとなり，親子関係の問題を改善する場合があります。

必要に応じて，保育者が把握した個々の子どもの特徴やその特徴に対するかかわり方の工夫などを保護者に伝えていきましょう。

②保護者への相談援助

保護者からの相談に対して言葉で伝える場合の留意点は次のとおりです。

• 保護者の話をよく聴く。
• 問題に対して共通理解を持つ。

- 保育者の立場として援助できることは何かを考える。

  一人の保育者が抱え込むのではなく，事業者担当チームでのカンファレンスを通じて検討し，事業者として対応しきれない場合は適切な関係機関に相談したり紹介したりすることも必要です。

- 迷った時は即答や即断を避ける。

  相談の内容によっては緊急な対応が必要なこともありますが，保育者自身が迷いや不安を感じる時は，「少し考える時間をください」「私だけでは解決が難しいので事業者内で検討してよいでしょうか？」と即答や即断を避けることも大切です。

- 言葉での伝え方に配慮する。

  保護者と実際に話をする時には，言葉を慎重に選ぶことが大切です。保護者を非難する言い方や指示的な言い方にならないように注意しましょう。分からないことについては，はっきり分からないことを伝え，曖昧な発言をしないことも大切です。「一緒にしてみましょう」と提案するなど保育者が身近な協力者であることを伝え，保護者が孤立感を抱かないようにすることも大切です。

❷保育者が問題に気づき，相談援助を行う場合

保護者から特に相談を受けなくても，保育者が何らかの問題に気づき，保護者支援を行う必要が起きることがあります。保護者が問題に気づいていない場合，こちらから働きかけても，それをあまり重要なこととしてとらえず聞き流したり，拒絶したり，指摘されたことに憤慨したりすることも起こり得ます。特に保護者自身の子育てが「子どもの最善の利益」と相反している時，子どもが保護者の目の届かないところで問題行動をとっている場合等，保護者に問題を認識してもらうことが困難なケースが多くなります。このような場合，まず，事業者担当チームで問題を共有し，どのように相談援助をすすめたらよいかを検討のうえ，対応しましょう。

保護者と事業者及び保育者との信頼関係が築かれていること，「子どもの最善の利益」のための保護者支援であること，保護者に問題を指摘し指導するのではなく，共に問題解決に協力する姿勢を見せることなどが効果的な相談援助に結びつきます。状況に応じて，自治体担当部署，地域の関係機関，連携施設などとの連携も必要になります。保護者と事業者及び保育者，地域が連携することで「子どもの最善の利益」を目指した養育と保育が可能になるのです。

4 保護者への対応—事例を通して考える

下記の二つの事例について，次の点を整理して考えてみましょう。
- 問題の背景にはどのようなことがあると考えられますか。
- 子どもに対してどのように対応しますか。

• 保護者に対してどのように対応しますか。

事例 1

　Aちゃんには偏食があるようです。保護者は「嫌いなものは無理して食べなくてよい」という考えのようで，保育のために用意された食事もAちゃんが好きなものばかりです。また，Aちゃんはお菓子やジュースのありかを知っていて，冷蔵庫などを勝手に開けて，食べたり飲んだりしようとします。

事例 2

　トイレで排泄できていたBくんですが，このところ排泄の失敗をすることが多くなりました。また，Bくんは保護者の前では静かにしていますが，保育者と2人になると，悪ふざけをしたり，反抗的な態度をとったりすることが増えました。ちなみにBくんのお母さんは妊娠しているそうです。

【参考文献】
• 主任研究者　尾木まり「在宅訪問保育における保育効果及び子育て支援効果に関する実証的事例研究」『平成18年度児童関連サービス調査研究等事業報告書』財団法人こども未来財団，pp.125〜126，2007.

第13章

子ども虐待

講義の目的
①子ども虐待に関する基本的事項について理解する。
②保育現場における虐待の発見，対応の基礎について理解する。
③居宅訪問型保育者が虐待など不適切なかかわり方をしないための配慮すべき事柄について理解する。

学びのポイント
　子ども虐待の相談対応件数は年々増加し，子ども虐待の早期発見や子育て家庭への切れ目のない支援が課題となっている。居宅訪問型保育者も，子どもの居宅で行われる保育という特徴から子ども虐待を早期に発見できる立場にあることを自覚し，その対応の基本とともに，自らが虐待者とならないための姿勢を学ぶ。

1 子ども虐待への関心の高まり

　「189」（イチハヤク）という電話番号を知っていますか（図13-1）。これは，虐待を受けている子ども，虐待をしているあるいは虐待をしそうな気持ちになっている保護者，あるいは虐待やその疑いが感じられる親子に気づいた人たちが，子どもや保護者のSOSの声をいちはやくキャッチするための電話相談・通報窓口です。電話は，原則として発信局や発信基地に最も近い児童相談所につながります。通話料は無料です。

　児童福祉法は，もともと子ども虐待に関する規定を盛り込んだものでした。1994（平成6）年，「児童の権利に関する条約」（1989（平成元）年採択，1990（平成2）年発効）に日本が批准したこともあって，2000（平成12）年に，「児童虐待の防止等に関する法律」（以下，児童虐待防止法）が制定され，子ども虐待の予防や対応の取組みが，従来にも増して積極的に行われるようになりました。

　しかしながら，残念なことに，虐待を受ける子どもは減っていません。近年，新聞やテレビで，子どもの虐待に関する記事や番組を見聞き

図13-1　児童相談所全国共通ダイヤル啓発ポスター
資料：厚生労働省ホームページ
（https://www.mhlw.go.jp/stf/seisakunitsuite/bunya/kodomo/kodomo_kosodate/dial_189.html）

する機会は，減少どころか，増加の一途をたどっています。

　子ども虐待問題は，行政や専門家の取組みだけで解決できるものではありません。2004（平成 16）年，栃木県小山市で起きた就学前の二人のきょうだいが死亡した事件を契機に，オレンジリボンをシンボルマークとした活動（オレンジリボン運動）が始まりました。これは，NPO 法人児童虐待防止全国ネットワークという民間団体が主宰するものですが，内閣府，厚生労働省，文部科学省など行政機関も積極的に後援しています。

図13-2　多様なデザインのオレンジリボン

　この取組みは，2004（平成 16）年度から毎年 11 月を指定して始まった児童虐待防止推進月間と深く関連しています。その際に用いられるシンボルマークがオレンジリボンです。乳がん，エイズ，DV（配偶者間暴力）など，人権や生命にかかわる活動で，さまざまな色のリボンがシンボルとして使用されていますが，子ども虐待ではオレンジ色が基調として使われています。現在では，地方自治体や民間団体で工夫を凝らした組み合わせのリボンが創作され，子ども虐待の予防や救済の啓発に取り組まれています（図13-2）。

2　子ども虐待とは

　子ども虐待に関しては，児童福祉法により，虐待を含む子ども家庭福祉問題への一般的な対応を，さらに，児童虐待防止法で，子ども虐待に特化した対応を規定しています。この他，民法，刑法，家事審判法なども，子ども虐待に対する対応を理解するうえでは重要です。児童の権利に関する条約（第 19 条）においても，子ども虐待に関する規定を設けています。

　子ども虐待は，重篤な人権侵害であり，児童虐待防止法では，「何人も，児童に対し，虐待をしてはならない」（第 3 条）と，すべての人に対して，子ども虐待をしてはならないことを規定しています。民法に規定される親権は，「子の利益」（第 820 条）のために存在するもので，親権に基づいて子どもの虐待をすることは認められていません。

1　子ども虐待の定義

　虐待は，子どもの人権を著しく侵害するもので，心身の成長及び人格の形成に重大な影響を与えるものであり，決して行ってはならない行為です。何が子ども虐待にあたるかは，児童虐待防止法で定義されています（表13-1）。表中の虐待行為として示している内容は，法律上の定義に基づいて，厚生労働省が解説しているものの要約です。

表13-1　子ども虐待の定義

虐待者	保護者（親権者，未成年後見人その他の者で，児童を現に監護するもの）	
子ども	18歳に満たないもの	
虐待行為	**身体的虐待**：殴る，蹴る，叩く，投げ落とす，激しく揺さぶる，やけどを負わせる，溺れさせる，首を絞める，縄などにより一室に拘束する，など。	
	性的虐待：子どもへの性的行為，性的行為を見せる，性器を触る（触らせる），ポルノグラフィの被写体にする，など。	
	ネグレクト（養育放棄）：家に閉じ込める，食事を与えない，ひどく不潔にする，自動車の中に放置する，重い病気になっても病院に連れて行かない，など。	
	心理的虐待：言葉による脅し，無視，きょうだい間での差別的扱い，子どもの目の前で家族に対して暴力をふるう（ドメスティック・バイオレンス：DV），きょうだいを虐待する，など。	

「児童虐待防止法」及び厚生労働省「子ども虐待対応の手引き」を参考に作成

　保護者のうちの「その他の者」には，親権はないが，日常的に子どもの養育にかかわっている状況にある者，父または母の内縁関係にある者などが該当します。したがって，単に遊びに来ていた親戚，近所の人，学校や児童福祉施設の職員などは含まれていません。ただし，児童養護施設などの入所施設の施設長は，現に子どもを保護する者であり，保護者に含まれます。したがって，職員の虐待を助長したり，放置したりしている場合は，ネグレクトとみなされることになります。

　虐待行為の身体的虐待のうち，首の据わっていないような乳児が「激しく揺さぶる」行為にさらされた場合に起こりやすい症状は，「揺さぶられ（っ子）症候群」（Shaken Baby Syndrome：SBS）あるいは「乳幼児の虐待による頭部損傷」（Abusive Head Trauma：AHT）と呼ばれます。これが激しく行われた場合，死亡したり後遺症が残ったりする可能性があります。また，DVやきょうだいへの虐待を見ている（見せられている）状況も，子どもの心を傷つけるものであり，心理的虐待ととらえられます。

　これらの虐待は，独立して存在していることはほとんどなく，複数が同時に発生したり，時間を変えて別の形態で行われたりすることも多くあります。例えば，性的虐待を受けている子どもは，すべて心理的虐待を受けているといってもいいでしょう。性的虐待を拒否すると身体的虐待が行われる，ということも容易に想像できます。

　虐待かどうか微妙なものもあります。虐待を核に，疑わしい状況や放置しておけば虐待につながる可能性がある周辺行為を含めた概念として，マルトリートメント（maltreatment：不適切なかかわり）という用語が用いられることもあります。

2 被措置児童等虐待

　児童虐待防止法の虐待者の定義には，施設長以外の施設の職員は含まれていません。一方，高齢者虐待防止法（「高齢者虐待の防止，高齢者の養護者に対する支援等に関する法律」）や障害者虐待防止法（「障害者虐待の防止，障害者の養護者に対する支援等に関する法律」）では，社会福祉施設や社会福祉事業の従事者による虐待も対象としています。

　これを補うため，子ども虐待では，児童福祉法に，被措置児童等虐待という制度を設けています。ただし，その対象は，児童養護施設に代表される入所施設の職員や里親などに限定されています。

　地域型保育事業従事者については，「家庭的保育事業等の設備及び運営に関する基準」（平成26年厚生労働省令第61号）という省令の第12条（虐待等の禁止）で，「家庭的保育事業者等の職員は，利用乳幼児に対し，法第33条の10各号に掲げる行為（筆者注：被措置児童等虐待と同様の内容）その他当該利用乳幼児の心身に有害な影響を与える行為をしてはならない」とあり，それぞれの事業所等内部の規程として，虐待の防止のための措置に関する事項を定めることが求められています（同第18条）。

③ 体罰と虐待

　2019（令和元）年，児童虐待防止法が改正され，親権者等による体罰禁止の規定が設けられました（2020（令和2）年4月施行）。体罰禁止法制がないことは，国連子どもの権利委員会から指摘されていたところであり，ようやく実現したことになります。

　この法律の内容を国民の間に浸透させるため，厚生労働省では，「体罰等によらない子育てのために～みんなで育児を支える社会に～」という指針を作成しています。法律では体罰禁止は親権者等に限定していますが，保育者にも参考になることがたくさん書かれています。

> **児童虐待防止法第14条**
> 　児童の親権を行う者は，児童のしつけに際して，体罰を加えることその他民法（中略）の規定による監護及び教育に必要な範囲を超える行為により当該児童を懲戒してはならず，当該児童の親権の適切な行使に配慮しなければならない。

3　子ども虐待の実態

① 子ども虐待相談の動向

　児童福祉法では，子ども虐待を含む要保護児童相談の第一義的窓口として市町村を指定しています。また，社会的には児童相談所も通告先としてよく知られています。両者の受け付けている相談対応件数は毎年増加し，2020（令和2）年度には，市町村では15万件超，児童相談所では20万件超となっています（図13-3）。ただし，双方に通告される事例や，児童相談所が受け付けて市町村に紹介した事例，あるいはその逆などの重なりは十分には調整されておらず，両者を合わせたものが相談総数となるわけではありません。

　相談種別の内訳では，心理的虐待が6割，身体的虐待が2割台半ば，ネグレクトが1

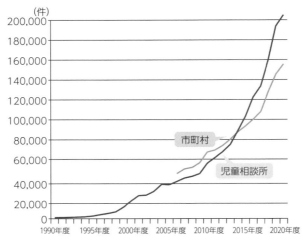

図13- 3　子ども虐待相談対応件数の推移
資料：厚生労働省「福祉行政報告例（各年版）」

割台半ばとなっています。2010 年代前半までは，身体的虐待が多かったのですが，心理的虐待の中に面前 DV（子どもの前で配偶者間の暴力が行われている状況）を含めることになったことにより，現在では心理的虐待（このうち 6 割程度が面前 DV）が多くなっています。

　相談件数の大幅な増加要因としては，実際の発生件数の増加以外に，社会を揺るがすような痛ましい子ども虐待に関する事件の発生などによる社会的関心の増大，通告制度の浸透，早期発見のための取り組みの進展などが考えられます。さらに，通告対象範囲の拡大（「虐待を受けた子ども」から「虐待を受けたと思われる子ども」に），子ども家庭福祉相談の第一義的窓口の基礎自治体化（都道府県から市町村に）などの制度改正も影響していると考えられます。また，2014（平成 26）年度に急増した理由は，子ども虐待の定義の項で示した，子どもの前でのきょうだいの虐待や父母間の暴力行為が行われている状況（面前 DV）を心理的虐待として計上することになったことによります。

2 虐待による死亡

　厚生労働省に設置されている社会保障審議会児童部会の児童虐待等要保護事例の検証に関する専門委員会では，2005（平成 17）年（調査対象年は 2003（平成 15）年）から毎年，子ども虐待による死亡事例等の検証報告を公表しています。半年間の調査であった第 1 次報告を除く結果が図13- 4 です。

　心中を含めると，年間 100 人以上の子どもが虐待により死亡していた時期がありましたが，変動はあるものの，ここ数年は，70〜80 人前後で推移しています。

　死亡した子どもの年齢は，心中以外では，0 歳児が半数近くを占めています。この多くが新生児であり，生まれてまもなく亡くなっています。これは，初期支援の重要性を示しています。乳児に接する機会の多い居宅訪問型保育者は，是非，気にしておいてほ

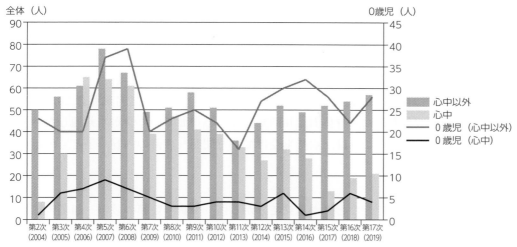

図13-4　虐待による子どもの死亡人数
資料：厚生労働省「児童虐待等要保護事例の検証に関する専門委員会報告書（各年次版）」

しい視点です。

3 虐待の起きやすい要因

　子ども虐待の発生要因は，保護者要因，子ども要因，養育環境要因などの側面から考えることができます。

　保護者側の要因としては，妊娠を受け入れられない状況での出産，子どもへの愛着や基本的知識の不足，子育て能力の未熟さ，保護者自身の発達障害，精神障害，薬物依存，心身の不調，攻撃的な性格や衝動的な性格など保護者の性格特性などがあげられます。また，保護者自身が虐待を受けた経験があったり，適切な養育を受けてこなかったりなど，成育要因なども指摘されています。近年では，子どもを傷つけながらも医療に熱心な親を演じるなどして，自分に周囲の関心を引き寄せ精神的満足を得ようとする代理ミュンヒハウゼン症候群も虐待としてとらえられるようになっています。

　子ども側の要因としては，未熟児，心身の障害，発達障害，非行，反抗的態度などが指摘されています。

　養育環境要因としては，不安定な家庭環境や家族関係，社会的孤立や経済的な不安，妊婦健康診査や乳幼児健康診査を受診していないなど保健面への関心の低さ，再婚家庭での人間関係などが指摘されています。

　子ども虐待は，複数の要因が重なり合って生じるものであり，単一の要因で起こることはまれです。また，これらの要因があれば必ず子どもが虐待されるわけではありません。適切な支援や環境があれば，むしろ虐待は起こらないものであり，予防的な対応が可能であることを理解しておく必要があります。また，訪問している家庭や子どもが，次節のような状況にある場合，発見者としての自覚も必要です。

4 虐待が子どもの育ちに及ぼす影響

1 虐待を受けた子どもに見られる発達・思考・行動の特徴

「子ども虐待対応の手引き」（厚生労働省雇用均等・児童家庭局総務課 2013）では，虐待を受けた子どもには，身体面，知的発達面，心理面でいくつかの共通した特徴が見られるとしています。これは，虐待を受けていた期間，虐待の内容，子どもの年齢や性格等によりさまざまです。

❶身体的影響

あざ，切り傷，やけどなど外から見て分かる傷，骨折，鼓膜の破損，頭蓋内出血など外から見えにくい傷，栄養障害や体重増加不良，低身長などが見られることがあります。愛情不足により成長ホルモンが抑えられた結果，成長不全となることもあります。

❷知的発達面への影響

虐待する養育者は子どもの知的発達にとって必要なやり取りを行わなかったり，逆に年齢や発達レベルにそぐわない過大な要求をしたりすることがあり，子どもの知的発達を阻害してしまうこともあります。

また，学齢期になっても学習環境が整備されなかったり，学校等への通学が保障されなかったりすることで，知的障害によるものでなくても，もともとの能力に比較して知的な発達が十分に得られないことがあります。

❸心理的影響

心理面の影響は最も多く，多様な形で表れます。

例えば，自己評価・自尊心が低いという傾向がよくあります。「自分が悪いから虐待されるのだ」と思ったり，自分は愛情を受けるに値する存在ではないと感じたりする子どももいます。

また，最も安心を与えられる存在であるはずの保護者から虐待を受けることにより，欲求を適切に満たされることのない状態となります。その結果，愛着対象（保護者）との基本的な信頼関係を構築することができなくなり，結果として他人を信頼し，愛着関係を形成することが困難となることがあります。他者をわざと刺激したり，虐待的な人間関係を繰り返したりすることもあります。

強いトラウマや自己否定感から，精神的に病的な症状を呈することもあります。例えば，記憶障害や意識がもうろうとした状態，時には，強い防衛機制がはたらき，解離性障害に発展する場合もあります。

逆に，一見，何も問題がなく，大人が対応しやすい「良い子」を演じる子どももいます。これを偽成熟性といいます。大人の顔色を見ながら生活することから，大人の欲求にしたがって先取りした行動をとったり，虐待を受けないような自分をあえて演じたりするということです。時には，精神的に不安定な保護者に代わって，大人としての役割

分担を果たさなければならないようなこともあり，「大人びた」行動をとることもあります。このように，一見よくできた子どもに思えるものが，思春期等に問題行動を起こすこともあります。

2 虐待を受けた子どものその後

　前項では，虐待を受けた子どものさまざまな特徴を紹介してきました。その特徴は，子どもの育ちの課題面を示すものでしたが，虐待を受けた子どもがすべてこのような行動等をとるわけではありません。むしろ，多くは普通に社会生活を送っています。苦しみながらも，自分の人生を歩んでいる3人の声を紹介しておきましょう。

❶緊張の限界

> 　私，親が死ぬかも知れないと分かっても，泣けなかったんです。泣きそうになっても涙が出ないんですよ。別に泣かんと思っているわけではないんですけど，体がストップしちゃうんですよ，グッと。泣き方知らないんですよ。
> 　施設入所の日，「泣いてもいいねんで。なんで我慢してるの」って言われて。「私，我慢してたんだ。泣いてもいいんだ」って思って。その時初めて声出して泣きました。「泣いてもいいんだ。泣くほどしんどいことをしてきてたんだ。自分頑張ってたんだ」。初めて気づきました。「泣けてよかったなぁ」，本当にそう思いました。

出典：山縣文治・市本サクラ「社会的養護当事者の語り No.1」『月刊福祉』5 月号，全国社会福祉協議会，p.80，
　　　2015.（一部改変）

　20 歳になったばかりの市本さんは，精神的に不安定な母親のもとで必死に生活してきました。包丁を首に突きつけられたことも何度かあるそうです。小学校高学年の時，自ら相談機関に駆け込み，保護を求めました。今は，母親と適度に距離をとりながら仕事をしています。

❷逆境の中でも自責

> 　お母さんとの距離をどうとっていいか，正直分からないですね。自分の中で抹消している，最初からいないみたいな感じで今やってるんで。会いたいなとか，連絡を取りたいなとかはないです。
> 　でも，現実的に将来のことを考えると，普通の家庭は，親が弱ってきたら子どもが介護をしたりしますよね。介護か…。介護をしてあげる自信がないなあ。これって薄情かな。世間体があるからかな。その時にならないと分からないですけど，そのへんはどうしたらいいのかなと思いますね。

出典：山縣文治・ラル子「社会的養護当事者の語り No.9」『月刊福祉』1 月号，全国社会福祉協議会，p.85，2016.（一
　　　部改変）

　20 代前半のラル子さんも，精神的に不安定な母親から，逃げるように生きてきました。しかし，保護された施設にも母親は執拗に現れ，施設を変わることを余儀なくされました。今でも，母親が職場に現れるのではないかという不安にさいなまれています。

それでも，母親のことを心配しているのです。

❸許す心

> 「ああ，これで死ぬんや……。これで私が死んだら，この生活，この家庭がすべて終わるんじゃないのかな。お父ちゃんだって，子どもを虐待する生活を終わらせることができるんじゃないか……。」

出典：島田妙子『虐待の淵を生き抜いて』毎日新聞出版，p.29，2016.

　島田さんは，小学生の頃，父親から2度殺されそうになったそうです。「自分が父親に虐待をさせている」という自責の念が，このような声となって表れています。今は，仕事の傍ら，虐待防止の啓発活動をしておられます。

5 子ども虐待の発見と通告—子ども虐待への支援

1 子ども虐待への支援の基本的考え方

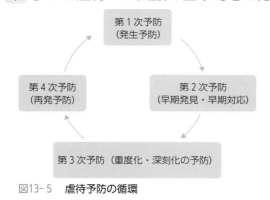

図13-5　虐待予防の循環

　子ども虐待に関する取組みは，第1次予防としての発生予防対策，第2次予防としての早期発見・早期対応，第3次予防としての深刻化の予防，第4次予防としての再発予防の大きく四つの枠組みで実践されています。当然のことながら，それぞれは独立したものではなく，相互に深く関連しています（図13-5）。虐待を受けている子どもや虐待をしている保護者への支援であっても，まずは，親子分離をできるだけ避ける方向で行われます。

　発生予防に対する取組みは，制度的には啓発活動や子育て能力の向上を目指した親支援講座などがあります。発生予防と早期発見・早期対応の双方が期待される社会制度の中で，比較的普及しているものは，地域子育て支援拠点事業です。この事業は子ども虐待の発生予防としての期待は高いのですが，子育て支援全般にかかわるものであり，虐待予防に特化してその成果を明確にすることは困難です。

　発生予防以上に，制度・政策上の変化や実践の成果が着実に蓄積されているのが，第2次予防に関する領域です。これは，①早期発見・早期対応，②重度化・深刻化の予防の2段階を意味しています。

　早期発見・早期対応にかかわる取組みには，①市民意識の高揚，市町村の相談窓口強化，児童家庭支援センターの整備など，発見や相談窓口の充実，②乳児家庭全戸訪問事

業（こんにちは赤ちゃん事業），地域子育て支援拠点事業，子育て短期支援事業など，市町村を主体とする在宅福祉サービスの充実，③保育所等を活用した相談や交流の場の提供，④市町村保健センターなどによる乳幼児健康診査の体制整備，⑤児童委員・主任児童委員など，既存の子ども家庭福祉制度の拡充，⑥NPO活動などの新たな市民資源の積極的活用，⑦要保護児童対策地域協議会の設置と充実，などがあります。

　重度化・深刻化の取組みの第1段階は，保護者への対応です。これには，国内外で開発された，親教育支援プログラム：NP（Nobody's Perfect），コモンセンスペアレンティング：CSP（Common Sense Parenting）などの支援手法による，親や子ども自身の対処能力の向上を意図した在宅福祉サービスへの取組みなどがあります。一方，親子分離が必要な場合の取組みには，①分離の判断のためのアセスメントツールの開発，②保護者が協力的でなかったり，分離に同意しなかったりした場合の取組みである，立入調査，親権の制限等，児童福祉法第28条に関連する制度整備，③子どもの生活の場となる児童養護施設や里親などの社会的養護サービスの整備と改善，などがあります。

　再発予防に関する取組みもまた，必要性が主張されているにもかかわらず，研究も実践も，必ずしも充実していない領域です。とりわけ，社会的養護サービスから解除されたものに対する取組みが極めて重要ですが，個人情報保護制度や申請主義のサービス提供システムが，それを困難にさせています。

２ 児童福祉法に基づく子ども虐待相談の仕組み

　子ども虐待に関する相談は，公的機関，児童福祉法等に基づく民間機関，民間の主体的活動など，多様な形で取り組まれています。

　児童福祉法では，子どもの虐待に代表される要保護児童を発見した者に，市町村，都道府県の設置する福祉事務所，児童相談所に通告することを義務づけています。これは，児童委員（民生委員）を介して行うこともできます。このうち，市町村は第一義的相談窓口として位置づけられています。また，児童虐待防止法では，子どもにかかわる仕事や活動をしている者に，早期発見の努力義務を課しています。居宅訪問型保育者もこれに該当していると考えられます。ただし，努力義務ですから違反という考え方はありません。また，例え，保護者に相談せずに通告したとしても，刑法上の秘密漏示罪（いわゆる守秘義務）に抵触するものではないとされています。

　さらに，ほとんどの市町村には，要保護児童やその保護者に関する情報交換及び要保護児童に対する支援の内容に関する協議などをするため，要保護児童対策地域協議会が設置されています。協議会の対象には，虐待を受けている子ども，非行児童，障害児，支援の必要な妊婦などが含まれます。

３ 児童福祉法・児童虐待防止法における対応

　子ども虐待への対応については，児童福祉法を基本としつつも，児童虐待防止法及び

関連の通知等においても規定されています。

　児童福祉法では，子ども家庭福祉相談の第一義的窓口を市町村としています。子ども虐待であっても同様で，通告は，まず市町村に行うことになっています。立入調査や一時保護，判定等専門的な対応が必要と考えられる場合，市町村は児童相談所に送致し，児童相談所が対応することになります。

　市町村では，保護者に対する助言・指導，カウンセリングやグループワークなどの専門的支援，医療機関などの専門機関の紹介などを行います。保育所，認定こども園，地域子育て支援拠点事業などでの相談，つどい・交流の場の設置，子育て講座なども，虐待の発生予防や早期発見の機能が期待されています。

　児童相談所でも，保護者に対する助言・指導，カウンセリングなどの在宅指導で原則として対応します。分離保護が必要な場合，児童福祉施設（乳児院，児童養護施設など），里親，小規模住居型児童養育事業（ファミリーホーム）への委託などを行います。

　調査や援助に関する親権者の同意が得にくい場合等においては，立入調査や都道府県児童福祉審議会の意見聴取，家庭裁判所への施設等利用承認の家事審判請求，親権者に対する親権喪失宣告の請求などを行うこともあります。

6 子ども虐待と居宅訪問型保育者

1 子ども虐待を発見する目の養成

　子ども虐待は，子どもの人権を侵害する，あってはならない行為です。それが子どもに及ぼす影響をできるだけ少なくするには，早期発見，早期対応が重要となります。すでに示したように，児童虐待防止法では，保育士，教師，居宅訪問型保育者など，子どもにかかわる仕事をする人には，発見に努めることを求めています。

　保護者等からの依頼に基づいて，個人の家庭に出向いて子どもの保育に従事する保育者は，早期発見，早期対応の当事者となる可能性も高くなります。したがって，「疑う」という視点ではなく，子どもの福祉を守るという観点から，虐待を発見する目を養っておくことが求められます。

　虐待を受けている子どもは，保護者との別れ際，保護者と再会の場面，さらには保護者と離れて保育を受けている場面などで，「4 虐待が子どもの育ちに及ぼす影響」で示したような，通常とは異なる反応や遊びをする傾向があります。そのような行動や特徴が繰り返される場合，注意深く観察する必要があります。

2 子ども虐待が疑われる状況に直面した場合

　児童福祉法では，子ども虐待など保護者の養育が不適切と疑われる子どもを発見した者に通告の義務を課しています。加えて，既述のように，居宅訪問型保育者には，児童

虐待防止法に基づいて発見の努力義務が課されていますので，この規定に従って，通告が求められます。

保育者は，保護者の養育が不適切と疑われるような状況に気づいた場合，事業者や経験のあるスタッフと協議し，どのような情報をどのような方法で集めるか，どのような状況になったら，どこに通告するのかなどを事前に十分に話し合い，組織として対応することが必要です。

③ 不適切なかかわりを防ぐために

当然のことながら，最も注意しなければならないのは，居宅訪問型保育者自身が虐待や虐待と疑われるような行為をしないことです。子どもの安全確保や危険回避などのために，虐待と疑われるような行為をせざるを得なかった場合，その行為の必然性を説明できるようにしておくこと，また，それを速やかに事業者に報告する必要があります。

虐待や虐待と疑われるような行為は，個人の問題であるだけでなく，業界の信頼を失墜させるものです。例外的な個人の行為であっても，新聞，テレビ，ネット等では，居宅訪問型保育事業に一般化されて報道，掲載されることはよくあります。居宅訪問型保育事業の信頼が低下すると，事業自体が萎縮し，間接的に，他の親子の育ちや生活にも負の影響を与えることがあることに，十分留意していただきたいものです。

【参考文献】
• 厚生労働省雇用均等・児童家庭局総務課「子ども虐待対応の手引き（平成 25 年 8 月改正版）」
  http://www.mhlw.go.jp/seisakunitsuite/bunya/kodomo/kodomo_kosodate/dv/dl/120502_11.pdf
• 島田妙子『虐待の淵を生き抜いて』毎日新聞出版，2016.
• 山縣文治・市本サクラ「社会的養護当事者の語り No.1」『月刊福祉』5 月号，全国社会福祉協議会，2015.
• 山縣文治・ラル子「社会的養護当事者の語り No.9」『月刊福祉』1 月号，全国社会福祉協議会，2016.
• 山縣文治『保育者のための子ども虐待 Q&A』みらい，2021.
• 厚生労働省「体罰等によらない子育ての推進に関する検討会」『体罰等によらない子育てのために～みんなで育児を支える社会に～（令和 2 年 2 月）』2020. https://www.mhlw.go.jp/content/000598146.pdf

第14章

特別に配慮を要する子ども への対応（0～2歳児）

講義の目的
①0～2歳児の気になる行動をどのように考え，どうかかわっていけばよいかを行動特徴の把握などを通して理解する。
②特別に配慮を要する子どもへの対応における居宅訪問型保育者の役割について理解する。※発達の遅れが疑われる場合，保護者の思いを踏まえたうえでの対応の必要性について理解する（専門機関との連携を含む）。
③遊びを通して，子どもの発達を促す方法について理解する。
学びのポイント
　「気になる行動」に出会った時に，どのような点に留意すべきかを理解する。0～2歳児の場合，発達段階にあるため障害であると決めつけず，保護者への対応にも配慮が必要である。どのような子どもでも，遊びを通して発達を援助することができるので，その方法を学ぶ。

1　気になる行動

　最近「気になる子」とか「気になる行動」という言葉を聞くことが増えてきました。0～2歳までの子どもの「気になる行動」といえば，具体的にどのような行動が思い浮かぶでしょうか。例えば，大きな紙にクレヨンを出してお絵描きをするとしましょう。どんな行動が気になりますか。いきなりクレヨンを口に入れようとする，描き始めるとよだれがタラーッとたれてくる，途中で手にクレヨンがついていることに気づいてパニックになる，あるいはクレヨンを箱から出したり入れたりばかりしている，クレヨンの紙を剥がすほうに夢中で描こうとしない，などいろいろな行動が考えられます。いろいろな場面での「気になる行動」を思い浮かべてみましょう。外に行く時，公園で遊ぶ時，お部屋で遊んでいる時，食事する時，ほかの子どもと遊ぶ時，いやなことがあった時，おもちゃを片づける時などです。

表14-1　気になる行動の例

落ち着きがない	視線が合わない	言葉が遅い	かんしゃくがひどい
頭を打ちつける	お友だちを噛む	表情がない	奇声を上げる　　極端な偏食
切り替えがわるい	泣き止まない	こだわりが強い	砂や粘土に触らない
手をつながず勝手に行ってしまう		耳をふさぐ　　注意しても何度も繰り返す	

2 気になる行動をする子どもの行動特徴

1 気になる行動をする子どもの行動特徴

　気になる行動と聞いて，気になる行動をする子どものことを思い浮かべたと思いますが，どのような子どもでしょうか。困った子ども，難しい子ども，手がかかる子どもでしょうか。危ないことをするため，ついつい注意することが多くなり保育しにくいと思うこともあるでしょう。また，仲良くなろうとして声をかけているのに振り向いてくれないため，信頼関係が結びにくいと感じることもあるでしょう。また，なぜそのような行動をするのか分からない不思議な子どもだと悩むこともあるでしょう。

　このような思いは，その子どもを育ててきた親や周囲の大人も同様に感じてきたことだと思われます。その結果，気になる行動をする子どもは周りの大人に理解されず，叱られることが多くなってしまいます。叱られることが続くと，ストレスが溜まり，さらに叱られるような行動をしてしまいます。その結果，自分にはできない，自分はだめだと思い込んでしまうという，図14-1のような悪循環に陥っている場合が多くあります。

　このような悪循環を経験した結果，気になる行動をする子どもはストレスが多く，自己肯定感が低い子どもになってしまっている可能性が高いのです。

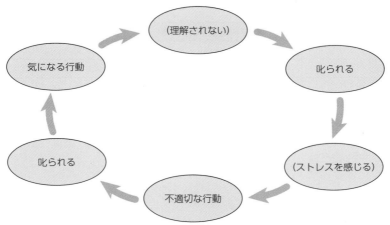

図14-1　気になる行動をする子どもの行動特徴

2 子どもの心の訴え方

　一般的に人は自分の要求を言葉で表現しますが，乳幼児は言葉でうまく言えない場合，行動で表します。泣くことやぐずること，指さしや発声などで，不快感を表したり解消を要求します。大人はその行動をキャッチし，要求やサインを読み取り，応答することが重要です。適切に応答してくれた時には満足が得られて，信頼関係が形成されます。

　しかし，理解されなかったり，うまく伝わらなかったりした時には，「ちがう」とばかりに駄々をこねたり，奇声をあげたりして強く訴えます。例えば，ほしいものが指をさしても分かってもらえない時や，恐怖や不安を感じている時などです。いつもと違う行動に対して，理解しようといろいろ尋ねたり，原因をさぐって取り除いてくれたりすると，落ち着いてくるでしょう。分かってくれた安心感から信頼感が増します。

　しかし，なかなか信頼関係が築けなかったり，不安が強かったり，愛情をためそうとする時には，子どもの表現の仕方は，攻撃的になったり何かに異常に執着を示したりします。大人の注意を引こうとする行動をしたり，何かを壊したりするような乱暴な行動が目立つこともあります。ここまでくると行動が激しくなり，背景も複雑になり，行動解消には時間がかかることもあります。

　そして，要求が明らかに拒否されたり，すべての望みが断たれた時には，絶望感から無気力・無表情になってしまうこともあります。虐待を受け続けてすべてを諦めてしまった子どもなどがこれにあたります。

　このほか，要求がもともと少ない子どももいます。乳児期に泣くことや抱っこをせがむことも少なく，歩き始めてもいつも一人静かに遊んでいることが多く，必要最小限の要求をするだけで指さして要求を伝えることをしない子どもです。必然的に言葉も遅くなります。

表14-2　子どもの心の訴え方

段階	要求の程度	具体的な要求表現の仕方	奥にある気持ち
0	要求が少ない	あまり泣かない　指さし・発声が少ない	伝えたい気持ちが薄い
1	訴える	泣く　ぐずる　指さし　言葉	伝えたい　分かってほしい
2	強く訴える	大泣き　大声　奇声　駄々をこねる	注目してほしい　怒り　不安
3	攻撃的になる	暴力をふるう　物を壊す　困らせる	強い怒り　強い不安　試す
4	訴えない	無気力　無表情	絶望感　あきらめ

出典：家庭的保育研究会編『家庭的保育の基本と実践 第3版』福村出版，p.210，2017．（一部改変）

3 気になる行動への対応の考え方

1 気になる行動のとらえ方

　「特別な配慮を要する子ども」とは，「特別なニーズがある子ども」ということです。「特別なニーズ」とは何でしょうか。「気になる行動」はそのヒントになります。気になる行動は，問題行動でも困った行動でもありません。また気になる行動をする子どもは，問題児でも困った子どもでもありません。子どもの行動にはそのような行動をする理由があるはずです。その行動からのサインやメッセージを読み取ることができれば，その子どもの特別なニーズが分かるかもしれないのです。

　では，なぜその行動が「気になる」のでしょうか？　この年齢の子どもはこういう行動をするものだという「子ども像」から外れているからでしょうか。経験的に子どもはこういう時こうするであろうという予想と違う行動をしたからでしょうか。どちらにしても「何か変だな」「ほかの子どもとどこか違う」と感じたからに違いありません。この感覚は大事ですが，断定することは避けましょう。たまたま慣れていないからそういう行動をしたかもしれないし，ほかの人も同様に「気になる」かどうか分からないからです。心に留めておいたり，メモしておいたりするにとどめて，まず観察しましょう。気になる行動がどのような状況でよく見られるのか，特定の人に対してあるいは特定の場所・場面で起きていることはないか，などを観察することで，分かってくることがあるからです。

2 気になる行動への対応の仕方

　気になる行動は適切にかかわることで減少したり，なくなったりすることがあります。

　例えば，他児を噛む行為がある1歳児Aちゃんの場合，どんな時に噛むかを観察してみると，他児がある一定の距離以内に近づくと，おもちゃをとられると思って大きな口を開けて手や肩に噛みつこうとすることが分かりました。そこで，しばらくその子どもと手をつないで行動し，噛みつこうと口を開けたら手で押さえて未然に防ぐようにしたところ，1週間もするとほとんど噛まなくなりました。

　また，場面切り替えの苦手な2歳児Bちゃんは，お片づけをして次の活動に移るときに必ず抵抗し，泣いたり奇声を発したりします。見ていると，流れが理解できずに持っているものを取られると思って抵抗していることが分かりました。そこで，必ず目に見えるもので次に何をするか教えるようにしたところ，泣きわめくことが減りました。

　じっとしているのが苦手な2歳児Cちゃんは，遊んでいる時でも食事中でも急に外へ出て行こうとします。危ないので「ちょっと待って」と言っても間に合いません。観察していると，Cちゃんは刺激に敏感で，誰かが外に見えたり，救急車の音が聞こえたりするとさっと外に出て行こうとすることが分かりました。また，待つことや話を最後

まで聞くことが苦手で，よく理解しないまま行動して叱られることが多いようです。そこで，Ｃちゃんには次に何をするかを必ず短い言葉で言うようにし，できたらごほうびシールを貼るようにしたところ，目に見えてできることが増えてきました。何をすればよいか分かったことで急に部屋から飛び出して行くことがぐんと減りました。

しかし，観察してもどうしてそういう行動をするのか分からない場合もあります。

２歳児Ｄちゃんは好きな電車がいくつか決まっており，手に入れるまで追いかけて行きますが，全く相手の顔を見ません。また，別の２歳児Ｅちゃんは，姉と違っていつまでたってもバイバイも指さしもしないと母親が心配しています。このように気になる行動はいろいろあり，その原因もさまざまであると考えられます。

4 気になる行動の原因とその対応

1 原因

気になる行動はさまざまであり，乳幼児期はまだ発達の途中段階であるため，原因の特定は困難であることが多いといえます。発達に影響を与える要因には，遺伝的要因や出生時の状況や環境要因などがあり，一人ひとりの子どもは，これらの要因の相互作用により形成されます。子どもは生まれつきの特質や個性をもっており，要求の強い子どももいれば，神経質な子どももいます。出生時の状況もさまざまで，その中には低出生体重児や心臓等に疾患のある子どももいます。そして誕生後の環境も千差万別で，病気の有無や障害の可能性だけでなく，大人がどのようにその子どもにかかわってきたか，子どもがどのような体験を積んできたかを考慮に入れなければなりません。例えば，同じように粘土に触らない子どもがいたとしても，経験したことがないために触れない場合もあれば，生まれつき触覚が過敏で触れない場合もあります。そして，現在の環境の要因としては家庭のみならず保育者もその人的環境の一部分であり，大人の見方やかかわり方を変えることで子どもの行動が変化することもあるのです。

表14-3 気になる行動の原因─諸要因の相互作用

遺伝的要因（生まれつきの特質や個性）
出生時の状況（低出生体重等）
病気や障害
環境要因（これまでの家庭環境・現在の環境）

2 障害とその対応

保育する子どもが０～２歳児の場合には，障害によっては分かっている場合もありますが，ほとんどの場合よく分からないことが多いのです。気になる行動があっても，保育者は障害かどうか判断することはできません。ただ，気になる行動については，特徴が顕著な場合には障害の疑いもあります。また，保護者も困っている場合もあるので，

保育者はある程度，障害の特徴とかかわり方について知っておくことが必要です。

❶ 身体の不自由な子ども

• 目の不自由な子ども（視覚障害）

全盲，弱視，著しい視野狭窄，夜盲，片目が見えない，斜視など。

特徴：物に目を極端に近づける，階段の上り下りを怖がる，物につまずいて転びやすい，物を取ろうと思っても取れなかったりするなど，不便なことや危険なことがあります。子どもによってはおしゃべりがよくできて知識が豊富なように思われますが，触れないものについてはすぐに理解できないこともあります。

かかわり方：保護者に子どもの様子をよく聞き，何が一人ででき，どんなことに介助が必要なのか確認しましょう。恐怖や不安を感じる場合もあるので危険から守る必要があります。触れるものは手で触れて理解できるようにし，身辺自立も少しずつできるように援助しましょう。

• 耳の不自由な子ども

聾・難聴，片耳が聞こえないなど。

特徴：言葉が話せない，コミュニケーションの方法は，補聴器，手話，文字など。

かかわり方：正面から口元を見せながら，表情豊かにジェスチャーを交えて話しかけます。危険な場合，前に回ってジェスチャーで注意します。

• 肢体障害

手足の欠損・切断，骨・関節の疾患，進行性筋ジストロフィーなど。

特徴：残っている機能を使っていろいろなことができるようになるたくましさをもっています。しかし，4 ～ 5 歳になると障害に気づき悩み始めます。

かかわり方：頑張っている姿を明るく温かく受け止めて，可能性を引き出し，楽しく遊ぶ工夫をしましょう。

• 口蓋裂・口唇裂

口の中の天井が裂けている口蓋裂，鼻の下から唇が裂けている口唇裂があります。

特徴：空気がもれるため，発声はあっても言葉は話せません。最近は正しい発音ができるような手術が行われています。

かかわり方：発音のことを気にせずに子どもの話をよく聞いてあげましょう。会話を通じて温かいかかわり合いをたくさんもてるようにしましょう。

❷ 器質的な障害のある子ども

• ダウン症

特徴：染色体の突然変異によるもので，早期発見・診断ができます。知的障害・歩行の遅れ・言葉の遅れがあり，性格は従順で明るく愛嬌がある反面，頑固な面があります。心臓疾患を合併している場合もあり，感染症にも弱いです。

かかわり方：健康管理に気をつけましょう。歩行の援助に必要な留意点を確認し，個別援助をしましょう。舌が厚く発音がしにくい場合がありますが，言葉のやり取り

を楽しむようにしましょう。絵画や音楽，ダンスなどが好きな子どももいますので，得意な分野で自分自身を表現できるような遊び方を心がけましょう。

- **てんかん**

  脳神経細胞の異常放電によって引き起こされる脳障害です。

  特徴：てんかん発作としては，全身のけいれん，身体一部のけいれん，突然ぼんやりとして空を見つめたり意識が中断するもの，急に意識がぼんやりして無意味に手を動かしたり，足踏みをしたりするもの，これらの複合したものなどがあります。

  かかわり方：どのような時にどのような発作がでるのか，処置については保護者に確認しましょう。抗てんかん剤を服用している場合には医師の指示を受けるようにします。規則正しい食事，睡眠，排泄などの生活を心がけましょう。

- **脳性麻痺**

  特徴：受精から生後4週までの期間において脳に障害を受け，その結果，運動，筋緊張，姿勢に異常をきたしたもの。

  かかわり方：専門機関によって早期療育が行われていることが多いので，保育の留意点を確認しましょう。内面が豊かに発達している場合もあるため，興味のあることを伸ばし，言葉が不明瞭でも根気強く聞いてあげましょう。

❸心の発達が気がかりな子ども

- **自閉症スペクトラム障害（ASD）**

  以前は「広汎性発達障害」や「アスペルガー症候群」と呼ばれていたものも「自閉症スペクトラム障害」の中に含まれました。

  特徴：社会性の発達の障害（対人関係における障害），コミュニケーションの障害，こだわり。このほか，感覚の異常，つま先立ち，手をひらひらさせる，グルグル回るなど。

  かかわり方：絵カードや写真などを使って具体的に伝えたり，穏やかな声で注意するようにしましょう。また，べたべたしたものや特定の音が苦手なこともあるので配慮が必要です。変化を嫌うので変更は早めに伝えるようにしましょう。興味関心が狭く数字や音楽，文字や記号が好きな子どももいます。理解しづらい部分が多い障害なので特性を知って対応することが必要です。

- **注意欠如多動性障害（ADHD）**

  特徴：多動性（じっとしていられない，集中できない），注意欠如の症状（話を最後まで聞けない，物をなくしたりする），衝動性が見られます。

  かかわり方：落ち着きがないのでけがをしないように，必要があれば身体の動きを止めるようにしましょう。また，短い言葉で伝えるようにし，叱ることを減らし，できた時にはほめてあげましょう。

❹知的障害

  特徴：運動機能や手指の機能の発達をはじめ，知能や言葉の発達などが全体的にゆっ

くりです。つまり，首のすわりや歩行開始が普通より遅かったり，手指の使い方が器用でなかったりします。また，記憶力や集中力が弱いために，言葉やものごとの理解がゆっくりで，発語も遅めです。よだれが多いのも特徴です。一方，人とかかわることは好きで一緒に遊びたがります。

かかわり方：年齢にとらわれずその子どものペースを大切に，丁寧にかかわってあげましょう。達成感を味わえるように子どもに合った低めの目標を設定し，できたらほめるスモールステップの保育が有効です。

3 保護者への対応

　乳幼児の場合は，発達段階にあるため保護者も保育者もどちらもが，気になる行動や障害に気づく可能性があります。いろいろな子どもを見ている保育者の方が先に気づく場合も多いのです。しかし，保護者に伝える場合には配慮が必要です。保護者が気づいていて心配している場合もあれば，気づいていてもそのことに触れられたくない場合もあるからです。

　前出（174頁）のEちゃんの母親は，Eちゃんが姉と違って2歳になってもバイバイをしないし，理解が悪くて手がかかりすぎると訴えてきました。このように保護者が心配して相談をもちかけてきた場合には，よく話を聞いて，場合によっては専門機関を紹介することもよいでしょう。自治体の保健センターなどは紹介しやすく，保健師が相談に応じてくれます。

　また，Fちゃんの母親は，Fちゃんが生まれつきダウン症だと分かっているはずにもかかわらず，そのことに全く触れません。不思議に思いながら保育者も触れないようにしていました。時期がきて母親から，子どもがダウン症であること，なかなか自分の中で受け止められないでいたこと，これからは一緒に相談に乗ってほしいということを言われました。親は自分の子どもの障害を知った時，まずショック状態になり，次に否認，そして悲しみや怒りの状態になり，その後徐々に受け入れて適応していくといわれています。したがって，この事例のように時間がかかる場合があります。

　このように保護者が触れられたくないと思っている場合や，全く気づいていない場合には，まず保護者と信頼関係を築くことが大切です。そのためには，家庭での子どもの様子を具体的に話してもらって保護者のとらえ方や心配していることを知ることも必要です。保育中の子どもの様子を肯定的に伝えたりすることで，徐々に信頼関係を形成していきましょう。そして，保護者と話す際には，前もって時間を決めて面談し，話す言葉に注意をはらって慎重に伝えるようにしましょう。

　専門機関の受診を促す際には保護者の気持ちを汲み取り，時期を選んで話すことが重要です。保護者が「診断を受けて，今できることは何でもやってあげたい」と思うようになった時や，保護者特に母親が「自分の育て方が間違っていたのではないか」と自分を責めている場合などは，「念のために専門機関に相談してみてはいかがですか」「育て

方のせいではないかもしれないので，一度診てもらってはいかがでしょうか」などとお話しするとよいでしょう。

　いずれにしても保育者は保護者と共に，保護者に寄り添って一緒に子どもにかかわっていく存在です。保護者が子どもへの理解を深めながら対応できるように援助していきましょう。

4 環境要因とその対応

　子どもの発達に影響するもう一つの要因，環境要因について考えてみましょう。下記の事例を読んで①②③の三つのことを考えてみましょう。

　①子どもの気になる行動は何ですか。

　②子どもがそのような行動をする気持ちについて考えましょう。

　③気になる行動を起こしている原因として考えられることは何ですか。

事例G

　3歳のお誕生日を前にGちゃんは，急に全部の言葉をどもるようになってしまいました。Gちゃんは生まれつき病気があり，これまで何度も手術を繰り返してきました。ところが，2歳半の時の手術で1週間ベッドに縛られた後から言葉を全くしゃべらなくなりました。1か月後，必要最小限の言葉はしゃべるようになったのですが，3か月後に再手術をする話をしたとたんにすべての言葉をどもるようになってしまいました。

事例の考察　①吃音（どもり）
　　　　　　②あの恐ろしい体験をもう一度しなければいけないのかという恐怖と不安
　　　　　　③2歳半の手術時及び手術後のベッドに縛り付けられた体験

事例H

　2歳のHちゃんには6か月になる弟がいます。Hちゃんは言葉が遅く，親子で遊ぶグループに通っています。弟を預けて母親と遊んでいる時のHちゃんはとても嬉しそうで，帰宅後弟に優しくしてあげました。その様子を見て母親は「Hと遊んであげなかった自分がいけなかった」と後悔の涙があふれたそうです。それは，弟が生まれてすぐの頃，まだ首が座っていない弟をHちゃんが引きずっているのを見て，母親はカーッとなり，それ以来Hちゃんのことを可愛いと思えなくなっていたからでした。

事例の考察　①言葉の遅れ・弟へのいじめ
　　　　　　②嫉妬心・甘えたいが甘えられない・ストレス
　　　　　　③母子関係の希薄さ（母親がHちゃんを可愛いと思えなくなった）・Hちゃ
　　　　　　　ん自身の素質的弱さ（1歳半の時に言葉の遅れがあったと考えられる）

事例I

　2歳のIちゃんはかんしゃくと奇声がひどく，母親を悩ませています。しかし，母親は自分が2歳の時父親から虐待を受けていたので，自分も同じように2歳の子どもを虐待するのではないかと不安を抱いています。母親はうつ症状で通院しており，実際にI

ちゃんに対して感情的になり強く叱ったりするのを止められないことがあるようです。保育園入園も提案しましたが，朝起きられないから連れて行けないとのことで，3 歳になるまで個別面談による支援を続けました。子どもが 3 歳になった時母親は「2 歳」を乗り越えた安堵感から，保育園に入れる気持ちになり事態は好転しました。

事例の考察　①かんしゃくや奇声

　　　　　　②母親からの罵声への恐怖，不信感，ストレス

　　　　　　③母親の精神的不安定（うつ病），母親自身の幼少期の虐待経験の恐怖

事例 J

　2 歳になる J ちゃんは，言葉の理解はあるのですが全くしゃべりません。母親は，若い時から自殺未遂を何度も繰り返しており，現在は夫から DV を受けていると言います。父親は J ちゃんの姉（4 歳）は可愛がるのですが，J ちゃんのことはこれまで一度も抱いたことがなく，言うことを聞かないと押し入れやトイレに閉じ込めてしまいます。

事例の考察　①言葉を理解しているが話さない

　　　　　　②不安や恐怖心がある。不信感

　　　　　　③父親の虐待行動・母親への暴力行動・人への不信感・母子関係の希薄さ

　これらの事例は，すべてが環境要因だけで起きているわけではなく，子どもの素質や親の素質も大きくかかわっている場合もあります。しかし，環境要因の何かが引き金となり，子どもの気になる行動を引き起こしていたり，親子関係をちぐはぐにしていると考えられます。気になる行動を理解するためには，現在の行動だけを見て安易に判断することは避け，正しく情報を得て深く理解すること，根本的な対応をすることを心がける必要があります。

　親子の愛着関係がしっかりとできている子どもは，泣いたりしがみついたりして，不安な気持ちや心配を親に伝えることができます。また，「大丈夫，大丈夫」と言って抱きしめれば不安を低減することができます。こうして新しい環境や少しの不安なら乗り越えていけるようになっていきます。しかし，何らかの理由で不安が受け止めてもらえなかったり，拒否されたり，身体的又は心理的に虐待を受けたりすると，その体験は強く印象に残ったり，夜泣き・睡眠障害・言葉の問題等に現れることがあります。人への信頼感を獲得するのではなく，不信感を植え付けられてしまうような乳幼児期の体験は，その後の人生にも大きく長く影響を及ぼす場合があります。保育者と出会う前にどのくらい甘えられる体験をしてきたか，人への信頼感がどのくらい形成されているかを考慮して対応していくことが大切です。

　保護者に対しても，責めるのではなくそのような行動や態度をとらずにいられない気持ちを受け止めて，まずよく話を聞くことが大切です。話をする相手や相談する相手がいなくて孤独に育児をしている場合もあります。また保護者自身が幼少期の体験を引きずっている場合もあります。子どものために，親が一人前の親になるために，周りのサポートが必要なのです。

5 居宅訪問型保育者の役割

1 乳幼児期の発達課題達成のための援助者

　人の一生はいくつかの発達段階に分けることができます。例えば，エリクソンという人は社会との関係を重視した心理・社会的発達論を展開し，出生から死に至るまでを八つの段階に分けて，各発達段階の課題を示しています（50頁表3-1を参照）。乳児期（出生から1歳半頃）の課題は，人への信頼感です。この時期は自分の要求を満たしてくれる大人の存在，特に母親や保育者を通して基本的信頼感を獲得する時期にあたります。次の幼児前期（1歳半から3歳頃）の課題は，排泄など自律性です。歩行の確立により自由に動けるようになった子どもは，特定の大人を基地として自分の世界を広げていきます。食事・排泄・睡眠等の基本的生活習慣が確立されていきます。さらに幼児後期（3歳から6歳）は，言葉が自在に使えるようになると同時に子ども同士のかかわりが増え，遊びやけんかも経験しながら自主性を身に付ける段階です。

　「保育所保育指針」（平成29年告示）の第1章には，「保育の方法」の中で次のように示されています。

　ア　一人一人の子どもの状況や家庭及び地域社会での生活の実態を把握するとともに，子どもが安心感と信頼感をもって活動できるよう，子どもの主体としての思いや願いを受け止めること。
　ウ　子どもの発達について理解し，一人一人の発達過程に応じて保育すること。その際，子どもの個人差に十分配慮すること。

　保育者は，子どもと共に過ごす時間の中で信頼関係を形成し，日々の保育の中で一人ひとりの発達を援助できる立場にあります。発達を援助するとは，子どもの「年齢」に合わせた保育をすることではなく，その子どもの「今」を把握し，「次」へ進むためにその子どものできそうな個人的な目標を設定してあげること，設定をクリアしたらほめてあげること，つまり「それでいいんだよ」と認めてあげることです。子どもの伸びる力を信じて，保護者と共に協力してまた寄り添って子どもを見守り，援助していきましょう。

2 行動モデルとしての保育者—親子にかかわる大人として

　保育者の役割としては次の三つがあります。

　一つ目には，子どもに基本的生活習慣を身につけさせたり，遊びを通じて発達を促すなど保育者自身が保育を実践する役割があります。

　二つ目は，行動モデルとしての役割です。実践してうまくいった方法を保護者にやって見せる場合と，保育者が自然に行っている保育の様子を見せることにより保護者が学

ぶ場合があります。

　三つ目に，親と子どもの間に立って間を取り持つ調整役としての役割があります。

　子どもと親は常に相互関係にあります。神経質な子どもを育てている親は，子どもが
ぐずりそうなことは避けるようになります。また，低出生体重児や病気の子どもを持っ
た親は，元気に育ってくれればよいと祈るような気持ちから，知らず知らずのうちに過
保護になってしまうことが多くみられます。落ち着きがない子どもは歩き始めるとあち
こち行ってしまうため，親は一日中後を追いかけたり，「だめよ」と制止して泣かれる
ことの繰り返しで疲れてしまっています。こだわりが強い子どもを育てている場合に
は，育てにくさと一抹の不安を感じながらもそれなりに子どもに合わせて生活していま
す。言葉が遅い子どもの場合は他児の様子を見ると不安になり，一生懸命言葉を教えて
「言ってごらん」と言わせようと頑張ってしまうこともよくみられます。

　保育者が「気になる」行動を目にとめるとき，背景にはこのような親子関係があると
思われます。子どもが生まれてから連綿と続いてきた，親子関係の「くせ」があります。
親はただただ一生懸命やってきてあまり意識はしていないのですが，3 歳を迎えて子ど
もが親と離れる時が近づくと，これでよいのだろうかと思い始める場合が多いのです。
みんなと同じようにできないと「困る」のではないか，過保護にしすぎたから今日から
自立させようなどと親の「くせ」を変えようとします。しかし，子どもは「くせ」をす
ぐに変えることはできません。親の迷いと焦りは子どもに影響し，子どもは抵抗します。
するとますます言うことを聞かなくなり，親は感情的になったり，手が出てしまったり，
思い余って相談に来たりします。

　このように余裕がなくなった親は，頭ごなしに「だめ」と言ったり，「この子は何を
やってもできない」という低い評価を下してしまっている場合が多いのです。そこに，
保育者のような第三者が入ることで，関係が変化することが期待できます。子どもも親
以外の大人と接することで気分が変わり，理解されることで落ち着き，ほめられること
でやる気が出るかもしれません。親も，気分をリフレッシュして余裕をもって接するこ
とができる，こうすればいいんだという発見がある場合もあります。このように親子の
関係が安定することで，好循環が起き，気になる行動に変化がでることも期待できます。

|事例 K|

　場面切り替えの苦手な K ちゃんは，お片づけの時にいつも「きゃー」「ぎゃー」と抵
抗して奇声をあげるので母親はとても苦痛でした。そこで，片づけようとする時間の少
し前に，次に何をするか見せたあと「おかたづけ」ではなく「ボールをここに入れて」
というように具体的な指示をしてみました。すると何の抵抗もなくおもちゃを指定した
ところに入れたのでほめると，さらに他のものも率先して片づけてくれました。それを
見た母親はびっくりしていました。

3 楽しさを共有する保育者

子どもと信頼関係を築くためには，遊びを通じて共感できる体験をすることが最も有効です。楽しい遊びによって五感を刺激することは，身体や手指の機能の発達を促したり，心をハッとさせたり，発声を促したりします。そして何よりも人が好きになり，人に注目し始めます。もっと遊びたい，もう1回やろうよという要求が生まれ，それを人に伝えようとします。伝えたいことがある，伝えたい人がいる，ここからコミュニケーションが生まれ，言葉が生まれます。真似るという学習に必要な基盤も，大好きな人の行動や動作に注目することから生まれます。真似ることで何かを一緒にする，同じだねという共感が生まれます。

このように遊びには素晴らしい意義がありますが，子どもによって好きな遊び，苦手な遊び，関心のあるものとないものがあります。また，その好き嫌いが極端な子どももいます。

あくまで無理やりさせようとしないこと，はじめは好きな遊びから入ることを心がけるのがよいでしょう。子どもは自分の嫌なこと，したいことを分かってくれる人，受け止めてくれる人には心を開きます。

4 言葉かけの工夫

「できたね」「じょうずだね」という言葉や，「だいじょうぶ」「いっしょにしよう」といって安心させてあげる言葉は，どの子どもにも嬉しい言葉かけです。

基本的に否定的な言葉は使わない方がうまくいくようです。例えば，小さい子を押してしまいそうな時「押しちゃダメ！」と言うのではなく，「いいこいいこしてあげようね」と具体的に分かりやすく言ってあげましょう。ダメと言うと行動は止まりますが何をすればよいか分からないのです。もし言った通り「いいこいいこ」ができたら，ほめることを忘れないようにしてください。ほめるとは「それでいいのよ」と肯定することで，正しい行動を身に付けさせることになります。

「おかたづけしないと，おやつはあげませんよ」という二重の否定表現は分かりにくいので不親切です。「おかたづけしたら，おやつをたべようね」という言い方の方が見通しがついてよいでしょう。

また，何かを諦めないといけない時，「ばいばい」「おしまい」「またね」「ざんねん」などの言葉が役立ちます。気持ちに区切りをつける言葉です。何回か言葉を繰り返しているうちにだんだんそういう気持ちになっていきます。

他方，子どもによって言い方も工夫しましょう。落ち着きがない子どもには，そのつど，視線の中に入って，短く，分かりやすく（具体的に，視覚に訴えて）言う方が効果的です。こだわりが強かったり，コミュニケーションが苦手な子どもには，穏やかな声で，視覚に訴える方法で分かりやすく，前もって早めに言ってあげると不安が少ないようです。

6　遊びを通して，子どもの発達を促す方法

具体的な遊びについていくつか紹介しましょう。

1　身体を使った楽しい遊び

- 公園の遊具

　　すべり台は加速を，ブランコは揺れを，トンネルはハイハイ運動を，平均台はバランス感覚を体験させてくれます。感覚を刺激し，運動することは発達を促します。

- 触れ合い遊び

　　くすぐりや歌に合わせて体を動かす楽しさが味わえます。大人の手や動作を見て真似ることは大事な発達段階です。

- パペットやぬいぐるみの人形劇

　　「こんにちは」「ばいばい」などとあいさつをしたり，歌を歌ったりすることもよいでしょう。興味のあるものに注目するようになります。

2　身近な素材を使った遊び

- ボール

　　勝手に投げたり，転がしたりするのを，だんだん人に向かって投げてくれるようにさそってみましょう。穴を開けた段ボール箱に，ボールを入れるのも大好きです。

- 新聞紙

　　びりびり破る感覚は聴覚・触覚に心地よい刺激のようです。ちぎった紙は頭から紙ふぶきのようにかけてあげましょう。また，新聞紙を細長く丸めて棒にして，丸めたボールをゴルフのように転がしてもよいでしょう。

- 段ボール箱

　　トンネルにしたり，中に入ってみたり，紐をつければ車にもなります。「ばいばい」「いってらっしゃい」などのやり取りができます。

- ままごと

　　男児・女児関係なく大好きな遊びです。野菜を切ったり，なべやお皿に入れたり出したり，移し替えたりして楽しみます。「かんぱい！」などコップを合わせて飲むふりをしたり，「いただきます」と食べる真似をしてみましょう。同じ動作をすることで楽しさを共感できます。

- クレヨン・粘土

　　個人差がありますが，描くことは好きな子どもが多いようです。ただ粘土と同じように触る・手が汚れるのを嫌がる子どももいます。クレヨンは，点々を描いたり，ぐるぐるや，がたんごとんと言いながら線を描いたりしてみましょう。真似をして一緒

に点々をたくさん描いたり，クレヨンで追いかけっこをしたりすると，楽しめます。
粘土を触るのが嫌な場合は粘土ベラを使うとよいでしょう。

【参考文献】
• 永田陽子「第13章 特別に配慮を要する子どもへの対応」家庭的保育研究会編『家庭的保育の基本と実
　践 第3版』福村出版，2017.
・藤永保監『障害児保育——子どもとともに成長する保育者を目指して 第3版』萌文書林，2018.

第15章

実践演習 I　保育技術
（お世話編）

講義の目的
①居宅での保育における，乳幼児の生活のお世話について具体的な内容をイメージすることができるようになる。
②実技指導も交えながら，乳幼児の生活のお世話について具体的な援助方法を学ぶ。
学びのポイント
　居宅での保育における乳幼児の生活のお世話（睡眠，清潔，排泄，授乳・食事など）の具体的な方法や，ほめ方・言葉での注意の仕方などのかかわり方について，具体的な方法を学ぶ。

1　睡眠

　乳幼児はいろいろな生理機能が未熟であるうえに，かなり活発に運動をするので疲れやすいのです。したがって，十分な休養・睡眠が必要になります。十分な気持ちよい睡眠はいきいきとした生活をするためだけではなく，順調な発育・発達にとっても欠かせません。

1　0歳児〜幼児の睡眠のリズム

　生まれたばかりの乳児はほとんど眠っています。空腹になると泣いて目覚めますが，哺乳後は，また，すぐまどろんでしまいます。生後1か月くらいになると，哺乳後しばらくは目を覚ましていますが，まだ昼と夜の区別ははっきりしていません。夜中も何回か目を覚まして授乳をします。3〜4か月頃になると，昼間目を覚ましている時間が長くなってきます。昼間の哺乳で十分栄養が足りてくると夜は起きなくなり，まとめて5〜6時間眠れるようになります。乳児期後半になると，昼間の眠りは集約されて2回程度となり，1歳半頃からは個人差はありますが1回程度になってきます。2歳頃になると，夜の睡眠と午後1回の昼寝というリズムが定まってきます。4〜5歳になると，体力もついてきますし，夜の睡眠が十分ならば昼寝をしない子どもが多くなります。このようなリズムは，何か月頃から確立するというものではなく，毎日の生活の中で行きつ戻りつ，月日をかけて次第に定まってくるものです。

2 子どもの睡眠の基本

❶疲れたら休む

　乳幼児は前述したように疲れやすいので，様子を見て休息したり睡眠をとったりします。例えば，疲れてぐったりしている時，眠くなって機嫌が悪くなった時など，「疲れたね」「眠いね」などと言葉をかけてその状態を自覚できるようにします。

❷寝ることは気持ちよい

　疲れた時，眠い時は布団に横になるなどの方法を知らせます。自分の布団，なじみのタオルケット，お気に入りのぬいぐるみなどを抱えて安心して横になることにより，「気持ちがよい」ということを経験します。

❸自分で眠る

　自分で眠ります。寝かされる，寝かせてもらうのではなく，自分から身体の力を抜いて目を閉じるように声をかけます。これは乳児にとっては難しく分かりにくいことなので，すぐうまくいくとは限りません。乳児が安心するためにそばについたり，添い寝をしたりしますが，最後は自分で眠れるように，毎日の生活の中で繰り返して行い，身体が自然に覚えていくようにします。

3 眠りの環境を整える

　基本的には静かで暗いほうがよいのですが，乳幼児の昼寝の場合は夜の眠りと異なるので，特別暗くする必要はありません。安心して気持ちが落ち着けるような雰囲気を心がけてあげればよいでしょう。きょうだいがいたり，生活のいろいろな雑音があったりしますが，それが毎日の普通のことならばかえって安心して眠れます。

　室温は快適な温度に設定します。室温を測る時は子どもの過ごす高さで測ります。温度は夏は 26〜28℃，冬は 20〜23℃，湿度 50〜60％が快適ですが，夏と冬では感じ方が違います。着ているものやかけている寝具によっても異なります。クーラーや扇風機を使う時は，風が直接当たらないようにしましょう。

　また，寝入りばなは身体がほてったように熱くなり，入眠後に発汗します。発汗後は体温が下がります。寝入りばなは布団を薄くし，ぐっすり眠ってから1枚かけるようにします。

4 眠る時の癖を知る

　乳幼児は眠くなると何となくぐずったり，はしゃいだり，手が少しほてったようになるので，慣れると分かります。あまりぐずったり，はしゃぎすぎて興奮する前に，様子を見て，静かな遊びへ導き，寝る準備をしたほうがよいでしょう。寝る時はお気に入りのぬいぐるみを抱いたり，柔らかいガーゼやタオルの感触を楽しんだり，指しゃぶりをしたりする子どももいます。睡眠儀式ともいわれ，多くの子どもに見られ，それによって心が落ち着きます。2歳を過ぎて自分に自信がついてくると，急に少なくなるので心

配はいりません。むしろその子の心が落ち着ける癖を知って，安心して眠りにつけるようにします。

5　ぐずって泣く乳幼児が眠りにつくためには

　疲れて身体は眠りを欲しているのですが，まだ上手に眠りに入れず，その不快感でぐずっているのです。眠りに入るためには安心して身体の力が抜ける状態をつくってあげなければなりません。まずは安心させてあげること，抱いたり添い寝をしたり，手をにぎったり，子守歌を歌ってそっと背中をさすったり，いろいろな方法があるでしょう。

　興奮してしまったり，怒り泣きをしている乳幼児の場合は，その興奮や怒りをまずはおさめなければ，力を抜き身体をリラックスすることなどできません。子どもの感情を，「怒っちゃったのね。分かったわ。もう大丈夫。もういいのよ」というように受け止めていくと，少しずつ落ち着いて，最後にはフッと力を抜き，（十分疲れているので）ストンと眠りに落ちていきます。

6　生活のリズムを整える

　睡眠と覚醒は互いにつながってらせん状に発達していきます。質のよい眠りが気持ちよい目覚めにつながり，楽しく活発な昼間の活動が心地よい疲れを生み，それがスムーズな入眠を促すのです。つまり睡眠の問題は睡眠だけにとどまらず，生活全体のリズムを整えることにより少しずつ改善していきます。子どもが健康に育つためには，人間が本来もっている生体のリズムを大切にし，できるだけ早寝早起きの生活のリズムを整えたいものです。

　ただし，家庭によってさまざまな生活のリズムがあります。睡眠の時間については家庭の方針を大切にし，それぞれの家庭の生活のリズムを崩さないようにしましょう。

7　安全な寝具について

❶ベッド

①4〜5歳まで使用できる広さ（縦120cm×横70cm以上）があること。

②柵の高さは乳児の転落を防ぐために60cm以上あること（身長100に対し重心は56，乳幼児は頭が大きいので安全をみこす）。

③柵の間隔は8.5cm以下であること。間隔が広いと頭を挟む危険がある。

④ねじなどがゆるんでいないか点検する。

⑤飾りのないもの。余分な飾りがあると誤飲の原因になったりする。

⑥衛生的であること。塗装が無害で，拭き掃除に耐えられること。

❷寝具

　マットレスは乳児の顔が埋まってしまわないように固めのものが適しています。厚く柔らかい布団は首のすわらない乳児を寝かせた時，顔や頭が埋まって窒息などの事故を

起こしやすいので気をつけます。

8 うつぶせ寝について

　乳児を寝かせる時は仰向けに寝かせるようにします。窒息の危険性はうつぶせ寝のほうが高いので，特にまだ首のすわっていない乳児は，顔や表情がよく見える仰向けに寝かせましょう。首がすわり自分から寝返りができるようになれば，どんな姿勢でも眠ることができます。そして，入眠している時も観察は必要です。ちゃんと呼吸をしているか，布団などが顔にかかっていないか，定期的に確認し，記録します（第5章69，70頁を参照）。乳児のSIDS（乳幼児突然死症候群）（第6章81頁を参照）との関係が従来から指摘されていますが，厚生労働省の研究班の調査結果でも，うつぶせで寝ていたケースがSIDSになる確率が高かったと示されています。

9 寝起きの対応

　自然に気持ちよく目覚める時もありますが，生理的不快感や物音や夢などで突然起こされることもあります。大人ならばすぐ状況の判断がつきますが，乳幼児はわけが分からないため，泣いたりぐずったりすることも多いのです。そのような時は，ゆっくり優しく声をかけて，手をにぎったり身体をさすったりして，まずは安心させるようにします。機嫌よく目が覚めた時も，すぐにベッドからおろすよりも，自分から起きあがってから，つまり，身体全体が覚醒してから行動するようにします。表情がはっきりしたら，おむつを交換したり，排泄に誘ったり，顔を拭いてさっぱりしてから，遊び始めるようにしましょう。暑い季節や乾燥している時期は，眠っているうちにも水分は失われるので，起きたら水分補給も忘れないようにしましょう。

2 排泄

1 「おむつ」の持つ意味

　乳幼児の場合，大脳の発達が未熟なため，直腸や膀胱にたまった便や尿がある程度以上になると反射的に排泄されてしまいます。自分の意志によって排泄をコントロールできるようになるには，2～3年かかります。それまではおむつを当てて交換したり，トイレに誘ったりする必要があります。このように，おむつは乳幼児にとって2～3年にわたって身に付ける，なくてはならないものといえます。

2 おむつの種類とおむつ交換の留意点

❶おむつの種類

①紙おむつ

　　紙おむつには，おむつタイプ，パンツタイプがあります。

　　保水性があるので，夜間でも尿が漏れずぐっすり眠れます。また，排尿後の尿が逆流して皮膚を刺激しないような工夫がされているので，さらっとしています。しかし，どんなに保水性が優れているからといって，長時間おむつ交換をしないことは好ましくありません。機能性に頼り過ぎたためのおむつかぶれの例もあります。布おむつと同様に，排尿排便後はおむつを交換して清潔に保つようにしましょう。

②布おむつ

　　綿 100％のドビー織り，さらしなどが布おむつとして用いられています。輪型，正方形のものがあり，おむつカバーが必要です。

③おむつカバー

　　布おむつと合わせて使用しますが，水を通しにくい材料でつくられているので，おむつの内部が高温多湿になりやすいです。最近は，通気性があり，型がくずれにくい化学繊維のものが多く市販されています。形は乳児の下肢の自然な動きを妨げないような股おむつカバーを使用しましょう。

❷おむつ交換の留意点

　　乳児の自然な体型は，図15- 1 のように，手はＷ字型，足はＭ字型，お腹はタイコ腹で腹式呼吸をします。特に生後 3 か月頃までは下肢を引っぱったり，両足を無理に揃えたりしないようにしましょう。自然な体型を損なうおむつ交換のしかたは，股関節に無理がかかり，股関節が脱臼する原因になることもあります。

図15- 1　**赤ちゃんの自然な体型**

①必要なものを一式手近に揃えておきます（おむつ，おしり拭き，ティッシュペーパー，ウェットティッシュなど）。

②紙おむつの場合，どの位置でテープが止められているかをあらかじめ確認しておきます。

③よく動く乳児には玩具を持たせたり声をかけたりしながら，乳児の動きに合わせて手際よく交換します。

④無理に押さえつけるとますます嫌がったりするので，様子を見ながら楽しく行えるように工夫します。

⑤乳児の便は軟らかいことが多いので，くびれた部分に汚れが残らないようにおしり拭きなどで拭きます。水分が残らないように押さえるように拭きます。

　　女の子の場合は，前から後ろへ拭くようにし，男の子の場合は，陰のうの裏側ま

【おむつの当て方のコツ】

乳児は腹式呼吸をするので腹部の圧迫をさけるためにおむつはへその下でまとめる。また，足の動きを妨げぬよう，太ももが十分露出するよう，こぢんまりと当てる。

【おむつを替える時】

よい替え方

お尻の下に手をいれて。
お尻を拭く時は赤ちゃんを横むきにする。

よくない替え方

赤ちゃんの足をひっぱると脱臼の
原因になることがある。

【紙おむつの処理】

図15-2　おむつの換え方

で拭くようにします。

⑥へその下のお腹のくびれの位置で指が４本入るぐらいにきつすぎずゆるすぎず止めます。

⑦使用後の紙おむつは，便をトイレに捨てて，汚れた部分を巻き込むように小さく丸めてテープでしっかり止めます。そのつどふた付きの容器に入れます。

⑧石けんで手を洗います。

3 おむつはずれ

「おむつはずれ」は心身の発達に伴って可能になることで，早くからしつければ早くできるようになることではありません。幼児が，まずは立って，身体全体のバランスがとれるようにならなければ歩けないのと同じです。おむつがはずれる過程も同じで，はじめはタイミングが悪くてトイレで出なかったり，お漏らしをしながら少しずつ自立していきます。温かく見守っていきましょう。

❶上手なおむつはずれの援助

①おむつが濡れていなかったら，トイレかオマルに誘います。

②尿が出る感じを体験し，尿をみて，出る音も聞きます。

③２回に１回ぐらいトイレで出せるようになったら，日中おむつをはずしてみます。

④大人が焦ったり期待しすぎると，トイレに行くのを嫌がったりするので，楽しい雰囲気で気長に接するようにします。

⑤漏らすことも多いので，トレーニングパンツなどを利用してもよいでしょう。

❷排泄の習慣が全くできていない子どもへの対応

まずは濡れていない時の気持ちよさに気づいてもらうようにします。自我が育ち自尊心も出てきていますから，言葉がけには少し配慮が必要ですが，楽しい雰囲気で焦らず接するようにします。生理機能は発達しているので，きっかけさえつかめば完成は早いのです。

4 その他排泄に関すること

❶おねしょ（夜尿）

おねしょは誰にでもあるものです。叱ったりするより普通のこととしてしまつをしましょう。心身の成長と睡眠の発達によってなくなっていきます。おねしょをさせないために，眠っている子どもを無理に起こしてトイレへ連れて行くことは，睡眠にとってもおむつはずれにとってもよいこととはいえません。それよりも，おねしょをされてもよいような配慮，寝る前に水分を摂りすぎない，寝冷えをしないような工夫をしましょう。

❷残尿

機能の発達が未熟なうちはよく見られます。ゆっくり落ち着いて便器に座っていられるように配慮してあげましょう。排尿しきった感覚を意識させてあげるのもよいかもしれません。残尿のため濡れたパンツはそのつど替えましょう。

❸頻尿

一応おむつがはずれても，排尿間隔はいろいろな状況によって短くなったりします。個人差もありますし，心理的なことも影響するようです。病的なものは医者に相談するとして，あまり神経質になるよりはおおらかにのびのびと遊べるような生活を心がけたらよいと思います。

❹便だけおむつにする子ども

排尿と違って，便は少しいきまないと出なかったりすることがあるので，気にしたりこだわったりしているのだと思います。おむつをすることで安心するのでしょう。そのうち自信が持てるようになれば，自分からトイレでしますので心配ありません。おむつでしたがるうちはおむつを着用しましょう。緊張して便秘してしまうより，出す習慣をつけることのほうが大切です。

❺一人で排泄ができるようになったら

自分でお尻を拭きたがるようになったら正しい拭き方を知らせましょう。女児の場合，尿の時は前を押さえるように，便の時は前から後ろへ拭きます。汚れがとれているか確認してあげましょう。トイレを使った後の手洗いはきちんとすることを，子どもに分かるように説明しましょう。

3 清潔

　子どもは新陳代謝が盛んです。毎日の入浴や手洗いを行い，常に清潔にすることを心がけましょう。

1 手洗い・うがい

　手洗いは清潔を保つうえで大切な習慣です。外遊びや外出から帰ってきた時やトイレの後は必ず手洗いすることが習慣づくように促しましょう。食事やおやつの前はもちろん，粘土遊び・工作・お絵かきなどの後も必ず手洗いをします。居宅訪問型保育者も一緒に楽しく手洗いをするとよいでしょう。

　子どもの発達に応じて，手の洗い方も教えていきます（図15-3を参照）。幼児には水道の使い方や手洗いの必要性も教えてあげましょう。

　また，保育者の手は，おむつの交換やトイレの介助などで思いもよらず汚れているものです。感染の媒介をしないように，必ず手洗いを行うよう心がけましょう。

　うがいができる年齢の子どもであれば，うがいも行います。うがいには，ブクブクうがいとガラガラうがいがあります。ブクブクうがいは，食後や歯みがきの後のすすぎとして行います。2歳頃からできるようになりますので，食後にはコップに水を入れて勧めてみるとよいでしょう。ガラガラうがいは，主に風邪予防や感染予防として行います。4歳頃からできるようになりますので，外出から帰ってきた時には必ず行うように習慣づけましょう。

①手指を流水で濡らす

②石けん液を適量取り出す

③手のひらをこすり合わせよく泡立てる

④両手の指の間をこすり合わせる

⑤手の甲をもう片方の手のひらでこする（両手）

⑥指先でもう片方の手のひらをこする（両手）

⑦親指をもう片方の手で包みこする（両手）

⑧両手首まで丁寧にこする

⑨流水でよくすすぐ

⑩きれいなタオルなどでよく水気をとる

図15-3　手洗いの方法

2 歯みがき

　歯が生え始めたばかりの赤ちゃんは，食事の後，ガーゼで歯の汚れを拭き取ります。歯ブラシに興味が出てきた赤ちゃんには，乳児用の安全なのどつき防止歯ブラシを持た

せ，口に入れることに慣れることから始めます。自分で歯みがきができるようになっても，保育者の仕上げみがきが必要です。子どもの頭を膝にのせ，子ども用の小さな歯ブラシを使用し，優しく丁寧に磨きます。歌を歌いながら磨いたり，歯みがきが楽しい習慣となるように促しましょう。

　歯みがきは，その子どもの年齢や習慣，進め方に応じて柔軟に対応しますが，幼児・学童にとって食後の歯みがきはとても大切です。保護者と相談のうえ，楽しい生活習慣となるよう対応しましょう。

3 乳児の沐浴

　入浴の目的は，身体を清潔にすること，リラックスをし，気分がよくなることです。赤ちゃんの場合は新陳代謝を盛んにし，哺乳力が増します。そして全身の観察とスキンシップを図る大切な時間でもあります。新陳代謝が激しく，あせもやしっしんができやすい赤ちゃんにとっては，毎日の沐浴はかかせません。それぞれの家庭の指示に沿った方法で，生後1か月くらいまでは，雑菌から守るため，赤ちゃん専用のベビーバスなどを使って沐浴をします。1か月を過ぎると大人と同じ風呂に入ることもできますが，首がすわっていませんので，不安なら無理をせずベビーバスなどを利用するのがよいでしょう。

　沐浴をする時間は日中でも夜でもかまいませんが，できるだけ毎日の沐浴時間は一定させましょう。沐浴にかかる時間は5〜7分にし，長湯は赤ちゃんが疲れてしまいますので，手早く済ませます。また，授乳後の約30分〜1時間や空腹時は避けます。沐浴に使用する部屋，またはあがったときに使用する部屋の温度にも気を配ります。沐浴のときの室温は，24〜26℃が適しています。冬は25℃以上に暖め，夏はエアコンなどで冷やしすぎないように注意します。

　また，保育者は，沐浴については，保護者のサポート（お手伝い）役として務めてください。沐浴の準備やあと片づけが産後の母親にとっては重労働になります。保育者は上手にお手伝いをするように心がけましょう。

❶沐浴の準備

　まず，訪問型保育者の支度を整えます。清潔なエプロンをし，長い髪はまとめます。指輪や時計などの装身具は外し，石けんで手や腕を洗いましょう。

　準備するものは，ベビーバス，湯温計，洗面器，石けん，沐浴布，ガーゼ，着替え，おむつ，バスタオル，ヘアブラシ，爪切り，綿棒，ベビーオイル（ベビーローション），おへその消毒用品，部屋の中での場合はビニー

ルシートなどです。

湯の温度は，夏は38〜39℃，冬は39〜40℃にし，必ず湯温計で確認してください。

そして，沐浴の準備を整えてから，赤ちゃんを裸にします。着替えやおむつは着せる順に重ねておき，下着と上着は袖を通しておきます。必要な場合は，ベビーオイルやベビーローションなども用意します。

❷沐浴の実際

沐浴の実際の進め方については，図15-4を参照してください。

❸沐浴後のお世話

沐浴後は，保護者の指示に従ってお世話をします。

①着替え

沐浴後はバスタオルで包み込み，こすらずに軽く押さえるようにして水分を取り，頭は丁寧に優しく拭きます。汗が引いてから服を着せます。あらかじめ袖を通しておいた衣服の上のちょうどいい位置に赤ちゃんを寝かせ，まず，おむつをします。次に手を袖に通します。この時には赤ちゃんの腕の関節を持ち，片方の手を袖口から入れ，必ず「送り手引き手」で優しく通します。あとは順序よく肌着から着せていきます。

②おへその手入れ

まだ，おへそがジクジクしている場合は，消毒薬で消毒し，ガーゼを当てたりする場合がありますので，必ず保護者の指示を仰いでください。おへそが乾いている場合は，綿棒かガーゼで水分を拭き取ります。

③耳・鼻の手入れ

耳の穴は，綿棒を使って見えているところの汚れだけをとれば十分です。赤ちゃんの頭を動かないように軽く押さえ，必ず綿棒を短く持って行います。あやまって綿棒が奥まで入り，鼓膜を傷つけるおそれがありますので，細心の注意を払ってください。

鼻の穴も綿棒を使ってきれいにします。耳と同様，綿棒を短く持って，鼻の入り口の見えているところだけを拭きます。

④爪の手入れ

赤ちゃんの爪は伸びるのが早いので，1週間に1〜2回は爪を切ります。赤ちゃん専用の爪切りを使用し，指先を握り丁寧に切りましょう。

⑤髪の手入れ

赤ちゃんも風呂あがりには髪を整えます。赤ちゃん専用の毛がやわらかく毛先が丸いブラシを使用します。

4 幼児の入浴

幼児の入浴には，保育者が服を着たまま入浴させる場合と一緒に入浴する場合とがあります。子どもが自分で入浴することを見守ったり，まだ十分ではないけれど自分で洗いたい意欲が出てきた子どもには，洗い方を教えたり，手伝ってあげたりします。その

沐浴の手順

①モロー反射があるので沐浴布で全身を包み込むようにします。
　モロー反射とは，原始反射の一つで，驚いたりした時に両腕を伸ばして手を開き，次にゆっくり抱え込む動作をすることをいいます。

⑥顔は特に拭き方のルールはありませんが，拭き残しのないようきれいにしましょう。忘れずに眉毛もきれいに拭きましょう。

②抱き上げる時は頭を少し持ち上げ，手で首をしっかり支え，もう片方の手は股の間からお尻をしっかり支えます。

⑦頭は前から後ろにガーゼで濡らし石けんでよく洗います。石けんは手のひらに馴染ませ，手のひら全部を使って洗います。ガーゼで前から後ろに湯をかけて泡をよく落とし，ガーゼを絞って髪の毛の水気を拭き取っておきます。

③ベビーバスに入れる時は，足から静かに入れます。一瞬泣き出すこともありますが5秒ぐらいで気持ちよさそうになります。

⑧腕，首，胸，腹，足，股の順に洗います。洗う部位のところだけ沐浴布を外します。首，脇の下，肘，膝，股などのくびれの部分は汚れが残りやすいので，人差し指と親指ではさみこむようにして特に丁寧に洗います。赤ちゃんの手首を下に向けると指を自然に開き洗いやすくなります。首の下を洗う時は，首を支えている手を少し背中側にずらし，頭を下げると，洗いやすくなります。

④沐浴布の上にそっと湯をかけ，湿らせます。
　沐浴布の上に手をそっと乗せると，赤ちゃんはより安定します。

⑨沐浴布をそっと外し，赤ちゃんを利き腕に乗せるようにしてひっくり返し，首の後ろ，背中やお尻を洗います。

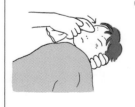

⑤はじめに目を拭きます。ガーゼは四つ折りにし，別に用意した洗面器の湯で湿らせ，人差し指をガーゼにからめ，そっと握るように軽く絞り，目尻から目頭の方向に拭きます。片方ずつガーゼをすすぎ，位置を変えて拭きます。

⑩最後に仰向けに戻して，首の下から，かかり湯をします。

図15-4　沐浴の手順

子どもの発達や自立に応じて上手にお世話をしてください。

　浴室には，滑って転んだり，かみそりでけがをしたり，湯舟で溺れたり，高温のシャワーでやけどをしたり，危険がいっぱいです。安全への配慮は必ず行ってください。

4 抱っこ・おんぶ

　抱っこもおんぶも，体が密着することでぬくもりが伝わり，赤ちゃんに安心感を与え，情緒の安定につながる大切なスキンシップです。また，抱っこは赤ちゃんの顔が身近に見られますので，表情や言葉が伝わりやすくよいコミュニケーションがとれます。

1 抱っこ

横抱き　　　　　縦抱き

図15-5　**基本的な抱き方**

　基本的に抱き方には「横抱き」と「縦抱き」があります（図15-5）。首がすわっていない赤ちゃんは横抱きにします。頭と首を腕で支え，もう片方の手を足の間に入れ，しっかりと安定させます。首がすわった赤ちゃんは縦抱きも可能になります。その場合は，お尻を腕で支え，片方の手で首・背中や脇をしっかり支えてください。抱っこをする時は，抱え込んで身体や足を締めつけないように気をつけましょう。

2 おんぶ

　おんぶは両手が空き便利ですが，赤ちゃんの首がしっかりすわっているかを確認してください。

　また，背中の赤ちゃんの様子が分かりづらいので，よく気を配り，ぶつかったりしないように気をつけましょう。

3 抱っこひも・おんぶひも

　抱っこひもやおんぶひもにはさまざまな機能をもったタイプがあります。子どもの成長に合わせて使い分けをします。装着方法もそれぞれ違います。誤った装着をすると事故につながります。使用する前には，保護者に装着方法を確認したり，使用説明書を読みましょう。また，保護者の体型に合わせて調整されているので，必ず自分に合わせて直すことを忘れずに行いましょう。

　また，外出時にベビーカーを使用する場合は，必ず保護者に使い方を確認しましょう。

5　衣服

子どもの衣服は，機能性と安全性が第一です。特に赤ちゃんの衣服には，体温調節を助けたり，皮膚を保護する大切な役割があります。

①動きやすいもの，動きを妨げないもの。

②素材は，吸湿性，通気性，保温性のよいもの。

③窮屈ではないか，締めつけていないか。

④発達に合っているかどうか，発達を妨げていないか。

⑤肌着は縫い目が肌に当たって痛くないか。

⑥ボタンや金具が当たって痛くないか。

⑦余計な飾りがないか，安全か。

⑧暑くないか，寒くないか。

⑨着せやすい，脱がせやすいもの。

衣服を着せる時には，子どもの身体を保育者の身体で支え，かぶせて着せるものは襟ぐりを十分に広げて頭を通し，顔がすれないように気をつけます。袖を通す時は無理に子どもの手を引っ張ったりしないよう，乳児と同じように「送り手引き手」で通します。ズボンをはかせる時は，膝に座らせてはかせます。立てるようになった子どもは，片足をあげた時に転ばないように保育者の身体につかまらせます。着せ終わったら，ごろつかないよう服を整えます。

脱がせる時にも同じように，無理に引っ張ったりしないように丁寧に脱がせましょう。

自我が芽生えてきた子どもは，自分で衣服の着脱をしたがります。その場合は，根気よく見守り，必要であればサポートをします。上手にできた時は十分にほめてあげてください。

6　冷暖房など

乳幼児にとって快適な室温は夏は 26～28℃，冬は 20～23℃ ぐらいで湿度は 50～60％ぐらいが適当ですが，季節や天候などに応じて調整します。夏，冷房を使用する場合は，外気との温度差が 5℃ 以内になるようにします。また，冷暖房器具は，各家庭によってさまざまです。使用方法を必ず確認し，安全に配慮してください。

①エアコン

冷房時は，冷やしすぎに注意しましょう。暖房時は，空気が乾燥しやすいので，湿度に気を配りましょう。

②扇風機

羽の部分に手や指を入れないように気をつけましょう。また，寝ている時は直接風が当たらないようにします。

③石油・ガスストーブ

　空気が汚れます。こまめに空気の入れ替えをしましょう。またやけどの危険もあります。安全に十分に配慮してください。

④オイルヒーター

　非常に熱くなる場合があります。子どもが触らないように気をつけてください。

⑤ホットカーペット

　温度の調節に気をつけましょう。長時間使用すると，低温やけどの危険があります。

⑥床暖房

　基本的には安全ですが，空気の乾燥に気をつけましょう。また，長時間にわたり床に接していると低温やけどの危険性があります。設定温度や使用時間に注意しましょう。

⑦加湿器・空気清浄機

　加湿器は，蒸気の吹き出し口から高温の蒸気が出るものもあります。子どもが触れないように注意しましょう。空気清浄機は，長時間風に当たると皮膚やのど・鼻が乾燥します。風が直接当たらないように気をつけましょう。加湿器・空気清浄機，どちらも取り扱いについては保護者に確認をとってから使用するようにしてください。

　いずれにしても，活発に遊んでいる時，お昼寝をしている時など，その状況に応じてこまめに室温の調節を行ってください。子どもの過ごす高さでの室温を測定するようにしましょう。また，室温に合わせて衣服によっても調節してあげてください。各家庭の日頃の設定室温や換気の方法などをうかがっておくのもよいでしょう。

7　調乳・授乳のお世話

1 調乳の留意点

　手を石けんでよく洗い消毒します。調乳する場所は消毒などをした清潔な場所で行います。哺乳瓶などの調乳器具は消毒したものを用意します。調乳方法については図15-6を参照してください。

❶準備するもの

粉ミルク，哺乳瓶，乳首，一度沸騰させた70℃以上の湯（調乳ポット等）

①清潔な哺乳瓶に計量スプーンで粉乳を入れる

②一度沸騰させた70℃以上の湯を，できあがりの3分の2くらい入れ，哺乳瓶をよく振ってとかす

③残りの湯を定量まで加えさらによく振ってとかす

④流水にあてるか，冷水の入った容器に入れて，体温ほどに冷ます

⑤ミルクの温度を確認する手首の内側にたらして温かく感じるくらい（40℃くらい）

図15- 6　調乳方法の例

2 授乳の方法

❶抱き方

　縦抱きが原則です。赤ちゃんのお尻を保育者の大腿部に直角になるように座らせ，上体をできるだけ起こして，頭が保育者の上腕部にくるようにします。首のすわっていない赤ちゃんの授乳の際の抱き方は，ひざの上に抱いて，母乳を飲ませる時と同じようにしますが，赤ちゃんのお尻の下にタオルなどを当てて，高さを調節する方法もよいでしょう。赤ちゃんの両手は身体の前にあるようにして，自由に動かせるようにします。

❷飲ませ方

　まず，保育者は手を洗います。赤ちゃんを抱き，ガーゼハンカチを乳児のあごの下に挟みます。ミルクの温度を確かめ，むせないように，哺乳瓶のキャップを少しゆるめたり，きつくしたりして，穴から出るミルク量を調節します。余分な空気を吸いすぎないように，乳首全体がいつもミルクで満たされているように気をつけます。授乳後は，おしぼりで口の周囲，手を拭き，肩に赤ちゃんのあごを乗せる形に抱き，背を軽く下から上へなでてゲップをさせます（図15- 7 を参照）。

❸上手にミルクを与えるコツ

　ミルクの温度は 37〜40℃ が適温ですが，ミルクを飲む量は気温に左右されることがあります。夏は少しぬるめ，冬は少し温かめのほうがよく飲むことがあります。

　授乳回数や 1 回の授乳量にこだわらず，1 日の総量でみることと，体重増加量など発育の様子に気をつけます。

　生後 1，2 か月頃はミルクを飲みすぎる傾向がありますが，3 か月以降になると赤

【抱き方】

タオルなどを赤ちゃんのお尻の
下に当てて高さを調節します。

寝かせすぎです。

【哺乳瓶の角度】

乳首全体がミルクで満たされるように，
しっかり傾けて飲ませます。哺乳瓶を寝
かせると，空気が入って赤ちゃんはうま
く飲めません。哺乳瓶を下から支えるよ
うに持つと楽です。

【排気のさせ方】

背を軽く下から上へなでて，
ゲップをさせます。

図15-7　授乳方法

ちゃん自身が哺乳量を調節し，自然に哺乳量は増加しなくなります。体重も1，2か月
頃と比べて増加しなくなります。あまりにも飲み方が多かったり少なかったりする場合
は，乳首の穴の大きさを調整してみましょう。しかし，多くは赤ちゃんが欲しがるまま
飲ませていても心配ありません。

3 調乳用品

❶哺乳瓶

哺乳瓶にはガラス製とプラスチック製があり，大きさもいくつかあります。赤ちゃん
は感染に対する抵抗力が弱いので，清潔に保つことが大切です。

❷乳首

乳首の穴の大きさや形などは，いろいろ工夫された商品が出ています。乳首の穴の大
きさは，赤ちゃんが10〜15分くらいでミルクを飲み終えるくらいのものがよいでしょ
う。使用後はミルクのカスが残らないようによく洗っておきましょう。

❸哺乳瓶洗剤

天然植物性油脂を原料とした安全な液体石けんです。たんぱく質や脂肪などの多いミ
ルクや母乳の洗浄に適しています。乳首，おもちゃ，野菜洗いなどにも使えます。

❹瓶ブラシ

プラスチック製，ガラス製哺乳瓶それぞれの専用タイプと，両用タイプがあります。
哺乳瓶の肩の部分や瓶底はミルクが残りやすいのでよく洗いましょう。

❺哺乳瓶消毒器・消毒剤

煮沸式と蒸気式，最近では電子レンジや薬品を使った消毒法があります。哺乳瓶や乳

【哺乳瓶の洗浄】

どの消毒法の場合も，まずは瓶や乳首をよく洗います。

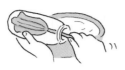  

【煮沸・蒸す場合】

鍋などに哺乳瓶と哺乳瓶ばさみを入れて10分，その後，乳首・キャップ・カバー・計量スプーン
を入れて3分煮沸します。消毒後はよく水をきってから清潔な容器に保管します。

【電子レンジを使う場合】

専用の容器に入れて加熱します。容器の説明書に従って，加熱時間に注意します。

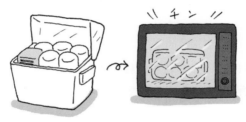

【薬剤を使う場合】

液体タイプと錠剤タイプがあります。

瓶ブラシ

液体タイプ　　　　　　　　錠剤タイプ

図15-8　**器具の消毒**

首を瓶ブラシを使って清潔に洗った後，消毒します。それぞれの家庭の方法で消毒しま
しょう。消毒剤を使う時は原液を水で薄めて，ひたしておきます。

4 冷凍母乳

　母乳を搾乳して冷凍保存すれば，必要に応じて母親以外の人が授乳することができま
す。

①水を張ったボールに冷凍母乳を入れます。冷凍母乳は日付の古いものから順に使いましょう。　②ボールにお湯を足して，40℃の湯煎で解凍します。急激に熱すると成分が変化するので電子レンジでの解凍は避けます。　③解凍した母乳を哺乳瓶に注ぎます。哺乳瓶もお湯で温めておくと，適温を保つことができます。

図15-9　冷凍母乳の解凍

　清潔な母乳バッグ又は哺乳瓶，搾乳器を用い，搾乳時には，手指，腕をよく洗い，乳頭も清拭して細菌汚染に対する十分な配慮を行います。取り扱いさえ注意すれば，細菌の増殖はほとんど見られません。冷凍保存をするときは，搾乳後すぐに冷凍庫に入れます。家庭の冷凍庫は－18℃のため，たんぱく質や脂質の物理的変化は認められますが，成分は変わりません。保存期間は，1週間くらいが安全です。

❶母乳バッグ

　母乳を冷凍（冷蔵）保存するための袋です。搾乳した日を必ず確認し，日付の古いものから使用します。

❷解凍

　解凍は図15-9を参考に行い，哺乳瓶に移してから40℃の湯煎で人肌まで温めます。電子レンジや熱湯での解凍は母乳成分が変化することがありますので行いません。また，成分が分離している時は，ゆっくりと振り混ぜてから授乳します。飲み残しは捨てましょう。

8 食事のお世話

1 食事のお世話で大切なこと

　子どもは大人からのかかわりや大人のすることを見ながら，生活全般を通して社会性（マナー）を身につけていきます。

　3歳までは，まず清潔・不潔の感覚が分かるくらいのマナーでよいでしょう。食事の前後は必ず手洗いをすること，食事の後は口の周りをきれいにし，衣類の汚れがあれば着替え，歯みがきをするなど，口の中の清潔を保ちましょう。そのほかに，食事の挨拶を習慣にします。「いただきます」「ごちそうさま」の挨拶は必ず大人も心を込めてしましょう。それが，感謝の心や食物を粗末にしないことにも通じていきます。

　3歳以降は自律心が育ち，社会性が身につく時期です。好き嫌いやムラ食いが多くても，根気よくほめたり，励ましたりすることで，だんだんと食べるようになっていきま

す。

　そして，家族の一員として同じ食卓を囲み，会話を楽しみながら食事を楽しめるようにしていきます。形だけのマナーを教えるより，子どもの発達に合わせた大人の対応が望まれます。

２ 保育者のかかわり方

　安全に対する配慮から，原則として，乳幼児を保育しながら保育者が食事づくりをすることはありません。基本的に保護者が用意した食事を食べさせます。食生活の多様化から，必ずしも子どもの発達や健康に配慮された食事が用意されているとは限りませんが，保護者との間に信頼関係が築かれ，メニューなど食事についての助言を求められるようなことがあれば，きちんと答えられるよう一般的な食事に対する知識も身につけておく必要があるでしょう。

　また，特定の食物によりアレルギーが起きる子どもがいます。アレルギーがある場合は，どんな食物によって起こるのかを事前に必ず確認しておく必要があります。加工品の中に含まれている場合もありますから，十分注意が必要です。食物アナフィラキシー（「アナフィラキシー」第６章81頁を参照）といって，急激に起こる全身性のショック状態で死に至る場合もありますので，保護者の指示のないものは絶対に与えてはいけません。保育者がおやつを持参して与えたり，自分の弁当を分けて与えることも避けます。おやつについても，与える時間・量などを保護者と必ず打ち合わせるようにしましょう（アレルギーについては，第４章62，63頁を参照）。

３ 準備・配膳・あと片づけについて

　初めて伺う家庭での食事は，献立内容・普段の食事量・与え方・与える時間の確認をします。食事は保護者が調理（準備）し，保育者が温めて提供します。特に幼児は，食物の大きさ，固さが咀嚼の練習に影響します。食べる時にも適当かどうか口元の動きを確認しながら与えましょう。

　食事の後は，食卓を拭き，食卓の下をきれいにそうじします。さらに，食器やなべなどの調理用品を洗い，指定された場所にしまいます。

４ 衛生管理上気をつけること

　子どもの食中毒の事故は１年を通じて報告されています。腸管出血性大腸菌 O157 やサルモネラ属菌による食中毒は，集団給食でも危機管理を徹底されています。

　保育者は，保護者が用意した食事の保存状態や，食品の期限表示を確認してから準備するようにしましょう。また，準備や配膳の前には必ず手洗いをします。子どもも，年齢に応じて食事の前に手を拭いてあげたり，手洗いをさせて清潔にするよう注意しましょう。食べ残した物の取扱いについては，事前に保護者に確認しておき，食品によっ

ては冷蔵庫で保存するようにします。

5 食べさせる時のポイント

　離乳食開始の頃は乳児も慣れないので食べない時もあります。無理に与えずに様子をみます。

　幼児期はいろいろなことに興味を示し，集中して食べることが難しくなります。それでも食事に興味をもたせることや食事を楽しめることが大切です。汚してもいいようにぬれたおしぼりやエプロン，シートなど準備を整えます。食事の前は必ずおもちゃなどをかたづけます。食事中テレビやビデオがついたままでは集中できません。

　集中する時間が短く，遊び始めることもありますが，およそ30分くらいでお腹がいっぱいになりますので，残さず食べさせようとせずに，無理強いしないことも大切です。

6 離乳期のスプーンについて

　離乳食は，基本的に大人がスプーンを使って与えますから，柄の長い平たいものが便利です。また，離乳期のはじめはスプーンに慣れることも必要ですから，口当たりのよいソフトな材質のものが適当です。離乳の時期に合わせてスプーンボウルの大きさや深さも変えていきましょう。

　離乳開始の頃は，スプーンを下唇の上にのせてやると，乳児自身が上唇でスプーン上の食物をとりこむ練習になります。

　離乳完了期には，スプーンによる「自食」も試みようとします。子どもが握りやすい柄の長さや重さ・角度など，子どもに合ったものを選んであげましょう。

7 箸の持たせ方

　食事のしかたは，手づかみ食べから，食器に興味を示しスプーンやフォークを使い始め，箸を使うまでに指先の機能も順番に発達します。日本の食文化は箸が欠かせないものですが，練習に適した時期があります。つまり，手指の機能が未熟な段階で無理やり箸を使わせると握り箸でかきこんで食べるようになります。無理に使わせようとせず，強制せずに3歳頃から興味を持ったら教える程度にし，はじめは握り箸でも5歳頃までは自然体で見守るくらいでよいでしょう。

9 ほめ方・言葉での注意の仕方

1 ほめる心と注意する心

　「ほめて育てる」とよくいわれますが，何でもほめればよいのでしょうか。どのようにほめれば子どもは意欲的に育っていくのでしょうか。それから「いけないことはしっ

かり注意することが大切だ」といわれます。でも，いけないこととはどのようなことなのでしょう。このように考えると，ほめること，言葉で注意する（以下，注意する）ことは普段何気なく行っている割には難しく，子どもへの影響もありそうです。

❶大人の評価基準でほめたり叱ったりしない

　ほめるのは，何かができた，上手にできたとか，大人がこうしてほしいと思っていることをした時が多いと思います。

　また，注意することと叱ることとは違います。叱るのは，子どもが大人のいうことを聞かない，期待どおりのことができない時でしょう。いつもこのような基準で評価されていると，子どもは大人の評価を気にして，「ほめられたいからする」「叱られるからやらない」と大人の期待に合わせることばかりに気を遣います。大人の評価基準でほめたり叱ったりしないように心がけます。

❷乳児を叱る必要は全くない

　乳児には，「おっぱいをたくさん飲んでいい子ね」とほめます。これは，おっぱいをたくさん飲んでくれてよかった（私がホッとした）ということです。「あんよが上手，上手，すごい」ということは，ちゃんと歩けるようになってよかった（私が安心した）ということ，つまり乳児の行為そのものを保育者自身が喜ぶことです。乳児自身はほめられている意識はありませんが，好意的に受け止められていることは感じているでしょう。

　乳児のうちは，言葉を通して注意することはほとんどないといえます。例えば机の上のコップを倒してしまった場合，乳児の手の届くところに危ないものを置いておいた大人の不注意が問題になります。乳児に対しては，叱るのではなくて，保育者が危ないものを取り除くようにしましょう。

　パンツにお漏らしをしてしまった場合，まだ排泄が自立していない段階では当たり前のことです。

　乳児の発達段階からみて「まだできないこと」を叱ったり責めたりすることはやめましょう。

❸受け入れることで，自己肯定感を育てる

　1歳半くらいから自分の意志をもち，思いどおりにやりたいという欲求が強くなり，2歳くらいになると自己主張をする姿がめだってきます。いわゆる「自立期」です。この時期は十分に子どもの自己主張や感情を受け止めて，「自分はこれでいいのだ」という自己肯定感を育てることが大切です。

　子どもにとって必要なのは，実は「ほめてくれる人」ではなくて「受け入れてくれる人」なのです。その子の行為を受け止めて喜んでくれる人の存在によって，自己肯定感が育ち，自信を持って生きていけるようになります。

　励まされ，やり直すことによって，よい状況を取り戻すことができたという経験はとても大切です。失敗や傷つきをおそれない子ども，傷つきを癒せる子どもが育つと思い

ます。危険な行為も叱るのではなく，危ないから自分でやめることができるように注意して導くのです。なぜ危ないのかをよく分かるように知らせてあげましょう。

2 ほめ方・注意の仕方のポイント

ほめたり，注意したりする時には，発達段階やそれぞれの子どもの個性によってさまざまな対応をすることが必要です。

❶ ほめ方

①子どもの人格も含めてほめます。その子どものよい点をみつけながら，人格を含めてほめましょう。

②結果に対してよい，上手の評価をするのではなく，プロセスを一緒に喜び共感しましょう。大人が「できたこと」ばかりに目を向けると，「できないと愛してもらえない」と子どもは感じてしまいます。取り組んできたこと，続けてきたことを「よくやったね」と認めてあげましょう。

③言葉だけではなく，サイン，ボディランゲージも有効です。時には，しっかりと抱きしめることなどで，心から子どもを受け入れていることを伝えましょう。

❷ 注意の仕方

①子どもの性格や人格を否定するような言い方はやめましょう。

②まだ発達が未成熟なために失敗した行為について否定するような言葉は遣わないようにしましょう。

③危険な行為，よくない行為をした場合には，理由を述べながら自分でやめることができるように導いていきましょう。理由を述べながら，その行為だけを注意するようにしましょう。

④その時の気分で感情的に叱ることはやめましょう。保育者自身のいらいらした気持ちをぶつけることは，絶対に避けましょう。

⑤さっぱり，きっぱりした態度で，長引かせないようにしましょう。どんなに小さい子どもでも，きちんと目を見て話してください。

❸ 社会のルールを伝える

子どもであっても，社会的なルールは守らなければいけません。遊んでいる時，けんかをした時など，さまざまな場面で保育者はこのルールを伝えることができます。たとえ「絶対に叱らない」という方針であっても，次のような場合には「絶対にしてはいけないこと」であるということを子どもに伝えるようにしましょう。

①子どもの身の安全が確保できない時（危険と判断した時）

②他人を傷つけた時（肉体的または精神的）

③人に迷惑をかける，社会のルールを守らない時

第16章

実践演習1　保育技術（遊び編）

講義の目的
①居宅での保育における，乳幼児の生活と遊びについて具体的な内容をイメージすることができるようになる。
②実技指導も交えながら，乳幼児の生活と遊びについて具体的な援助方法を学ぶ。

学びのポイント
　乳幼児にとっての生活と遊びの意味や大切さを学び，月齢や年齢に応じた発達と，その時期に適した遊びやかかわり方について学ぶ。

1　遊びの持つ意味

　子どもの生活には食べること，寝ること，遊ぶことという3本の柱があります。この栄養，睡眠，遊びの三つが十分に満たされていると，機嫌よくいきいきと過ごすことができます。このうち，遊ぶことには，子どもの生活の中の食べている時と眠っている時を除いたほとんどの時間が費やされています。つまり，子どもにとっては生活＝遊びであり，生活のあらゆる場面に遊びの要素があり，切り離すことはできません。

1 大人の遊びとの違い

　大人は生活や仕事から解放され気分転換を求めてスポーツをしたり旅行へ行ったりしますが，子どもの遊びは生活そのもので，その行為自体が目的となります。五感をフルに使い，「あれはなんだろう」「これはどうするんだろう」という好奇心から生まれる探索活動そのものです。

　また，子どもの遊びは心身の発達段階に密接に関係します。目，耳，皮膚，舌などの感覚受容器の機能の発達，それぞれの感覚受容器相互の結合の発達に伴って遊びの内容も変化してきます。例えば，まだベッドで横になっていることの多い乳児は，天井に吊されたオルゴールメリーの音と色合いと動きを見て喜び，手足をバタバタと動かします。また，ガラガラを手でつかめるようになるとそれを口へ持っていって，しゃぶり遊びに夢中になります。乳児のときに大好きな「いないいないばあ」もやがて大きくなった幼児には物足りなくなってしまうように，子どもの好きな遊びは変化していきます。

2 遊びによって育つもの

「子どもは遊びの中で育つ」といわれます。遊びの中で何が育つのか，遊びの持つ意味について考えてみましょう。

①心身の健康の維持と増進

活発に遊ぶことで子どもの心と身体をバランスよく育てます。全身を十分に動かし，喜び，楽しさなどの情緒を外へ向けて表現することで，心身ともにいきいきと過ごすことができます。

②運動機能の発達

子どもの自然な遊びの中には，全身を使う大きな動きと手先足先を使う細かい動きが，バランスよく組み込まれているようです。その動きに慣れて余裕が出てくると，もっている能力の一段上の課題に挑戦します。遊びを通していろいろな運動機能が発達し敏捷性や安全能力も身についていきます。安全能力とは，自分で自分の身を守る能力です。また，子どもの運動量は身体が小さいわりには大人に比べて多く，よく汗をかきます。汗をかくくらい身体を動かすことによって，内臓などの生理機能が成熟していきます。

③知的能力の発達

子どもは遊びの中で五感を十分に使っていろいろなものを見たり，触れたり，いじったりして認識し，考える力を身につけていきます。試行錯誤を繰り返し，自分から周囲の事柄にはたらきかける力＝意欲・興味を持つことが，幼児にとって一番大切な真の知的能力といえるのではないかと思います。大人があまり制限を加えすぎると，自分から周囲にはたらきかける力の芽を阻害してしまうことにもなりかねません。

④情緒の発達

子どもは遊びを通してさまざまな情緒，快，不快，喜び，悲しみ，怒りなどを経験します。子ども同士のかかわり合いの中で，情緒と情緒がぶつかり合ったり，共感したりしてさらに豊かになっていきます。嬉しい時は喜び，泣きたい時は泣き，怒りたい時は地団駄を踏んで怒る…というように，まずは十分に自分の気持ちを表現し発散させることが大切です。発散させながら周囲の状況や人とのかかわりの中で，自分で自分の気持ちをコントロールすることを学んでいきます。この時保育者は，放任するのではなく，子どもの気持ちに共感しながら言葉をかけ，気持ちの整理のお手伝いをするのです。

⑤社会性の発達

友達とのかかわりの中で，例えば遊具の取り合いを通して，自分の欲求を自覚し，相手の存在も知っていきます。相手が泣いてしまったり，自分が泣いたり，相手が喜んだり，自分が喜んだりする経験の中で，その時の子どもの気持ちの中から，優しさや思いやり，協力する気持ちが育っていきます。

⑥家族や地域の人々との交流

親とのスキンシップだけでは育たないものもあります。祖父母，親戚の人々，隣近所

の人々に遊んでもらったり，声をかけてもらったりする経験は大切です。いろいろな人とのかかわりの経験から一般的な人に対する信頼感が育ち，その子の社会性の幅を広げることに役立つと考えられます。

3　充実した遊びとは

①楽しいこと，夢中になれること

　遊びの際の楽しさとは，時の経つのを忘れるような，遊んでいる「今」がたまらないといった真剣な楽しさのことです。このような楽しさの原点は，年齢が低いほど感覚的です。1〜2歳頃の水遊びなどはそのよい例でしょう。その結果，遊びが終わらず，大人にとっては多少困ったりすることもあります。その時の状況によって許される範囲がありますが，子どもの気持ちだけは共感してあげましょう。気持ちを受け止めてもらえれば，子どももあきらめる心のゆとりをもつことができます。

②意思決定が自分でできる

　大人に指示されたり強制されると，子どもはその中で自由に好きなように身体を動かしたり，情緒を発散させたり，仲間とかかわったりできません。自発的に行うことに意味があるので，大人は遊びにかかわることはあっても主導権は握らないようにします。

③開放感がある

　自由でのびのびとした雰囲気が大切です。良い，悪い，きれい，汚い，上手，下手といった大人の評価，価値観をもち込まないようにします。

④イメージの共感

　子どもが自由に遊ぶに任せて放任しておけばよいのではありません。子どもが想い描いているイメージに共感し，共に楽しむことが大切です。夢中で遊んでいる子どもが，ふと顔を上げた時や振り向いた時に，微笑みかけたり，サインを出したり，「すごいね」「おもしろいね」などと声をかけて共感を示すと，子どもは自分のしていたことに自信を持つことができます。このように共感してもらうことで，「自分はこれでよいのだ」という自己有能感が育ちます。これからの人生を自信を持って生きていくためにとても大きな力となります。

4　遊びにおける大人の役割

①子どもの遊びとは何かを理解する

　子どもの遊びは大人の遊びとは違って生活の中にあること，遊びの中で多くの機能や生きていくための力が育っていること，充実した遊びとはどのような遊びであるかを理解することが出発点です。遊びは自主的で楽しい活動であり，指導という言葉は適しません。

②子どもの発達段階を知り，興味や関心を尊重する

　子どもの遊びは発達段階に密接に関係しているので，今どのような発達段階にあり，

何に興味を持っているのかを知る必要があります。子どもは遊びの中で「赤ちゃんがえり」をすることもありますし，今の自分の力以上のことに挑戦することもあります。したがって，いつも幅をもって，発達の過程の中でとらえることが大切だと思われます。

③環境を整える

　広い場所，狭い場所，自然の中，また人工的な空間など，場所によって遊びも選ばれ，イメージも広がります。広い意味では時間も環境の一部と考えられます。十分心ゆくまで遊べる時間，急かされない生活も大人の配慮によって実現するのではないでしょうか。そして，同様に大切なものとして，遊具があります。固定遊具のように大きいものから，ボールのように小さいものまで，いろいろな遊具が子どもの自由に使えるように用意されていると，遊びはますます発展していきます。

④遊びの発展への援助

　危険がないように見守ることは無論ですが，時には，さりげなくヒントを与えることも大切です。子どもが集中する時間は年齢が低ければ短いものです。飽きてきた様子がみられたら気分を変えたり，子どもの主体性を侵さない範囲で別の遊びに誘ったり，ほかの遊具に気づかせたりするようなヒントを与えると，イメージが広がってさらに遊びが盛り上がっていきます。

2 居宅での保育における遊び

1 居宅での保育における遊びとは

　居宅での保育は，基本的に一対一で保育を行うため，子ども一人ひとりの個性や発達段階に合わせた遊びを，子どもの状況に応じて提供することができます。

　静かな遊びを好む子どもがいれば，活発な遊びを好む子どももいるので，子どもの性格や各家庭の方針に応じて柔軟に対応するようにします。

　また，多くの親は保育者に対して「遊びの知識」を望んでいます。母親とは違う遊びを希望しているわけです。ですから，ちょっとした遊びのヒントを子どもに与えて，遊びを工夫する必要があります。

2 遊びにおける留意点

　保育者が子どもに合わせた遊びを提供する時，いくつかの点に留意しなければなりません。

①安全管理

　保育者は，子どもの興味・意欲を妨げることなく安全に子どもを保育しなければなりません。子どもがのびのびと遊べる環境をつくるようにします。

②遊びの主導権

　　特に室内遊びの主導権は，子どもに与えましょう。つまり，保育者は遊んでもらうといった感覚が必要です。しかし，子どもの言いなりで振り回されないようにしましょう。

③方針

　　保育を始める前に，子どもはどんな遊びが好きなのか，保護者に聞いておきます。

④マンネリ化

　　子どもは同じ遊びを続けていると飽きてくることがありますので，そんな時には，今までやっていた遊びとなるべく内容やムードの違う遊びを提案してみます。例えば，活動的な遊びの後は絵本の読み聞かせをするなどの静かな遊びというように誘導します。同じ子どもを保育していて，長期間子どもの遊びに変化や発展がない時は，まず保育者から提案や工夫をしてみましょう。

⑤玩具

　　保育には，各家庭にある玩具をお借りします。玩具を選ぶ際，特にきょうだいなど複数の子どもがいて多種多様な玩具がある場合は，次の点に留意します。

- ・発達に応じたもの
- ・創造性をもたらすもの
- ・安全なもの
- ・既製品にこだわらない

⑥柔軟な対応

　　忘れてはならないことは，保育者は子どものテリトリーに迎え入れてもらう立場であるということです。当たり前ですが，家の中のことも玩具も子どもはよく知っています。そこへ保育者がポンと飛び込んで保育を始めるわけですから，子どもの慣れ親しんでいる遊び場に保育者が慣れるようにします。そうすることで，子どもはリラックスした雰囲気で遊ぶことができるはずです。

3 戸外での注意点

　　室内遊びと異なり，戸外では活動的な遊びができます。しかし，戸外に出ると室内とは全く異なる危険がたくさんあります。所属する事業者の安全マニュアルなどにそって安全に遊ばせましょう。

❶道路上にて

　　子どもの手をつないで子どもは路肩側を歩かせます。子どもは何かの拍子に突然手を振りほどいて飛び出したりしますので，十分に気をつけます。三輪車などを持って公園に行く時には，道路では絶対に乗らせないようにします。また，坂などでは平面以上に気を配り，保育者は乗り物から手を離さないように注意します。

❷公園にて

　　遊具にて遊ぶ場合，特に注意が必要です。遊具を利用する前に，金具の破損，欠落がないかの安全確認をします。また，子どもが道路に飛び出さないように注意します。

①ブランコ，すべり台

保育者のひざに抱えるか，
しっかり支えて遊びます。

②砂場

　まず，ごみや犬猫の糞，ガラ
スの破片などが砂に紛れていな
いかを確認します。年齢の低い
子どもが，砂を口に入れないよ
うに注意します。

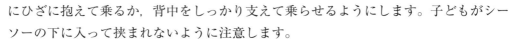

③シーソー

　シーソーから転落しないよう

にひざに抱えて乗るか，背中をしっかり支えて乗らせるようにします。子どもがシー
ソーの下に入って挟まれないように注意します。

④広場

　年齢の高い子どもが，球技（野球・サッカーなど）をしている時は，あまりその近
くに寄らないようにします。また，散歩中の犬などには，できるだけ近寄らないよう
にします。

❸その他

　子どもとの外出前には，おむつ交換または排泄を済ませておきます。保育者は，外出
の目的に応じた持ち物を用意します。長時間の外出では，簡単な着替え，紙おむつ，ハ
ンドタオル，ティッシュ，水筒などを用意します。夏の外出では，帽子の着用と適時の
水分補給を忘れずにします。また，夏場の施設内は冷房がよく効いていますので，対策
としてバスタオルや軽く羽織れる上着を用意します。

4 きょうだいなど複数の子どもとの遊び

　居宅での保育では，実際に訪問してみたら上のきょうだいがいるという場合や，公園
などで他の子どもたちと一緒に遊ぶということも想定されます。その際には，業務の対
象以外の子どもを保育する義務はありませんが，その場に居合わせる大人として，異年
齢の子どもたちの遊びが意義のあるものになるようにかかわりながら，危険などがない
ように注意することは必要です。

　保育する場所や環境（屋外・屋内など），その人数，年齢などに応じた適切な遊びを
提供することが，保育者には求められます。複数の子どもたちとの遊びにおける留意点
として，次のようなことがあげられます。

①危険を避けるためにも，子どもたち一人ひとりの発達年齢の違いを認識しておく。

②「全体」としてとらえるだけでなく，一人ひとりの子どもたちの様子（楽しんでいる
　かなど）を「個々に」把握する。

③一対一の保育では得られにくい，社会性や協調性，思いやりなどの「心の成長」も大

切にする。

きょうだいにおいては，日常生活の中で「上の子ども」が我慢する場面が見られることが多いでしょう。保育者との関係においては，「上の子ども」を中心とした遊びを展開するほうが，子どもの心の安定を促し，「下の子ども」に対する思いやりなども育ちやすくなります。また，「下の子ども」が兄や姉の行動などを模倣することで，刺激を受け発達が促されます。ただし，発達年齢が違うので，保育者は子どもの自発性を大切にしながらも適切なフォローを行うことが必要です。2歳以下の子どもにとっては，並行遊びも自然な姿です。同室にいながら別の遊びを楽しんでいる場合には，無理に中断させることのないように注意します。

5 テレビ・ビデオ・タブレットなどとのかかわり方

居宅での保育における，テレビ・ビデオ・タブレットとのかかわりの原則は以下の通りです。

①通常の保育では必要ではありません。

②各家庭の方針に従うことが大切です。

③気分転換をする，睡眠前にリラックスする，安静が必要など，場合によっては必要なこともあるかもしれません。

Memo スマートフォン、タブレット端末などの問題について

2008年以降，わが国でもスマートフォンやタブレット端末が急速に普及し，子どもだけで，何時でも何処でも無制限にインターネットに接続できるようになり，社会生活全般の利便性を高め，教育や医療においても革新的なツールとして有効活用されています。その一方で，これらの普及は子ども社会においても，遊びや人間関係，生活習慣の点で大きな変化をもたらし，子どもにおける弊害として，親子の絆から始まる人間と人間との絆の形成に影響を与え，実社会での体験の機会を奪って，健やかな成長発達や社会性の形成を妨げることがあげられています。

保育中に，保育者がこれらの機器を使用する場合，あるいは，子どもが使用する場合，常に，これらの機器のもたらす精神的，身体的影響を考慮して，その使用には十分配慮しましょう。

---

3 発達過程に応じたはたらきかけと遊び

ここでは，おおよその発達の姿と，それに応じたはたらきかけ・遊びについて例を示します。発達の連続性と，今後の見通しを意識して，はたらきかけや遊びを考えてみましょう。

1 おおむね 6 か月未満

心身の発達の特徴

- 音がするものを目で追うことができるようになる
- 首が徐々にしっかりしてくる
- 大人があやすと反応し，人の顔をじっと見る
- 抱かれると喜ぶ
- 声を聞き分け，「ア・エ・ウ」などの声を出す

はたらきかけ・遊び

- 美しい音のするおもちゃ
- いないいないばあ，かいぐりなどで十分に遊ぶ
- 発達に応じて，立てて抱いたり，腹ばいにしたりして，いろいろな姿勢で遊ぶ
- 戸外に連れ出し，鳥の声や虫の声など自然の音を聞いたり，様子を見たりする

2 おおむね 6 か月から 1 歳 3 か月未満

心身の発達の特徴

- 泣く，笑う，怖がるなど，情緒が分化してくる
- 後追いや人見知りが始まる
- 喃語を話すようになる
- お座り，ハイハイができるようになる
- つかまり立ち，つたい歩きから，歩き始めるようになってくる
- 特定の大人とのやり取りとりをして遊ぶことを楽しむ

はたらきかけ・遊び

- お座りして，ものをにぎったり，しゃぶったりする
- ボールを転がしてハイハイで追いかける
- 手押し車で遊ぶ
- 絵本を一緒に見る
- 散歩をする
- 砂に触れたり，つかんだりして，いろいろな遊びを楽しむ
- CD などで楽しい音楽を聴くようにする

ペットボトルなどに豆などを入れた手づくりおもちゃ。ふたが開かないようテープでしっかりとめましょう。

3 おおむね1歳3か月から2歳未満

心身の発達の特徴

- 大人の言うことの意味が分かるようになる
- 自分のしたいことを要求し，好奇心が旺盛になる
- 手指が器用になり，両手でコップを持って飲めるようになる
- あいさつ，二語文，簡単な話ができるようになる
- 歩いたり，段差を上ったりできるようになる

はたらきかけ・遊び

- 公園のすべり台，砂場，ボール遊びなど，安全に留意しながら遊ぶ
- ままごと遊びができるようになる
- 破る，ちぎる，叩く，つまむ，ページをめくるなど，手を使う遊び
- 子どもの言葉に耳を傾け，やり取りを楽しむ
- 自然の中に連れて行きさまざまな経験を楽しむ
- 歌を覚えて一緒に歌う
- おもちゃの片づけを一緒に行う

4 おおむね 2 歳

心身の発達の特徴

- 走ったり，跳んだりして，身体の動きが活発になる
- 手指の機能がかなり発達してくる
- いろいろな道具に興味をもち使おうとする
- 自我の芽生えの時期で，思うようにならないとかんしゃくを起こすこともある
- 一人遊びをするようになる

はたらきかけ・遊び

- 粘土，積み木，ブロック，簡単な折り紙などで遊ぶ
- 太鼓やカスタネットなど，打楽器で遊ぶ
- 鉛筆やクレヨンでぐるぐる円を描く
- 絵本の読み聞かせをする
- 簡単なごっこ遊び
- 音楽に合わせて歩く，走る，動物の真似をするなど

第Ⅱ部

一般型家庭訪問保育の
理論と実際

第Ⅱ部では，いわゆるベビーシッターなどの一般
型家庭訪問保育に従事するにあたって理解してお
きたい基本的知識をまとめています。家庭訪問保
育の業務の流れや，さまざまな家庭訪問保育につ
いて学びます。

第17章

一般型家庭訪問保育の業務の流れ

講義の目的
①一般型家庭訪問保育の利用に関する概要を理解する。
②一般型家庭訪問保育の業務の流れを理解するとともに，家庭訪問保育者が行う保育の流れを理解する。

学びのポイント
家庭訪問保育に従事する保育者が最低限理解しておくことが必要な業務の流れ及び内容と，保育者と事業者，保育者と利用家庭の関係と責任の範囲を学ぶ。

1 家庭訪問保育者の役割

公益社団法人全国保育サービス協会（ACSA）が2021（令和3）年度に実施した実態調査の結果から，一般型家庭訪問保育の利用実態，家庭訪問保育者像，家庭訪問保育の有効性についてみていきましょう。

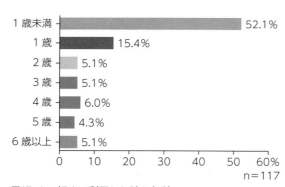

図17-1　初めて利用した時の年齢

1 一般型家庭訪問保育の利用実態

一般型家庭訪問保育を利用する子どもの年齢は0歳から小学校高学年までの広がりが見られ，3歳未満（41.0％），3～5歳（31.6％），6～11歳（23.9％）となっています。子どもの所属では，保育所等（44.4％），小学校（20.5％），未就園（12.8％）の順に多くなっており，低年齢児ばかりではなく，小学生も保育の対象となっています。利用を開始した年齢は1歳未満が過半数（52.1％）を占めており，子どもの居宅で保育が行われることから，0歳児から利用しやすい保育という特徴がみられます。

　利用の理由としては，約6割（62.4％）が保護者の仕事を理由とするもので，中でも通常の勤務時（50.6％），土日・祝日勤務時（27.1％），残業時（25.9％）の割合が高くなっています。定期的な利用では，仕事を理由とする利用が多いですが，産前産後支援や保護者の自己実現や社会参加のための利用は一時的な利用にみられます。

　利用頻度は週に2〜3回が最も多く（43.5％），2時間〜（35.3％），3時間〜（27.1％）の利用が多くなっています。

2　家庭訪問保育者像

　家庭訪問保育者の年齢は，50歳代（42.0％），60歳代以上（26.3％），40歳代（19.5％）の順となっています。経験年数は，1年未満から15年以上と幅広く分布しており，3年未満が約半数（51.2％）を占める一方，10年以上，15年以上と経験年数が長い方もいます。保有する資格は，保育士（32.0％，幼稚園教諭免許併有含む），ABA・ACSA認定ベビーシッター資格（22.9％），保健師・看護師・助産師（3.1％）の順に多く，全体の約3割（29.4％）が資格のない方に義務づけられた研修を修了していました。また，育児経験がある方は84.9％です。働くことができる頻度は，週の半分くらい（42.6％），自分の都合の良い日のみ（30.9％）が多く選択されていました。

　こういったことから，家庭訪問保育者は何歳からでも，資格や子育ての経験を生かして始めることができ，自分の希望する時間帯や頻度で働けることが特徴といえます。

　家庭訪問保育者として働く意義として，保護者の子育てを支援できる（78.3％）ことや，やりがいを感じる（60.2％），仕事を通じて学ぶことが多い（54.2％）など，家庭訪問保育者として得るものが大きいことが指摘されています。また保育については，子どもの成長を見守ることができる（60.2％），子どもとじっくり関わることができる（59.5％）などが多く選択されました。

　一方で，労働環境上の課題として，子どもの命を預かる責任の重さを感じる（72.3％）が最も高い割合であげられており，保育という仕事の厳しさも感じていることが分かっています。

3　家庭訪問保育の有効性

　家庭訪問保育者，利用者に「子どもや家庭にとって家庭訪問保育の利用がふさわしいと考える理由」を質問したところ，「子どもが慣れた環境で過ごすことができる」，「子どもが安心して過ごすことができる」は，家庭訪問保育者，利用者ともに高い割合で選択されていました。「子どもの状況やニーズにあわせた保育ができる」，「子どもの生活リズムを尊重した過ごし方ができる」については家庭訪問保育者の方が高い割合で選択され，また，「子どもの負担が少ない」については，利用者の方が高い割合で選択されていました。

2 家庭訪問保育の利用

1 家庭訪問保育を利用する際の流れ

　家庭訪問保育を利用したい家庭は，図に示すように，事業者に関する情報を収集，選定したうえで，事業者と利用契約を結びます。現在では，インターネット上のマッチングサイトを活用し，個人でこの事業を営む保育者もいることから，厚生労働省からは「ベビーシッターなどを利用するときの留意点（令和 2 年 6 月改訂）」が通知されています（資料編 5 259 頁を参照）。利用者は，利用契約を結ぶ時に，保護者氏名，住所，連絡先，子どもの名前，年齢，性別，性格，家庭で大切にしている子育ての方針など保育に必要な情報を伝えます。

　次に，利用者は利用日時，保育場所，希望する内容等を事業者に依頼し，家庭訪問保育者に関する要望も伝えます。例えば，保育者の年齢，有する資格，特技等です。事業者はできる限り利用者の要望に沿った保育者を選び，利用者に保育者が決定したことを伝えます。さらに事業者は保育者に利用者の情報や要望を伝え，依頼内容を指示します。保育者は利用者の要望や家庭の方針に沿って，保育を行います。

〔利用者から見た手続きの流れ〕

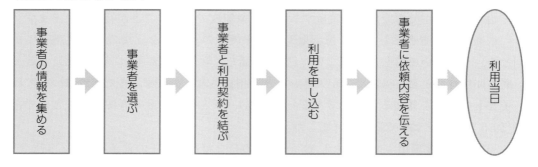

2 一般型家庭訪問保育の事業形態

　公益社団法人全国保育サービス協会では，一般型家庭訪問保育を「請負」という形式で事業を営むのが適切と考えています。これは，「事業者が，自己の雇用する家庭訪問

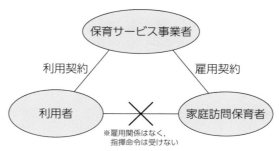

図17- 2 **事業者・保育者・利用者の関係**

保育者を他人（顧客）のために保育業務に従事させること」です。つまり，家庭訪問保育を依頼されたのは事業者であり，利用家庭からの依頼内容に全責任を負います。

図17-2のとおり，利用者は，事業者と利用契約を結び，家庭訪問保育者は，事業者に雇用され，事業者の指揮命令を受け，利用者の指定する場所において保育をします。したがって，利用者と保育者の間には直接の雇用関係はなく，指揮命令も発生しません。もちろん，保育当日の子どもの体調等，急遽訪問先で変更になることもありますが，契約に関する変更事項は事業者に報告をすることにより，事業者の指示のもと，業務を行うことになります。

また，利用料金は，事業者が利用者に請求をし，利用者は事業者に支払います。保育者には勤務時間分の給与が事業者から支払われます。保育者は，基本的に自宅から利用者宅まで出向き，業務終了後に報告をします。

3 家庭訪問保育者となるために

家庭訪問保育者として仕事をするには，まず，家庭訪問保育を行う事業者に所属します。先に紹介した家庭訪問保育者の調査結果にもあったように，時間の長短にかかわらず，子どもの命を預かる責任は非常に重いものがあります。これは決して個人が担えるものではないことを認識することが大切です。利用家庭から依頼された保育を事業者が責任をもち，安心で安全な保育が

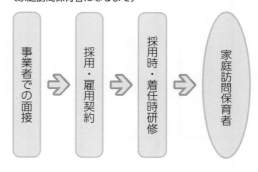

〔家庭訪問保育者になるまで〕

事業者での面接 ⇒ 採用・雇用契約 ⇒ 採用時・着任時研修 ⇒ 家庭訪問保育者

でき，家庭訪問保育の専門性を身につけた保育者養成を行い，何かあったときにも責任がとれる体制を整えている事業者のもとで，従事するようにしましょう。

採用されるとはじめに，その事業者が行う採用時（着任時）研修を受けます。各事業者には，就業規則，服務規程などがあるので，それらを遵守して，事業者の指揮命令に沿って業務を行うことになります。併せて，各事業者には業務（保育）の実施方法についてのマニュアルがあります。保育者はそれに沿って保育を行います。

4 家庭訪問保育の業務の流れ

1 事業者が利用の依頼を受ける

事業者は，利用家庭からの申込みを受けたら，保育を行う日時，保育場所，依頼内容，

対象となる子どもの年齢（月齢），特性，家庭で大切にしている子育ての方針，利用者の希望等を考慮して，所属している保育者の中からふさわしい保育者をコーディネートします。

この役割を担う人のことをコーディネーターといいます。コーディネーターは，利用者にとっての窓口でもあり，利用する家庭や子どもに最もふさわしい保育者を選ぶことが重要な役割になります。そして，保育者に利用者の情報を正確に伝え，利用者の具体的なイメージがつかめるようにします。

また，利用者からの苦情があった場合は，誠実に聞き，対応します。さらには，保育者の仕事のうえでの悩みや利用者の家庭，子どもに関する相談も受け，保育者がよりよい仕事を遂行できるようサポートします。このように，コーディネーターは，利用者，保育者の両者をつなぐ大切な存在であり，両者との信頼関係と円滑なコミュニケーションが必要となります。

2 家庭訪問保育者の仕事の流れ

〔家庭訪問保育者の仕事の大まかな流れ〕

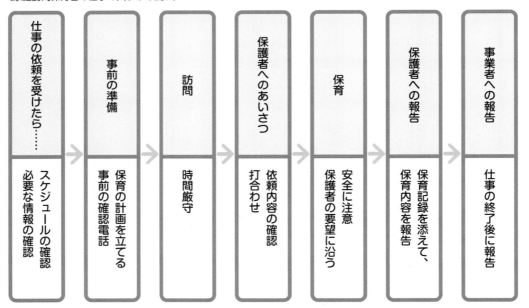

仕事の依頼を受けたら……	事前の準備	訪問	保護者へのあいさつ	保育	保護者への報告	事業者への報告
スケジュールの確認 必要な情報の確認	保育の計画を立てる 事前の確認電話	時間厳守	依頼内容の確認 打合わせ	安全に注意 保護者の要望に沿う	保育記録を添えて、保育内容を報告	仕事の終了後に報告

❶仕事の依頼を受ける

所属事業者より仕事の依頼の連絡があります。その仕事を受けることができるかどうかを即答することを求められることもありますので，常に自分の予定を確認できるようにしておきます。一旦引き受けた仕事をその後に断ることは，保護者や事業者からの信頼を失うことになりかねません。普段から健康管理には十分な配慮が必要です。

仕事の依頼を受けたら，必要な情報が事業者から提供されます。①訪問日時，②訪問場所，③訪問先までの行き方，④利用家庭の情報（保護者の氏名，職業，子どもの名前，

年齢，性別等），⑤依頼の内容等です。保護者の要望や子育ての方針にそって保育を行うことが求められるので，事業者からの情報を聞き逃さないように，しっかりと聞いておくことが大切です（疑問点があれば，まず事業者に確認します）。

　事業者からの情報をもとに事前の準備をします。保育をする子どもの年齢や仕事の依頼内容を考慮して保育の計画を立てます。また，訪問前に事業者からの指示に基づき電話であいさつを行う場合もあります。送迎保育などで保護者と当日打合わせができない場合は，この時に必要事項の確認を行います。

　なお，家庭訪問保育では利用家庭に関するさまざまな情報を知ることになりますが，家庭訪問保育者には「秘密保持義務」が生じます。業務上，知り得た家庭や子どもの情報については契約期間中はもとより，契約終了後も外部に漏らしてはならないことを自覚しましょう。

❷ 訪問当日

　忘れ物がないかを確認し，時間に余裕をもって行動します。依頼時間の5〜10分前に到着するようにします。

　訪問先に到着したら，名前を名乗り，笑顔であいさつをします。第一印象が大切です。子どもにも，身体をかがめて目線を合わせて名前や愛称で呼びかけながらあいさつをしましょう。

　打合わせに入る前に，まず洗面所を借り，手洗い・うがいをし，エプロンを着用します。長い髪はまとめ，アクセサリーなど，子どもにけがをさせる可能性のあるものは外し，身じたくを整えます（第9章123頁も参照）。

　打合せでは，事前に得た情報をもとに，改めて保護者に確認します。この時に，確認事項をメモにしておくなど，要点をまとめて手際よく保護者に確認します。

　　①緊急連絡先・保護者の帰宅時間

　　②当日の依頼内容の再確認

　　③子どもに関する事項

　　　　○当日の子どもの体調　○ミルク・食事　○排泄　○睡眠　○着替え　○入浴

　　　　○遊び，散歩等に関すること

　　④その他

　　　　○留守宅の管理方法（来客や電話の対応，宅配便の受け取りについて）　○冷暖房器具などの取り扱い方法　○保育をする場所（部屋）　○鍵の預り　○保護者が特に望むこと，望まないこと，等

　また，危険なものや高価なもの（貴重品）は片づけてもらいます。

　保護者が出かけるときは，「お任せください」という態度で子どもと一緒に見送りましょう。

❸ 保育中の留意事項

　　①安全に注意する

　　家庭訪問保育者の一番の使命は，子どもを安全に保育することです。保護者が外出したら必ず施錠をし，外部からの侵入を防ぎます。保育中は，子どもが寝ている時も決して目を離すことがないようにします。

　　万一，病気やけがなどで緊急事態が発生した場合は，状況を正確に把握，判断したうえで応急手当てをしたり，救急車を呼んだりするなど適切な対応を行い，事業者と保護者に連絡をします。普段から安全管理・応急手当てなどの知識を身につけておくようにしましょう。

②子どもの成長を見守る・促す

　　家庭訪問保育者は，子どもの発達段階に応じてかかわります。あくまでも子どもの主体性を尊重しながら，衛生面に配慮して楽しく取り組めるようにしましょう。1対1でかかわることができる家庭訪問保育者だからこそ，子どもの成長を見守り，適切に促すこともできるでしょう。

③保育記録

　　家庭訪問保育者は，子どもの様子を正確に詳細に保護者に報告する義務があります。特に，食事や排泄・睡眠などは，子どもの健康管理上において重要なことなので，量，時間等を正確に記載します。

④家庭訪問保育者の行動の注意点

- 保護者の都合による時間の変更など，事業者からの指示と差異が生じた場合は，速やかに事業者に報告・確認をします。
- 保育中の私用電話やメールは絶対に行ってはいけません。
- 保育中のトイレの使用は，子どもの安全を十分に確認し，状況に応じて使用します。
- 物品を破損した場合は，事業者に報告して指示を仰ぎます。

⑤あと片づけ

　　おもちゃや保育に使用したものなどは，保護者が帰宅する時間に合わせて片づけます。おもちゃなどはできるだけ子どもと一緒に元の場所に戻すようにし，散らかしたままにしないようにします。

　　保護者が帰宅したら，子どもと一緒に気持ちよく出迎えましょう。

❹ 報告

①保護者への報告

　　保育が終了（保護者が帰宅）したら，保育記録を提示しながら保育の報告をします。特に伝えておくべきことは保育記録に記入したうえで口頭でも報告します。

　　報告をするときは，保護者が聞きたいことに配慮して，相手が理解しやすいようポイントを押さえて話すことが大切です。①正確に伝える，②早く伝える，③簡潔に伝えることを心がけましょう。報告は事実に基づいた内容で，家庭訪問保育者の主観や感情を交えて話をするのは避けましょう。

ベビーシッター　サービスレポート

利 用 者 コ ー ド		利 用 者 氏 　 名		スタッフ コ ー ド		スタッフ 氏 　 名	

| 利 　 用
年 月 日 | (西暦) 20 　 年
　 月 　日 　曜日 | 予 　 約
時 　 間 | (24 時間制で)
　 時 　分～ 　時 　分 | 利 用
時 間 | 　 時 　分～ 　時 　分 | 交通費
合 計 (　 　) 円
内訳 |

| 業務形態
1 つだけ
○をつけ
て下さい。 | 1　ベビーシッター　　5　送迎・同行保育
2　産後ケア　　　　　 6　グループ保育
3　病後児保育　　　　 7　その他（　　　）
4　障害児保育 | 人 数 割 増 | ある（　人）・なし |
| | | 割引券利用 | ある・なし | □なし |

以上のサービス実施について，確認致しました。
20 　 年 　 月 　 日

　　　　　　確認者署名 _____

保護者からの連絡

本 日 保 育 す る 子 ど も の 氏 名	（　　）歳　　　　　　　（　　）歳　　　　　　（　　）歳
本 日 保 育 す る 子どもの健康状態	良好 普通　熱がある（　時：　度）　　　　　　本日特に注意すること 　　　病気の回復期である（病名　　）
場 　 　 　 　 所	自宅・自宅以外（具体的に　　　　　　　　）
送 　 　 　 　 迎	なし・あり（園・教室などの名称　　　　　　）
本 　 日 　 の 緊 急 連 絡 先	☎　　－　　－
本 　 日 　 の スケジュール の 　 要 　 望	時 　 刻 ／ 内 　 容

ベビーシッターからの報告

本日の子どもの健康状態 本日特にお伝えすること	
食 　 事 おやつ ミ ル ク	時 　 刻 ／ 内容・分量など
本 日 の 保育記録	時 　 刻 ／ 保育内容

図17-3　保育記録の例

②仕事の終了・事業者への報告

　　最後に，室内が散らかってないか，忘れ物がないかを再度確認し，手早く身じたくを整え，保護者と子どもに別れのあいさつをして帰ります。

　　その後，事業者に終了の報告をします。

③家庭訪問保育者自身の振り返り

　　一連の仕事の内容を振り返り，良かったと思われる点，改善すべきと思われる点を思い起こしてみましょう。そして，その気づきをより良い家庭訪問保育者としての次の仕事に活かしていく姿勢が大切です。

5　保育中の事故や物品損壊等への対応

　保育中にはさまざまな事故が起こる可能性があります。第10章で学んだように，事故を未然に防ぐことはとても大切なことですが，実際に起こった場合の対応についても確認しておきましょう。ここでは，物が壊れた場合や紛失・盗難等について説明します。

　いずれの場合も，まず事業者にすぐに連絡を入れて，指示を仰ぎます。保護者への連絡についても，すぐに連絡するのか，帰宅時に報告するかは事業者の指示に従います。

①物が壊れた（物を壊した）時

　　現物を残します。現物そのものを保存する，又は，写真を撮っておきます。

②物を紛失した時（盗難にあった場合も含む）

　　原則として，警察への届け出が必要になります（保険の適用上，届け出を受理したという警察の受理番号が必要になります）。

　事業者に所属する保育者が万一事故を起こしたり，物品を壊したりした場合，事業者は利用者に対して損害賠償を行います。保育者の落ち度によって子どもや物品に損害を与えた場合，保育者も責任を問われることがあります（資料編254〜257頁も参照してください）。

第18章

さまざまな家庭訪問保育

講義の目的
①家庭訪問保育におけるさまざまな保育サービスの形態を知る。
②それぞれの保育サービスを実施する際の留意点について学ぶ。
学びのポイント
　乳児のみならず，幼児・学童への家庭訪問保育も含めて，さまざまな保育サービスの形態とサービス内容，子どもや保護者への対応について学ぶ。

1 さまざまな家庭訪問保育の利用

1 家庭訪問保育を利用する子ども

　家庭訪問保育の対象となる子どもは，新生児期の赤ちゃんから，小学校高学年くらいまでと幅が広く，その半数以上が，保育所等や小学校に通っている子どもたちです。

　保護者の利用理由は，多くが仕事のためであり，保育所に迎えに行くことができないため毎日利用する場合もあれば，パートやフリーランスで仕事のある時に利用する場合もあります。また，専業で子育てをしている家庭でも，きょうだいの学校行事などで利用することもあれば，そのほか，冠婚葬祭，資格取得などの学習のため，保護者の体調不良，あるいはリフレッシュのためなど，その理由はさまざまです。

　家庭訪問保育の場合，保護者が外出し不在である場合の保育が殆どですが，中には，在宅で仕事をしている，あるいは両親は不在でも祖父母などの同居家族がいる場合もあります。時には，子育てに不安を抱えた保護者と一緒に，保育を行うといったこともあります。

　このように，家庭訪問保育の場合，利用理由や保育の形にはさまざまなバリエーションがあります。

2 家庭訪問保育における保育の形態

　家庭訪問保育で，保育所や学童クラブなどに通う子どもを保護者が迎えに行くことができない場合に多く利用されるのが送迎保育です。保育所等へ迎えに行ったあと，自宅

に連れて帰り，保護者が帰るまで保育する場合や，迎えに行ったあと，そのまま塾や習い事へ連れて行って終了する場合もあります。また，習い事が終わるまで待って，自宅に連れ帰り，保護者が帰るまで保育するといった場合もあります。2〜3時間といった短時間の保育が多いですが，保護者の帰宅が深夜に及ぶような場合では，食事や入浴の介助，寝かしつけまでを世話する夜間保育となることもあります。

　また，就労家庭などで登園，登校できないような体調不良の子どもでは，病児・病後児保育が必要となることもあります。このほか，異年齢のきょうだいや，多胎児を一緒に保育するきょうだい保育，障害のある子どもを保育する障害児保育，時には保護者と一緒に外出し，外出先で子どもの保育を行う，同行保育もあります。また，子どもだけではなく，出産後の母親のケアや，家事支援を含めた産後ケアもあります。

2 産後ケア

1 産後ケアの必要性

　少子化の中で，自分の産んだ赤ちゃんが初めて触れる新生児であるというケースが増えています。病院，助産院などで行われる退院後の新生児ケアに関する指導は，その内容もさまざまです。退院後，祖父母による支援が得られず，母親が一人で赤ちゃんと向き合い，「泣きやまないけれどもどうしたらよいのか？」「お乳を吸わないような気がするけれども足りているのか？」など，どう接してよいのかとまどうケースも少なくありません。

　出産後，保健所の保健師による巡回指導がありますが，実際に家事支援などを行うものではありません。また，保育所に入所できるのは生後2か月からです。

　そこで産後の支援として，母子を対象とする居宅での家庭訪問保育が必要とされます。保育者は必要な時間に，ニーズに沿った産後のケアサービスを提供するとともに，子育ての知恵や実際の技術を母親に直接伝えることができます。

2 新生児の特徴とケア

　誕生した赤ちゃんは生後3日から2週間くらいで退院し，家庭に迎えられます。新生児の特徴として，次のようなものがあげられます。

- 身体と頭の割合はおよそ4：1，頭部に大泉門や小泉門といわれる隙間があります。
- 視覚的にはあまりよく見えないといわれていますが，人の顔，特に目をじっとみつめることがあります。嗅覚的には少し大きくなると母乳のにおいをかぎ分け，聴覚的にはお腹の中で聞いていた母親の声を聞き分け，大きな音に驚いて泣くこともあります。
- 肌は薄い紫色をしていて，生後2〜3日からカサカサしてきて皮膚がむけることが

あり，蒙古斑といわれる青っぽいあざがお尻，肩や手の甲，足首などに見られることがあります。

- へその緒は早くて 4 〜 5 日，普通は 10 日，時には 3 週間で取れます。

- 呼吸数は 1 分間に 40〜50 回（大人は 16〜17 回）と多く，体温は大人より高く，36.5〜37℃です。1 日中浅い眠りでうとうとしていて，生後 1 か月くらいは 1 日 16〜18 時間寝ますが，3 か月以上経つと昼と夜の区別がつき，少しずつ続けて眠れるようになります。

新生児にとっては，おっぱいを飲むのも，おむつを当てられるのも，沐浴も，胎内にいる時には全く経験しなかった初めてのことばかりです。ゆったりと構えて接しましょう。

3 母親の心身のケア

心身ともに激しく変化する産 褥 期の過ごし方は，その後の子育てにも大きくかかわります。この大切な時期に十分な支援を受け，心や体に過重な負担をかけずに余裕を持って過ごすことが「子どもが可愛い」と思える母性を育むことにもつながるといえます。

❶産褥期の母体の変化

出産により変化した母体が回復するのには，6 〜 8 週間かかります。出産のために大きくなった子宮や産道がゆっくりと元の状態に戻っていきますが，この時期を「産褥期」といいます。最初の 1 〜 2 週間は無理をせずに寝たり起きたりの生活をすることが必要です。

産後の母親は，出産による傷の痛み，体力の消耗からくる疲労感や倦怠感，妊娠中の頃から続いている腰痛や便秘，痔，立ちくらみなど，さまざまな症状や訴えがあります。

約 4 週間後に産婦人科で行う 1 か月健診で医師の診察を受けるまで，育児に慣れながら，自分自身の身体をいたわることが大切です。

❷産後の母親の情緒

マタニティブルー（マタニティブルーズ症候群）

産後の母親は，出産後 2 〜 3 日目から 1 週間以内に，一過性ではありますが，情緒が不安定になることがあります。個人差はありますが，理由もなく泣けてきたり，いらいらしたり，眠れなくなったり，心が不安定になります。この状態を「マタニティブルー」（専門的にはマタニティブルーズ症候群）といい，10 日目頃から自然に回復していきます。原因としては出産に伴うホルモンの急激な減少による身体的要因によるものですが，初産，高齢出産，社会的援助や夫の協力の有無，性格的な要因などによる育児不安が重なっていることも考えられます。

マタニティブルーはごく普通の生理的な心の変調なので，深刻に考えるよりリラックスさせる温かい心遣いが効果的です。「もっと頑張れ！」「そんなことではだめですよ」

と励ましたり否定したりするのではなく,「それでいいのですよ」「よく頑張りましたね」
と,共感と受容の心で,ゆったりと受け止めたいものです。

産後うつ病

産後うつ病は,マタニティブルーより重い症状があらわれる病気です。多くは,出産
後3～6週間以内に発症し,産後女性の10%の人にみられるといわれています。

症状は,悲しい気分になる,罪業感を感じる(自分を悪いと思う),不安や疲労感が
強い,物事がうまくできない,赤ちゃんのことに神経質になる,または無関心になる,
憂うつで絶望感を抱く,自殺を考える,奇妙な考えを起こすなどがあります。

原因としては,出産による急激な身体の変化や育児不安,負担など,生物学的,心理
学的,社会学的な要因が関係していると考えられます。几帳面で何事も完ぺきにこなさ
なければ気が済まない性格の人がこのような状態になりやすいともいわれています。

本人も病気だと気づかずに,自分の努力が足りない,自分は母親失格だと考えたり,
周りの人からも怠けているなどと思われたりして追い詰められてしまうことがあります。

産後うつ病には十分な休養と投薬治療が必要なため,医療機関を受診することや家族
の理解が大切です。このような症状がみられたら早めに事業者に相談しましょう。

もっと重い症状(激しいいらいら感,支離滅裂な言動,幻覚,幻聴,被害妄想,躁状
態,多弁・多動など)があらわれる場合は,精神科などでの早急な治療が必要です。

気がかりな場合はすぐに事業者に相談しましょう。

4 家事支援

産後は身体の回復に向けて十分な休養をとる必要があり,日常の家事労働について誰
かの支援を必要とする時期です。核家族で祖父母の支援がない場合などは保育者などに
よる支援が必要となります。家事支援を行うときには次の点に留意しましょう。

❶業務範囲・内容を明確にする

家事支援の仕事には掃除,洗濯,買い物,食事作りなどがあり,業務範囲・内容を明
確にする必要があります。家事は,それぞれの家庭により内容・範囲が異なりますから,
産後ケアサービスを行う前に,所属する事業者の方針に基づいてどの範囲まで提供する
かについて明確にしておくことが大切です。

❷安全に留意する

子どもの安全上の配慮から,家事と育児は一緒に行えません。家事を行うときには母
親に赤ちゃんの世話を依頼します。例えば,おんぶをしての食事作り,バギーに赤ちゃ
んを乗せて買い物を行うなど,家事と育児を同時に行うことは,「赤ちゃんの安全を守
るために」できないことを伝えましょう。

5 上の子どものケア

今まで両親の愛を一身に受けてきた子どもは,親の関心,かかわる時間などが,生ま

れたての赤ちゃんに注がれることに複雑な思いを抱きます。1歳前後の上の子どもの場合は，親との関係を強く求める時期ですから，言葉ではっきり表せなくても親から突き放されたのではないかという不安，寂しさを感じています。2～4歳になった上の子どもが，「赤ちゃんがえり」をして，今までトイレでできていた排泄ができなくなったり，哺乳瓶をくわえたがったりして自分の気持ちを表す場合もあります。また，情緒が不安定になって八つ当たりなどをすることもよく見受けられます。

家庭訪問保育者は，上の子どもの寂しさや不安な気持ちに配慮してケアをすることが必要です。「おにいちゃんだから，おねえちゃんだから，がまんしなさい」というのではなく，寂しく不安な気持ちを理解していることを示しながら，時には甘えさせてあげましょう。また，できたことをほめて，上の子どもの自尊心を育みます。しっかりと肯定されることを通じて，新しい家族である赤ちゃんを可愛がる気持ち，思いやる気持ちが芽生えてくるのです。

3 病児・病後児保育

1 病児・病後児保育とは

病気にかかっている子どもや，その回復期にある子どもの保育を病児・病後児保育といいます。就労家庭においては，保護者の仕事の都合などでどうしても子どもの看病が難しい場合もあり，保護者の就労と育児の両立支援のために重要な保育サービスの一つといえます。病児・病後児保育は，地域子ども・子育て支援事業の一つともなっていますが，一般型家庭訪問保育としても利用されています。

病児・病後児保育には，保育所や小児科医院等に併設された施設型の病児・病後児保育室もありますが，受け入れ人数が限られていることや，保育を受けるために施設まで移動しなければならず，体調の悪い子どもの心身への負担や，他児からの新たな感染のリスクも考えられます。それに対して，家庭訪問保育による病児・病後児保育の場合，住み慣れた家庭という環境で子どもはリラックスして過ごすことができ，体調に合わせた1対1のきめ細やかな保育が受けられるため，子どもへの負担が少ないことがメリットといえます。病児・病後児保育においては，子どもの病気を理解しそれぞれの症状へ適切に対応することにあわせて，子どもの身体的苦痛によるストレスや不安な気持ちをくみ取りながら保育にあたることが求められます。このほか，感染症予防のための知識や技術も必要とされます。

2 子どもの健康状態と家庭訪問保育の範囲

病後児保育を受けている子どもたちがどのような病気にかかっているのか，前社団法人全国ベビーシッター協会（現公益社団法人全国保育サービス協会）が実施した調査に

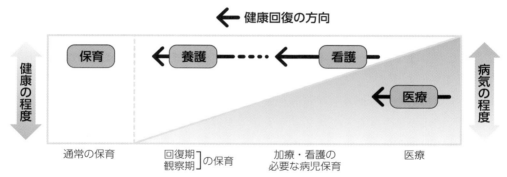

図18-1 子どもの健康状態と家庭訪問保育の対象範囲

よると，風邪をはじめとした乳幼児によくみられる感染症が非常に多いことが分かりました。こうした病気にかかっている子どもたちに対して，家庭訪問保育の対象範囲についてはどのようにとらえるのでしょうか。同協会名誉会長巷野悟郎氏の講演によれば，子どもの健康状態と家庭訪問保育の対象範囲は図18-1のようになると考えられます。

これによれば，病気の程度が重い場合に必要なのは医療です。加療・看護の時期は，医療従事者と保護者の連携による家庭内看護が必要となります。病気の程度が軽くなるにつれて（急性期から回復期になるにつれて）加療・看護の時期から徐々に回復期・観察期の保育の時期となります。

感染症の急性期は過ぎたけれども，登園許可が出るまではまだしばらくかかる，でもそんなに仕事は休めない，そんなときに自宅において個別にそして臨機応変に対応できる家庭訪問保育を利用するケースが多いといえます。

3 医療機関との連携の重要性

体調の悪い子どもの保育では，健康管理上，医療機関との連携が重要になります。保育中，急に症状が悪化した場合など，いざという時には受診ができるよう医療機関との連携について事前に保護者や事業者に確認しておく必要があります。

医療機関には，子どものかかりつけ医や事業者が連携している医療機関，あるいは地域の医療機関などがあります。どの医療機関を利用したらいいのか，必要時に速やかに受診できるよう医療機関の連絡先や受診日を確認するほか，保険証，診察券，母子健康手帳なども保護者に確認しておきましょう。

より安全に，安心して保育を行うために，保育者は保護者，事業者，医療機関との連携，連絡の重要性を十分理解して保育にあたるようにしましょう。

実際に保育に従事する場合には，具体的な記録を残すこと，薬の取扱いなど，大切な保育上のポイントを踏まえて保育する必要がありますが，さらに，家庭訪問保育者の大切な心構えとして，保護者と子どもへの優しい心配りがあります。体調が悪い子ども，その子どもを託す保護者の気持ち，その両者の不安感をしっかりと受け止め，受容する

家庭訪問保育者の配慮ある保育が，何よりも安心感を醸し出すことになるでしょう。

4 障害児保育

1 障害児保育の考え方と動向

　居宅訪問型保育の対象として，障害のある子どもが含まれていますが，障害の程度により地域に受け入れ可能な保育施設等がない場合や，集団保育になじまない場合などが想定されています。また，一般型家庭訪問保育でも，障害のある子どもの保育を行うことがあります。

　一般型家庭訪問保育では，最初から障害児であることを聞いて保育にあたるケースがある一方で，保育を始めてから後で障害があることに気づくケースもあります。いずれのケースでも，障害の有無にかかわらず，保育者はその子なりの発達や成長をしっかりと支えていくことが重要です。

　2014（平成 26）年には日本でも「障害者の権利に関する条約」（障害者権利条約）が批准され，その後，「障害者虐待の防止，障害者の養護者に対する支援等に関する法律」（障害者虐待防止法）や「障害を理由とする差別の解消の推進に関する法律」（障害者差別解消法）が施行されました。障害のある人も，差別をされることなく，保育や教育の場でも移動やコミュニケーションの方法などについて合理的配慮を受けられるような社会づくりが進められています。保育者も，そうした社会の流れ（ノーマライゼーションやインクルージョンなど）をよく理解し，子どもと保護者を支えられる存在になるよう努めましょう。

　それぞれの障害の主な特徴やかかわり方については第 14 章（175〜177 頁を参照）でも学びましたが，障害の程度や，必要な支援は一人ひとり異なりますので，担当した子どもの状況をよく理解し，保護者からの情報や協力を得ながら，より専門的に配慮の行き届いた保育を行うことが必要です。

> **🔓Memo** ノーマライゼーション（normalization）
>
> 　障害者や高齢者など社会的に弱い立場に置かれがちな人々が，過度に保護されたり施設等に隔離されたりして暮らすのではなく，人間性や権利を十分に尊重されて，地域でほかの人たちと同じように生活できるようにする取組み，また，それが社会の当然の姿だとする思想を指します。多様な人たちの地域生活が実現するためには，周囲の環境の整備や互いの理解が必要です。
>
> インクルージョン（inclusion）
>
> 　インクルージョンとは「包含」という意味です。障害の有無にかかわらず，地域の学校で学ぶ権利を保障する観点から，障害など多様なニーズのある子どもも含めて，すべての子どもがそれぞれに必要な援助を保障されたうえで，地域の通常の学校で教育を受けることを指しています。個々の子どものニーズに応じた支援・配慮が必要な場合には，それに対する環境整備や，専門的な教育が行われることが必要です。

2 保護者とのかかわり方

　第14章に説明したような特徴があっても，保護者が事業者または家庭訪問保育者に子どもに障害があることを伝えないことがあり，「気づいていても伝えたくない，認めたくない」場合と「気づいていない」場合があります。

　家庭訪問保育者は子どもに障害があるかもしれないと思っても断定することはできませんし，保護者に子どもに障害があるということを断定的に伝えることもできません。しかし，「何かほかの子どもと違う」という家庭訪問保育者の感じ方があたっている場合もありますし，第14章に説明したような特徴が顕著な場合，障害がある疑いもあります。このような場合は，まず所属する事業者に相談しましょう。

3 専門機関との連携

　障害によっては医療行為を必要とする場合がありますので，依頼を受ける時，家庭訪問保育者が対応できる範囲であるかどうかを，所属する事業者とともに依頼者及びかかりつけの医療機関に確認する必要があります。

　障害のある子どもの中には，保育所などに通ったり，専門施設に通ったりしている子どもがいます。専門施設は大きく二つに分けることができます。一つは療育を専門としている施設で，地域療育センターが代表的なものです。ここではワーカーや保健師を配置して地域内の保育施設とコンタクトをとることを前提にしています。もう一つは専門治療を施設の中で行う病院などの施設です。このほかに，民間の療育機関もあります。

　保護者といろいろな施設や機関，そして家庭訪問保育者・所属事業者の連携の中で子どもの発達援助がされていくことが望ましいでしょう。

5 送迎・同行保育

1 送迎保育

❶送迎保育の種類

　ある場所からある場所に子どもが移動する場合に保育者が同行する保育を送迎保育といいます。送迎保育には，「送りのみ」「迎えのみ」の場合，「送迎」をする場合，2か所以上（幼稚園に迎えに行ってから，塾などに連れて行き，自宅に帰るなど）の場合などがあります。

　また，送迎保育には，「送迎のみ」の保育と，「送迎」の前後に自宅などで保育を行う場合があります。

❷送迎保育の留意点

①安全

　送迎保育の第一の目的は，子どもの移動を安全に滞りなく行うことです。時には大きな荷物を同時に運ぶこともありますので，随時，適切な対応が求められます。

　移動中には，事故が起こらないよう子どもだけでなく周りの様子にも十分に注意します。また，マナーや事故防止のための安全教育も併せて行いましょう。季節や自然を楽しんだり，園での出来事や子どもの考えなどをゆっくり聞いてあげる時間としたり，目的地での注意点などについて子どもと話し合うこともよいでしょう。なぞなぞやしりとりなどの遊びも取り入れながら，移動の間も充実した保育の時間になるように心がけます。

　移動方法とその留意点は次のとおりです。

①徒歩

　子どもと手をつなぎ，車道側を保育者が歩きます。交差点など十分に安全に留意します。暗く寂しい道での安全にも注意しましょう。

②バギー，ベビーカー

　使用上の留意点をよく確認して，正しく安全に使います。特にこれらを持って階段

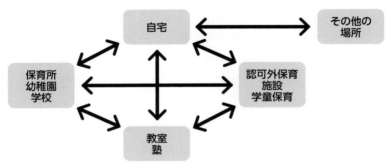

図18-2　送迎保育

の上り下りをする時の子どもの安全に留意します。

③自動車

　タクシーの利用時は，乗り降りの際にドアに手を挟むけがや，降りた時のほかの自動車への接触などに注意します。乗車中の注意として，低年齢児でチャイルドシートを使用しない場合は，保育者がシートベルトをした上で，抱っこひもなどでしっかりと抱っこをするなど安全に配慮しましょう。事業者によっては保育者の運転による車の送迎を禁止しているところもあります。

④電車

　特にバギーを利用する場合，階段の上り下りに十分に気をつけましょう。ホームでの転落，電車との接触事故が起きないように，低年齢の子どもの場合はしっかりと手をつなぐことが大切です。子どもが電車の中で走ったり，大声を出したり，座席に土足で上がったり，物を食べたりしないよう，マナーにも注意します。

⑤バス

　ラッシュ時などの交通渋滞，悪天候による遅延など，ダイヤが乱れることがあります。定時に到着しなければならない場合，時間の余裕をみることも必要です。揺れたり，急停車したりする場合がありますから，安全に気をつけましょう。

②送迎場所の確認と時間厳守

　送迎場所の住所，電話番号，交通経路や道順など行き方の確認を事前に保護者と十分に行います。遅刻をすれば，送迎先にも非常に迷惑をかけることになります。万一，遅刻しそうな時には，保護者の緊急連絡先とともに送迎先にも連絡を入れる配慮が必要です。

③事前の打合わせ

　まず，送迎のどちらか，又は両方を行うのかを確認します。そのうえで，待合わせや送り先の場所と時間，連絡先を確実に把握するために住所や電話番号，行き方などを聞き，必ずメモをとり，常に携帯します。

　当日の荷物の個数や分量の確認も忘れ物を防ぐためには必要です。また場合により，その荷物を持ったうえで子どもを抱いたりすることを念頭に，保育者自身の荷物は必要最小限にしておくなどの配慮が必要でしょう。

　昨今，乳幼児に対する許しがたい事件が多発する中，危機管理の一つとして保護者以外の送迎に対しては身分証の提示を求められるケースが多いので，必ず社員証などを携帯しておくことも必要です。事前に保護者より，送迎先の担当者に家庭訪問保育者の氏名と事業者名を連絡していただくよう，忘れずに依頼しておきます。

　また，交通費などの経費についても，事前に預かるのか，保育者が立て替えて事後に清算するのかなど，あらかじめ確認しておくほうがよいでしょう。

　鍵の受け渡しについては十分に留意する必要があります。

❸保育所への送迎

　保育所へ送迎を行う場合，場所，電話番号，クラス，担任の先生の名前，子どもの持ち物の場所，その日に持って帰る物などを事前に保護者と詳しく打ち合わせます。

　社員証，身分証，顔写真などを必要とする場合がありますので，確認のうえ，携帯するようにしましょう。

　長期にわたり継続して送迎をする場合は，担任の先生とよくコミュニケーションをとって，その日の子どもの様子など保護者に代わって話したり聞いたりするケースもあります。同じ保育者として保育士と家庭訪問保育者が円滑なコミュニケーションをとることが今後ますます必要になることでしょう。

2 同行保育

❶同行保育とは

　同行保育では，子ども・保護者と共に行動しますが，一口に同行保育といっても，数時間で終わることもありますし，1日がかりになること，また，宿泊を伴うこともあります。行き先も国内に限らず，海外へ同行するケースもあります。

　同行先では保護者と関係がある方々と出会うことが多いので，家庭訪問保育者としての役割はもちろんのこと，社会人として常識ある言動が必須です。

　長距離の移動や宿泊を伴う場合には，保育者自身の健康管理には特に注意が必要です。また，荷物なども，場合によっては子どもの物を預かることを考慮して，極力身軽な動きができるような準備にします。宿泊を伴う同行保育では，保育時間の設定や，保育者の食事や入浴を含むプライベートな時間をどのように設定するかなども，所属する事業者と一緒に事前に確認をし，保護者の了解を得ることが重要です。そのうえで，保護者と保育者は，事前に詳細を打ち合わせします。

❷事前の打合わせ

　行き先・宿泊先とその連絡先，同行の目的（葬式などでは家庭訪問保育者自身も準備が必要となります），同行中のおおまかな日程，当日の待合わせ場所，交通機関の種類や時刻，行き先における保育場所の状況や設備，移動中の保育上の注意点，同行先での人間関係の注意点などを事前に打ち合わせて確認します。

　また，宿泊を伴う同行保育では，家事に属する仕事の依頼が生じる場面も考えられます。例えば，子どもの食事や洗濯などについて，普段とは違う環境の中でどのように対応すればよいのかを確認します。場合により，就寝時も子どもと一緒であることも考えられます。

❸保育中の注意点

　安全管理という面では，同行保育では保護者と同席をしているため，油断しやすい状況になりがちです。しかし，子どもへの気配りは，保護者がいてもいなくても気を抜くことは許されません。また，私用が許されるような状況であっても，無断で行動するの

ではなく，事前に保護者に申し出てから行います。たとえ，トイレに行く場合でも許可を受け，常に保育者の所在を明確にしておきます。

　金銭のやり取りは，基本的には家庭訪問保育者は行いませんが，万一，保育者が経費の立て替えなどをした時は，必ず領収証を受け取り，保護者と事業者に報告をします。

6 多胎児（双生児）の保育

1 多胎児（双生児）の保育

　出生後すぐは，それぞれの子どもが異なった生活リズムで，授乳や睡眠などが別々のことも多いのですが，徐々にリズムを合わせていくように工夫している母親も多いでしょうから，家庭訪問保育者もそれぞれの子どものリズムを確認して保育を行います。

　生後5か月を過ぎる頃から，同じように生活していた多胎児にも違いが出てくるようになります。力関係が出てきたり，その時々に応じてまた逆転したりなどの様子が見られます。そして，1歳を過ぎると，今度は競争意識が出てきて，1人が何かしていると自分も同じようにしたがったり，2人一緒で満足していたことも独り占めしてみたくなったりという感情が出てきます。こうした関係の中で，積極的な子どもやおとなしい子どもなどそれぞれの性格の違いも見られるようになります。

　3歳頃になると，それほど相手の行動が気にならなくなり，互いに独立してくる傾向がみられるようになります。今まで取り合っていた物も，それぞれに名前をつけて持ち物を分け合ったり，互い以外の友だちにも関心を示すようになってきます。こうした成長の過程で見せる多胎児の特徴と，それぞれに持つ個性の違い，発達の違いをとらえて保育することが重要といえます。

　このほか，乳幼児期には，一方が病気にかかると，続けてもう一方も感染するということもあるでしょうから，病後児保育などの場合は，今現在具合が悪くなくても発病する可能性を考えて，常に注意を怠らないように気をつけます。また，事故やけがについても，1人ではできないことも，2，3人で協力し合って高いところにあるものを引っ張って落としてしまったり，おもちゃの取合いでけんかになったりということもありますので注意しましょう。

2 母親への配慮

　多胎妊娠は，妊娠期間中から妊娠悪阻（つわり）や貧血，妊娠高血圧症候群（妊娠中毒症），流産，早産，胎児の異常，出産の異常などのリスクが単胎妊娠に比べ高いことが知られています。さらに子育てには，なおいっそう大変なエネルギーが必要となります。家庭訪問保育者は，こうした身体的・精神的状況を理解したうえで，母親が必要としている保育を行うことが重要です。

母親の子育ての大変さ，忙しさを受け止めて，母親が話しやすい雰囲気をつくることや，話すことに対して耳を傾け，共感したり肯定したりする姿勢を忘れずに接しましょう。特に，「一度に産んで育てたほうが楽」や，「どちらがお姉さんですか？」など多胎児特有に言われがちな言葉には，不快感を感じる母親もいますので十分注意しましょう。

7 学童の保育

1 友だちとのかかわり

学童期においては，友人関係や行動範囲がさらに広がりを増すようになり，友だちの家に遊びに行ったり来たり…ということも十分に考えられます。それも，「学校で約束をしたから」など，帰宅後，急に言い出したりすることもあり，あらかじめ家庭訪問保育者が保護者から聞いていたスケジュールと違ってくることもあります。

そこで，家庭訪問保育者としては，依頼を受けている時間帯に友だちとの往来があるかどうかを確認しておくことは当然ですが，それ以外にも，子どもが行きたがった場合には行かせてもよいのか，家庭訪問保育者も同行したほうがよいのかを確認しておきます。また，万一事故が起きた場合の責任についても話し合っておきましょう。特に友だちが来る場合には，家庭訪問保育者の責任範囲は依頼を受けた子どもに対してのみであることを伝え，後のトラブルを防ぐようにしなければなりません。

2 学習への取組み

保育中のあり方について，子どもや家庭訪問保育者に対して「楽しく充実した時間」の中に学校や塾の宿題や予習・復習，それらを習慣づけることなど，学習的要素を保護者から求められることがあります。保育者は事前に保護者と，どの程度の時間や内容を求められているのかを相談しなくてはいけません。また，それらがどの程度子どもに定着しているのか，どのような姿勢で取り組んでいるのか，保育者にはどんな対応を希望しているのかなどを聞いておくようにします。

3 家庭訪問保育者との関係

学童期になると，子ども自身によりしっかりとした自我が目覚めたり，自分のおかれている環境を冷静にみつめたりするようになります。保護者や保育者を含む周りの大人たちが，本当に自分のことを考え大切に思ってくれているのかを敏感に感じ取るようになります。そこで，充足感に欠けたり，プレッシャーに感じたりする時にはさまざまな言動で「反抗」を表し，威圧感を感じている場合には威圧者（多くの場合は保護者）の目の届かないところで「発散」するなどの姿もみられます。

実際の保育上では，保護者の意向を単に押しつけるかたちではなく，それを踏まえた

うえでどういう1日にするのかを家庭訪問保育者と子どもが相談をして決めます。子どもの思いに寄り添いながら，安全や健康，行動の面で必要なときに保育者が適切に判断して承認したり，助言したりすることが大切です。

　保護者とは家庭の育児や教育の方針を十分に話し合い，方向性や方法を確認し合います。また，家庭訪問保育者自身の専門性や人間性を高め，真剣に子どもと向き合い，子どもからの信頼を得ることが大切です。

8 外国の子どもの保育

　家庭訪問保育者は家庭の育児方針を尊重し，それに沿って保育を行います。

　それぞれの家庭の育児方針は，保護者の価値観によりさまざまですが，特に外国の子どもを保育する時は，保護者の国籍，その国の文化，伝統，宗教，生活環境などさまざまな点で日本とは違うことをよく認識し，文化圏の違いからくる保護者の価値観の違いを理解することが大切です。そのうえで，保護者と十分にコミュニケーションをとり，育児方針に沿って希望する保育を行わなければなりません。

　育児は文化そのものといえます。普段私たちが何気なくしていることや，育児のうえで常識と思っていることも，ところ変われば全く通用しないということもあり得ます。例えば，子どもの頭をかわいいからといってなでたりしてはいけないという国もあれば，宗教上の理由から特定の食物を食べることが許されない場合もあります。また，断乳の時期ひとつとっても，その国の文化により母親の考え方もさまざまです。

　こうした文化の違い，生活習慣の違いがあることを踏まえたうえで，互いによく理解し合い，その家庭の育児方針を尊重して保育を行うためには，十分に話し合うことが必要です。これは何も外国の子どもの保育に限ったことではありませんが，特に，曖昧なことや，分からないことは自分で判断したりせずに，必ず確認するようにしましょう。

資料編

1 主な誤飲物への対処法（公益財団法人日本中毒情報センターHPより抜粋改変）

（1） あわてずに，口の中に残っているものがあれば取り除き，口をすすいで，うがいをします。

（難しい場合は濡れガーゼでふき取ります）

（2） 家庭で吐かせることは勧められていません。吐物が気管に入ってしまうことがあり危険です。

絶対に吐かせてはいけないものの例	
石油製品 （灯油，マニキュア，除光液，液体の殺虫剤など）	気管に入ると肺炎を起こす
容器に「酸性」または「アルカリ性」と書かれている製品 （漂白剤，トイレ用洗浄剤，換気扇用洗浄剤など）	食道から胃にかけての損傷をよりひどくしてしまう
防虫剤の樟脳，なめくじ駆除剤など	けいれんを起こす可能性がある

（3） 刺激性があったり，炎症を起こしたりする危険性があるものの場合は，牛乳または水を飲ませます。誤飲したものを薄めて，粘膜への刺激をやわらげます。飲ませる量が多いと吐いてしまうので，無理なく飲める量にとどめます（多くても小児で120mL，成人では240mLを超えない）。

牛乳または水を飲ませたほうがよいものの例
容器に「酸性」または「アルカリ性」と書かれている製品 （漂白剤，トイレ用洗浄剤，換気扇用洗浄剤など）
界面活性剤を含んでいる製品 （洗濯用洗剤，台所用洗剤，シャンプー，石けんなど）
石灰乾燥剤，除湿剤など

（4） その他のものの場合は，飲ませることで症状を悪化させる恐れがあるものもありますので，何も飲ませないようにします。

飲ませることで症状を悪化させる恐れがあるものの例		
石油製品 （灯油，マニキュア，除光液，液体の殺虫剤など）	吐きやすくなり，吐いたものが気管に入ると肺炎を起こす 牛乳に含まれる脂肪に溶けて，体内に吸収されやすくなる	牛乳×，水×
たばこ，たばこの吸殻	たばこ葉からニコチンが水分に溶け出し，体内に吸収されやすくなる	牛乳×，水×
防虫剤 （パラジクロルベンゼン，ナフタリン，樟脳）	牛乳に含まれる脂肪に溶けて，体内に吸収されやすくなる	牛乳×（水はどちらでもない）

2 月齢・年齢別の特徴に応じたかかわり方と遊び

❶ 0 歳児前期

月齢	0〜2か月	2〜4か月
心身の発達の特徴	・音に反応する ・明るいほうを向く ・自発的微笑 ・声を出す ・頭を上げようとする ・首が徐々にしっかりしてくる ・水平方向の追視 ・相手をしてくれる人を見つめる	・あやすと笑う ・声を出して笑う ・頭を180度追視 ・バ，ダ，マなどと言う ・首がすわってくる ・自分のにぎりこぶし，指を見る ・声がしたほうに振り向く ・体をねじろうとする
生活の様子	・まどろんでいることが多い ・空腹などの不快感で泣く ・授乳の後しばらく目覚めている ・ベッドで過ごすことが多い ・夜間も授乳がある	・昼間目覚めている時間が長くなってくる ・抱いて声をかけられると，気持ちよさそうに声を出して応える ・あやされるとはしゃぐように喜ぶ ・ベッドにあおむけに寝ながら一心に自分の手を眺めたり，両手をもみ合わせたりする ・昼間起きている時間が長い乳児が，夜まとめて眠れるようになり，夜の授乳が1回なくなる
遊び方・接し方，主なおもちゃ	・目が覚めている時，授乳後，おむつ交換のときなどに声をかける ・手足をそっとさすってあげる ・機嫌よく目覚めている時など目を合わせて静かにあやす ・明るいメロディーなどを口ずさみながら過ごす ・美しい音，心地よい音のするおもちゃ，オルゴールメリーなど	・静かに周囲を眺めている時はそっとしておいてあげる ・向き合って抱き，声をかけ，あやす ・オルゴールメリー，オルゴールなどを見たり音を聞いたりして楽しむようにする ・喃語に応えて声をかける ・楽しくあやし，笑いを誘うような遊びをする（笑いの大切さ） ・ガラガラなどの音のするもの ・なめたり，触ったりできるおもちゃ，美しい色のおもちゃ
保育における配慮とケア	・身体機能が未熟なので生命の危険に陥りやすいため，子どもの状態を十分に観察し，常に状態の急変に対応できるようにしておく ・体温調節機能が未熟なので保温に気をつける ・個々の生活リズムを大切にする ・泣いた時はその原因を探り，適切なケアをする。授乳，おむつ交換，衣類の調節など ・眠っているときもしばしば様子を確かめる。表情に変わりはないか，布団などが被さっていないか ・睡眠中も部屋を離れないようにする。乳幼児突然死症候群に注意 ・仰向けに寝かせるようにする ・抱くときは片腕で乳児のまだ座っていない首をしっかり支える ・スキンシップを十分にとるようにする ・授乳は必ずしっかり抱いて行う。肘掛けいすに座り，腕で乳児の首をしっかり支え，上体を起こし気味にし，安定した姿勢で表情を見ながら飲ませる ・発汗などの身体の状態を十分観察して必要に応じて水分を与える	

❷ 0歳児中期（5～8か月）

心身の発達の特徴	生活の様子
• 見たものに手を伸ばす（目と手の協応） • 寝返りをする • 人見知りが始まる • 母胎からの免疫は弱まり，感染症にかかりやすくなる • 腹這いで上体を起こす • 意味なく，「パパ」「ママ」「ブーブー」などと喃語を言うようになる • 後追い • 一人で座れるようになる • はいはいをする	• 手足の動きが活発になってくる • 授乳，睡眠を含め，生活のリズムが整ってくる • 大人の顔を見て笑いかけ，「アーウー」と声を出す • 感情を訴えるような泣き方をする • 季節にもよるが，鼻水，咳など，いわゆる風邪のような症状を呈することが多くなる • 座った姿勢で両手を自由に使って遊ぶ • 慣れた人とは積極的にかかわりを持とうとする
遊び方・接し方，主なおもちゃ	**保育における配慮とケア**
• いないいないばあ，かいぐりなどで十分に遊ぶ • 身体全体を動かし，発達を促す • しゃぶり遊びをするので，玩具は大きさ，形，色，素材など，しゃぶり遊びに適したものを選び，適時洗って清潔を保つ • 赤ちゃん絵本を見せて遊ぶ • 動きのある遊具（倒れる，転がる，音が出る）で遊ぶ • 外にも連れ出し，鳥の声，虫の音など自然の音を聞いたり木の葉の揺れる様子を見たりする • ボールを転がして，はいはいで追いかけてみる • 握って振ると音の出るおもちゃ，ラッパ，笛などの吹くと音の出るおもちゃ • 動くおもちゃ，ボール • 絵カード • スプーンなどの生活用具	• 仰向け，腹這い，縦抱き，いろいろな姿勢で過ごす • 子どもに優しく声をかけたり，歌いかけたり，楽しいかかわりを多く持つようにする • 子どもの様子を見ながら楽しい雰囲気の中で離乳を進める。発育の様子を確認する • 泣きに対しては子どもの気持ちを受け止め，泣きの原因を取り除くようなかかわりをする • 特に流行している感染症がある時は，健康状態に十分注意し，室温，湿度など環境に配慮する • 自由に這い回れるような場所を用意する • 床に誤飲しそうな小さなものが落ちていないか十分注意する • 子どもの気持ちを受け止める。受け止められることが情緒の安定につながる

❸ 0歳児後期（9〜12か月）

心身の発達の特徴	生活の様子
• 両手でものを持って叩き合わせる • 愛着が育つ • 探索活動が活発になってくる • 大人の話しかけが分かってくる • つかまり立ち，伝い歩きをする • 大人の動作を真似る • 喃語に会話らしい抑揚がつく • 大人の発音を真似る • 自分でコップを持って飲む • 意味のある「パパ」「ママ」「ブーブー」を言い始める	• 慣れた大人とは積極的にかかわりを持とうとする • 情緒の表現，表情がはっきりしてくる • 身近な生活用品，身の回りのものに対して興味を示すようになる • 衣服の着脱の時，自分から手足を動かす • 自分の思いや要求を身振り手振りなどで盛んに大人に伝えようとする • 外への関心が強まる

遊び方・接し方，主なおもちゃ	保育における配慮とケア
• 紙を破ったり，ものを落としたり，箱や引き出しを開けたり，衣類を引っぱり出したり，両手を使って遊ぶ • 絵本の読み聞かせ，歌，音楽（子どもの好きなものは，繰り返し求めに応じて，満足感を味わえるように遊ぶ） • 砂に触れたり，つかんだりして遊ぶ，小さいものを拾って穴に入れる，水遊びを喜ぶなど，遊びの範囲が広がるので屋外に連れ出して，積極的に遊ぶ • 動物にも興味を持ち始める • クレヨン，大きな紙 • 砂，水，小麦粉粘土 • ボール • 絵本（めくることに興味を持つ） • 積み木 • 子ども用の楽器 • 手押し車	• 楽しい雰囲気の中で，手づかみやスプーンを使って，自分で食べようとする気持ちを大切にする • 離乳食が後期食へと進む • 事故に注意する（多い事故：転落，誤飲，熱傷，溺水） • 子どもの排泄間隔を把握し，おむつが汚れたら取り替え，きれいになった心地よさを感じることができるようにする • ゆっくりはっきりした言葉でやりとりを楽しむ • 行動の範囲が広がるので，身の回りのものを点検して安全を確認したうえで，自由に遊べるようにする • 身近な自然，生き物，乗り物などに実際に接する機会を持ち，楽しみながら外界への関心を広げるようにする

❹ 1歳児

心身の発達の特徴	生活の様子
• 歩けるようになる • 身近な単語を話すようになる • つまむ，叩く，引っぱる（手を使う） • 自信や自発性が高まる • 押す，投げる，めくる，通す，はずす • 探索行動が活発になる • 階段を上る • なぐり書きをする • 二語文「マンマホチイ」などを話し始める • 見立てる。象徴機能の発達	• 這う，伝い歩き，立つ，歩くなど，活発に動きまわる • 「パパ」「ママ」「ブーブー」を言う • 「アッアッ」と言いながらものを引っぱり出したり，「ナイナイ」と言いながら入れたりする • 大人のすることに興味をもったり，模倣したりすることを楽しむ • 感染症にかかることが多くなる • 手づかみやスプーンを使って自分で食べようとする • ものを仲立ちとした触れ合いやものの取り合いが多くなる
遊び方・接し方，主なおもちゃ	保育における配慮とケア
• 手押し車を押して遊ぶ • 自然を観察しながら近所を気ままに散歩 • 破る，ちぎる，叩く，つまむ，つかむなど手，指を使った遊び • 言葉をかけたり，子どもの片言を受け止め，やりとりを楽しむ • 絵本を見ながら話しかけて興味がわくように遊ぶ。言葉のリズムを楽しむ。 • 好きな遊びや歌などは繰り返して満足させる • 気に入った遊具での一人遊びを楽しむ • クレヨン，鉛筆，大きな紙 • 車，空き箱など乗ったり動かしたりして遊べるもの • 固定遊具，砂場 • ままごと，生活用具 • ブロック，積み木 • 絵本 • ぬいぐるみ，人形 • シール	• 新しい行動が可能になり，行動範囲が広がるので，身の回りのものなどを点検し安全を確認したうえで，自由に遊べるようにする • 子どもの発見や驚きを見逃さず受け止め，好奇心や興味を満たすようにする • 片言を優しく受け止めて言葉のやりとりを楽しむ • 自分でしようとする気持ちを尊重する。反面，甘えなど依存したい気持ちも強いので受け止める • 地域に感染症がはやっていないかに留意する • 機嫌，食欲，元気さなど日常の状態の観察を十分に行う • 個人差はあるが，排尿間隔が少し長くなる。おむつが濡れていない時はトイレに座ってみる • 大人が目を離したすきに階段を上ったり，高いところへ上ったりするので注意する

❺ 2歳児

心身の発達の特徴	生活の様子
• 手指の機能がかなり発達してくる • 走る，跳ぶなど，自分の思うように身体を動かせるようになる • 発音が明瞭になる • 日常生活に必要な言葉が分かるようになる • 感染症にかかることが多い • 自我の育ち，自己主張 • 周囲の人の行動に関心を示し模倣する • ごっこ遊びができるようになる • 物事の概念化をするようになる	• 生活に必要な行動が徐々にできるようになる • 簡単な衣服は自分で脱いだり手伝ってもらいながら着たりする • まだ自分の思いどおりにできるわけではないので，かんしゃくを起こしたり反抗したりする • ほかの子どもとかかわって遊びたがるが，うまく通じ合えずけんかになることもある • 自分のもの，自分のものの置き場所が分かる • 生活の節目で，自分からあるいは声をかけてもらい，トイレへ行き自分で排泄する • 色に興味を持ち始める
遊び方・接し方，主なおもちゃ	保育における配慮とケア
• 外遊びや全身を十分に動かせるような遊具で遊ぶ経験を豊かにする • 水，砂，土など自然物に触れて楽しむ • リズミカルな運動や音楽に合わせて身体を動かして遊ぶ • 簡単なごっこ遊びを楽しむ • 絵本の読み聞かせ • 手遊び，リズム遊び • 一人遊びを見守る • 紙を折る，丸める，ちぎる，破る • 粘土を丸める，伸ばす，形をつくって命名する • クレヨン，鉛筆 • 固定遊具（すべり台，ブランコ） • 積み木，ブロック，パズル • 物語，絵本，紙芝居，人形劇 • 指人形，軍手人形 • 折り紙 • 打楽器（カスタネット，たいこ，タンバリン） • ひも通し，のりで貼るなどができるおもちゃ	• 動きが活発になると同時に，衝動的な動作が多くなるので注意する • 活発な活動の後には，汗を拭いたり，休息や水分を摂るなどの配慮をする • 食事，排泄，睡眠，衣服の着脱など生活に必要な基本的習慣については，一人ひとりの子どもの発育，発達に応じて自分でしようとする気持ちを損なわないように配慮する • 子どもの話は優しく受け止め，自分から話したい気持ちを大切にし，楽しく話しかけができるようにする • 自信，意欲を育てることが大切 • かんしゃくや反抗は自我が順調に育っている証拠なのでゆったりと接する • 互いの気持ちを受け止め，分かりやすく仲立ちをして，丁寧にほかの子どもとのかかわり方を知らせていく • 生活の中で，子どもの好む歌を折にふれて歌うようにする

❻ 3歳児

心身の発達の特徴	生活の様子
• 基礎的な運動能力の育ち • 基礎的な話し言葉の育ち • 自我がはっきりしてくる • 注意力，観察力が育ってくる • 「なぜ？　どうして？」と聞く • 現実的，具体的な範囲で「こうするとこうなる」など結果の予想をするようになる • 話の筋が分かるようになる • 絵本や話をイメージを描きながら楽しむ • 「～するつもり」という思いを抱くようになる • 簡単な決まりを守る	• 自分から行きたい時にトイレへ行き，排尿，排便を自分でするようになる • 難しいところは手伝ってもらって，衣服を自分で着脱する • 自分で手を洗い，鼻をかめるようになる • 身体の異常を自分から大人に告げる • 自我ははっきりしてくるが，まだうまく表現したり行動に表すことができないところもある • ほかの子どもとのかかわりが，生活や遊びの中で多くなってくる • 危ない場所が少しずつ分かってきて，近づかないなど気をつけるようになってくる • 手伝いをする。手伝いをすることに誇りや喜びを持つ
遊び方・接し方，主なおもちゃ	保育における配慮とケア
• 身体を十分に動かす楽しい遊び • おもちゃを貸したり借りたり，順番を待ったりすることを分からせるようにする • 遊んだ後のかたづけをするように促す • ストーリーのあるお話や絵本に触れさせる • 手遊びを楽しむ • ごっこ遊びの展開を楽しむ • いろいろな素材や用具を使って描いたり形をつくったりする • クレヨン，鉛筆 • 固定遊具（すべり台，ブランコ） • 粘土 • 積み木，ブロック，パズル • 物語，絵本，紙芝居，人形劇 • 折り紙 • 鍵盤楽器，笛 • トランプ，かるた • 三輪車	• 食事の量は個人差が生じたり，味の好みが出る時期なので，楽しい雰囲気を大切にする • 子どもの自我の尊重 • 身近なものに興味を持つので，興味や探索への意欲などが十分満足できるように環境を整え，安全に過ごせるようにする • 子どもの話の意味をくみ取るように努め，話したい気持ちが満たされるように配慮する • 大人の言葉遣いに注意する • 生活の中で，事柄と言葉と行動が結びつくよう，子どもと接する時に配慮する • 使いたいものが子ども自身ですぐ出せるようにしておく

❼ 4歳児

心身の発達の特徴	生活の様子
• 全身のバランスをとる能力の発達 • 自我がしっかりする • 目的を持って行動する • 葛藤の体験 • 空想力，想像力を展開させるようになる • 周囲に対する関心が強い • 仲間とのかかわりが強まり，喜びや楽しさを互いに感じるようになる • 身の回りの出来事に関する会話を楽しむ	• 身体の動きが巧みになる。生活，遊び全般に自信が持てるようになる • 衣服の着脱が順序よくできるようになる。気候に合わせて調節しようとする • 排泄の後始末はほとんど自分でする • 手伝ったり，人に親切にすることを喜ぶ • 思いどおりにいかない不安を感じるようになる • 他人の心や立場を気遣う感受性を持つことができるようになる • 情緒が豊かになる • おばけ，夢，ひとりぼっちなどを想像して恐れる • 身の回りの自然物や遊具などの特性を知り，それらとのかかわり方，遊び方を体得していく • 身の回りの事物，数，量，形などに関心を持つ • 仲間とのつながりは強まるが，競争心も起き，けんかも多くなる • 仲間との中で，不快なことが起こっても，少しずつ自分で自分の気持ちを抑えたり，我慢できるようになってくる

保育における配慮と接し方
• 子どもの活動性，冒険心を大切にして，いきいきと遊べるように環境の配慮をする • 自然の中で身体を十分に動かして自由に遊ぶ • 生活に必要な基本的な習慣が，日常の具体的な体験の中で楽しく身につくように配慮する • 子どもの心の動きを十分察して，共感したり励ましたりして，子ども自身の意志を尊重する • 時には自分の思いどおりにいかない経験や自分を抑制しなければならない場面もあるが，そのような時は優しく子どもの気持ちをフォローする • 日常の会話を大切にし，子どものいろいろな情緒の表現を聞くようにする • 子どものイメージがわき出るような素材，玩具，生活用品などを用意する • 身近にある乗り物などを遊びに取り入れる • 図鑑，写真絵本，科学絵本，カタログなどに触れる機会を持つようにする

❽5歳児

心身の発達の特徴	生活の様子
• 基本的な生活習慣はほとんど自立 • 自分なりの判断ができる • 他人や自分を批判する力が芽生えてくる • 目的と結果が分かる • 仲間意識が強くなる • 前後，左右や時刻，時間などに関心を持つ • 全身運動はなめらかになり，快活に飛び回る • 細かい手の動きも上達し，ほかの部分との協調もできるようになる • 予想や見通しを立てる能力が育つ • 文字を書いたり，本を読むことに関心を示す • 何でも知ろうとし，知識欲が増す • 言葉が達者になる • 思考力，認識力が豊かに身につく	• 危なげなく，頼もしく見える • 人の役に立つことが嬉しく誇らしく感じられるようになる • 主におしゃべりを楽しんで遊んだり，共通のイメージを持って遊んだりできるようになる • ものを集めたり，分けたり，種類別に整理したりする • 生活全般において自信に満ち，いろいろなことをやってみたいという意欲が目立つ • 大人の言うことはあまり聞かず，自分の意見や仲間の言うことを大切にし通そうとする • 皆で共通の話題について話し合うことを楽しむ • 口げんかが多くなる • 大人を批判したりする • 人前で泣くことは恥ずかしいと思い，我慢をしたりするようになる

保育における配慮と接し方
• 主体的に行動し，充実感を味わえるように，自分でできることの範囲を広げる • 疲れたことに気づき，自分から休憩をするようにさせる • 相手の立場に気づき，認めようとし，他人のよいところをみつけられるような配慮をする • 大人の仕事を見て，自分の生活とのかかわりがあることに気づくような説明や経験をするように働きかける • 人の話を聞く態度を育てるようにする • 動植物との触れ合いを通して，生命の不思議さ，尊さに気づくようにする • 文字や数については日常の生活や遊びの中で興味を持つように，用具，遊具などを整える • 子どもの生活にとって遊離した無理な知識の習得にならないように配慮する • 自信に満ちてはいるが，基本として自分の考えや気持ちが受容されていることが大切であり，情緒の安定が根っことなる • ほとんど任せて，肝心なところだけ見守ったり確認する • 指導的にならないように注意する • 遊びの中での決まりの大切さに気づくようにしていく • 絵本などを十分に読み聞かせる • 表面的な言葉より，子どもの気持ちを理解するように心がける • 子どもの悲しさや悔しさや怒りの気持ちを保育者がさりげなく自然に受け止める

❾学童期前半（6〜8歳）・学童期後半（9〜12歳）

年齢	学童期前半（6〜8歳）	学童期後半（9〜12歳）
心身の発達の特徴	・生まれ月によっても発達に個人差があり，生活の状況によっても異なる ・知識欲が旺盛になる ・学習によっていろいろな事柄を学び発達する ・人間関係が多様化する ・外面的事柄による自己意識 ・直観的思考（幼児期）が残っている ・自己概念の確立 ・類同性	・急に大人っぽくなる。大人と子どもが同居する ・論理的思考をするようになる ・内面的事柄による自己意識 ・情動の表現に対して抑制が働くようになる ・協調的社会性を身につけるようになる ・道徳性の発達 ・ギャングエイジ，ギャンググループ
生活の様子	・小学校入学 ・学童保育クラブへ通う子もいる ・生活空間が広がり，集団が多人数になる ・自分の好きな遊びを自分のペースでする ・身体的特徴，上手・下手，好き嫌いなどを気にする ・具体的な事柄や状況をもとにしながら，次第に論理的思考へと発達していく ・認められほめられることによって自信を持ち，積極的，肯定的になる	・いろいろな情報を得，事柄を学びながら，論理的，科学的なものの見方・考え方をするようになる ・けいこごと，塾通いが多くなる ・ユーモアが分かるようになる ・自分の主張だけでなく，友だちの意見を受け入れて生活する ・社会や集団でのしきたりやきまりを理解し，約束などを守ろうとする ・うまくいかない時は，後悔したり罪悪感をもったりする ・大人の干渉を嫌い，自分たち仲間だけの集団を作る。グループリーダーを決め，その中で役割分担をする
保育における配慮とケア	・環境が変わり今までと違った緊張があるので，疲れやすい。家庭ではその反動から甘えたり不機嫌になることもある ・家庭では自分の好きなことをしてリラックスして過ごせるように見守る ・学校でのこと，先生のこと，友だちのことなど子どもが自分から話す時は聞き役に徹するようにする。評価したり善悪をつけたりすることは避ける ・子ども自身の主体性を尊重し，家庭訪問保育者はあくまで見守る側に ・自分が行動したことや考えたことなどの報告を受けた時は，共感し肯定的に受け止めて自信を持たせるようにする ・家事の手伝いなどの経験が少ないので，状況に応じて誘いかける ・友だちとの遊びは，状況が許されるならばなるべく認めるようにする	・今までのように感情を表に出さず，黙ってしまったり一人になりたがることも出てくる。愛情を持って見守り，自分から気持ちを切り替えてくるのを待つ ・反抗的になったり内向的になったりする子もいる。反抗する子どもの自我を認め，原因を理解しようとし愛情を持って接する。内向的な子どもには，自己を高く評価できるように仕向け，生活に自信を持たせる ・物事がうまくいかなかったり，失敗したような様子が見られても，あまり原因を追及せず見守り，時期を見て励ますようにする ・不必要な干渉をせず，子どもを信頼し見守る。それとなく受け止め，関心は示すようにする ・不登校の子どもの場合，多面的に考える必要があるので，個人で判断せず，スクールカウンセラーや専門家の助力を仰ぐ

3 損害賠償と保険について

❶どのような事故に責任が生じるのか（過失責任の原則）

家庭訪問保育の請負契約は，保護者（利用者）と事業者との間で結ばれる契約で，事業者はその管理下における子どもの安全を守り，万全を期して事故防止に努めなければならない義務（安全配慮義務）を負っています。したがって，保育時間中に発生した事故に関しては，無過失の証明ができない限り，事業者は損害賠償責任を追及されます。この場合，家庭訪問保育者個人も同様の責任を負います（連帯責任）。

・事業者の責任が問題となるケース

① 家庭訪問保育者の落ち度により子どもに損害が生じた場合
  • 家庭訪問保育者が引率して子どもを保育ルーム等の施設に送迎している時に子どもが交通事故にあった場合
  • 子どもが保育時間中に自損事故（例えば，走っていって壁にぶつかりけがをした，子どもが自分の持ち物を壊した等）を起こした場合

② 保育中の子どもの行為により第三者（ほかの子どもを含む）に損害が生じた場合
  • 保育時間中に子どもの行為により，ほかの子どもにけがを負わせた場合
  • 保育時間中，屋外に出た時に，子どもが他人の物を壊した場合

③ 保育ルーム等の施設・器具により子どもに損害が生じた場合
  • 保育中，遊具により子どもがけがをした場合

・誰がどのような責任を負うのか

① 家庭訪問保育者の落ち度により子どもに損害が生じた場合
  落ち度のあった家庭訪問保育者が直接的な加害者として責任を問われますが，事業者もまた使用者として責任を負います。また，事業者は契約違反（債務不履行）に基づく責任も負います。

② 保育中の子どもの行為により第三者（ほかの子どもを含む）に損害が生じた場合
  この場合，保護者が子どもの監督責任に基づいて損害賠償責任を負うことも考えられますが，通常，保育時間中の事故については，事業者・家庭訪問保育者が保護者の代理監督義務を負っているので，事業者側も連帯責任を負い，しかも事業者側の責任のほうが重いと考えられます。

③ 保育ルーム等の施設・器具により子どもに損害が生じた場合
  事業者および家庭訪問保育者は，前記①同様の契約違反に基づく責任を負うほか，施設の所有者として土地工作物責任を負うことがあります。

❷保育中の事故と損害賠償請求

保育中に発生した子どもの事故については，事業者に過失があれば，損害賠償請求を受けます（これを過失責任といいます）。被害者に対して損害賠償金を支払う義務は，責任を負う者全員にありますが（これを不真正連帯債務といいます），そのうちの一人が一部ないし全額を支払えば，ほかの者はその分については支払義務が減額されます。

　一般的に，被害者側は，支払能力のある者に対して損害賠償請求をすることになりますので，事業者は必ずといってよいほど損害賠償請求の対象となるといえます。そして，保育中に発生した子どもの事故における損害賠償額は，交通事故等の場合の損害額に準じて判断されますので，万一子どもが死亡したり高度の後遺障害が残存したりするようなケースでは，治療費・逸失利益・慰謝料など，少なくとも数千万円から場合によっては億を超える賠償金を支払うこともあります。

❸ 法律と損害賠償責任保険

　事業者や家庭訪問保育者が負うべき事故の損害についての責任は，民法に規定されており（表1），損害賠償責任保険への加入は必要不可欠です。保険契約上の条項は保険約款と呼ばれ，事故が発生した場合，保険金の支払対象となるものとならないものなどについて細かく規定しています（表2，表3）。事故が起き，その損害についての損害賠償請求を受け法律上の責任があると判断されても，保険約款上，保険金支払対象外，すなわち保険契約上無責・免責とされることもありますので，保険契約の締結にあたっては，保険約款にきちんと目を通し，分からないことについては保険会社の担当者に尋ねておくことが大切です。

　また，悪質なケースや結果が重大なケースなどでは刑事責任を問われる場合もあります。

表1　法律に基づいて生じる損害賠償責任

保育中の事故が，家庭訪問保育者の故意または過失，またはベビールーム等の施設の設置または管理の不行き届き等による場合，家庭訪問保育者や事業者は，民法の規定により損害を賠償しなければなりません。

●債務不履行に基づく損害賠償責任（第415条）
　事業者が子どもの安全に配慮すべき義務に違反したことで生じる賠償責任

●不法行為責任（第709条）に基づく損害賠償責任
　故意または過失により，他人の権利を侵害して損害を与える行為で，家庭訪問保育者は，直接的加害者として，被害者に対しこの責任を負う

●使用者責任（第715条）に基づく損害賠償責任
　家庭訪問保育者に落ち度があった場合，事業者が使用者として負う責任

●責任無能力者の法定の監督義務者責任（第714条）および代理監督義務者の責任（第714条第2項）に基づく賠償責任
　子どもがほかの子どもなど第三者に損害を生じさせた場合，子どもには責任能力がないため（責任能力の有無の分岐点はおおむね12歳前後とされている），その保護者が法定の監督義務者責任に基づく損害賠償責任を負うことになるが，保育時間中の子どもの加害行為については，代理監督義務者である事業者や家庭訪問保育者がこの監督責任を負う

●工作物責任（第717条）に基づく損害賠償責任
　保育ルーム等の施設で子どもがけがをした場合，土地工作物の占有者・所有者として事業者が負う責任

表2　補償対象となる主な事故例（公益社団法人全国保育サービス協会の賠償責任保険を例に）

事故種類	事故例
賠償 （対物）	・子どもを連れて公園で遊んでいたところ，誤って公園に来ていた第三者の自転車を破損させてしまった ・子ども同士で遊んでいた際，子どもがめがねを落とし破損した ・訪問先にて誤って高価な皿とマグカップを破損した ・保育中，目を離した隙に子どもが壁に落書きをした ・保育の散歩中に，子どもが石を投げたため，駐車中の車のフロントガラスに傷がついた
賠償（対人） 子ども傷害	保育中の事故 ・保育ルームで保育中，いすに座ろうとした子どもが転倒し，下唇に5針縫うけがをした ・家庭訪問保育者が冷蔵庫から麦茶のビンを出そうとした際に落として割り，足元にいた子どもの小指を切り3針縫った ・子どもが食事しながらソファのひじ掛に座っていたところ高さ35cmのところから転倒し，ひじを骨折した ・保育中，手を洗う際に子どもが誤って湯を出してしまい，左手にやけどを負った ・子どもを風呂に入れようとする途中，子どもが転倒し，風呂のいすの角で足首を切った 保育中，遊んでいる時の事故 ・家庭訪問保育者が子どもと公園で遊んでいる時，子どもが転んで前歯を破損した ・保育中，目を離した隙に子どもがブランコから落ちて頭を負傷した ・保育中，すべり台より子どもが降りた際に，体勢を崩し左手をついたため，左ひじを骨折した 送迎中の事故 ・家庭訪問保育者が子どもを児童館に連れて行く途中，保育者が目を離した際に，子どもが走り出して転倒した 保育ルームでの事故 ・デパートの保育ルームで受付後，子どもがルートゲートで急に転び，口の中を3針縫うけがをした ・保育ルームで子どもがブロックを踏んでひじから転倒し，腕を骨折および脱臼した ・保育ルームで子ども同士遊んでいる時，子どもが2人倒れ，下になった子どもの右足親指が亀裂骨折した

表3 補償対象とならない主な事故例（公益社団法人全国保育サービス協会の賠償責任保険を例に）

❶ **子どもおよび家庭訪問保育者の故意による損害**
  ・利用者宅の窓ガラスをわざと割った

❷ **地震・噴火・津波・戦争・労働争議などの天災によって生じた事故**
  ・保育中に大地震が起こり，家具の下敷きになった子どもが大けがをした

❸ **家庭訪問保育事業の定義にあてはまらないホームヘルパー業（家事代行等）や介護事業等の業務中に生じた事故**

❹ **家庭訪問保育者の管理下ではない間の事故**
  ・家庭訪問保育者が帰宅した後に子どもが遊んでいて転んでけがをした（なお，ベビールーム等で提供した飲食物が原因で子どもが帰宅後しばらくたってから食中毒になって入院した等，保育が直接の原因となった場合は支払の対象になる）

❺ **事業者と子どもの保護者との間に損害賠償責任に関して特約（決め事）がある場合，その特約によって加重された賠償責任**
  ・契約書に「子どもに万一けがをさせた場合，賠償金として一律30万円払います」と限度額が規定されていても，実際の治療費等の損害額が限度額以下の場合は，その損害額まで

❻ **対人事故（子ども等のけが）が発生した場合で，保険会社の承諾なしに勝手に慣習として支払った弔慰金・見舞金**
  ・保険会社の承諾なしに支払った見舞金は一切保険からは支払われない

❼ **自動車・昇降機・船舶・航空機の所有・使用・管理に起因する事故**
  ・保育ルームから子どもの自宅に送る途中，子どもを助手席に乗せていて交通事故に巻き込まれ子どもにけがをさせた（賠償責任保険では免責となり，別途自動車保険で請求することになる）

🔒 Memo プライバシー侵害の例

　人体への損傷，財物の損壊といった事例については前記の説明のとおりですが，最近の動向として，人格権の侵害（プライバシーの侵害）についての損害賠償請求を受けることもあります。例えば「利用者の自宅に家庭訪問保育者の知り合い（友人等）を無断で入室させる」と，プライバシーの侵害として損害賠償の請求を受けた「不法侵入」として「刑事責任」を問われることもあります。

4 「認定ベビーシッター」になるには

　公益社団法人全国保育サービス協会（以下，協会）では，家庭訪問保育のプロとして，ベビーシッターの専門性を高めるために「認定ベビーシッター」資格を付与する資格認定制度を行っています。

　協会の「認定ベビーシッター」資格の取得方法には2通りあります（下図）。

　一つは，協会が実施する研修を受講し，認定試験を受験する方法です。

　協会が実施する研修とは，ベビーシッター養成研修およびベビーシッター現任研修，ならびに居宅訪問型保育基礎研修のことを言います。そして，各研修を受講し修了した人が認定試験を受験することができ，合格すると「認定ベビーシッター」資格が付与されます。

　認定試験は年1回実施され，試験問題の出題形式は，選択式40問・記述式1問。試験時間は90分です。

　もう一つの取得方法は，「認定ベビーシッター資格取得指定校」として協会が指定した保育士を養成する学校において，保育士資格取得のための指定科目のほかに「在宅保育」に関する科目を履修し単位を取得し，卒業（卒業見込みの者を含む）すると「認定ベビーシッター」資格が付与されます。

認定ベビーシッター資格取得の概要（2021年4月現在）

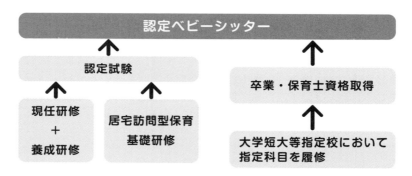

　今後，家庭訪問保育者として必要な職業倫理を備え，家庭訪問保育に関する専門知識・技術を有した質の高いベビーシッターが活躍することによって，家庭訪問保育のプロフェッショナルとしてよりいっそうの信頼を得るとともに，社会的地位の向上が期待されています。

　また，この認定資格は，認可外の居宅訪問型保育事業（ベビーシッター）に従事するために必要な資格の一つとなっています。併せて，保護者（利用者）が信頼できるベビーシッター選びの判断基準の一つにもなり得ることでしょう。今後，活躍する家庭訪問保育者のすべてが，この認定資格を取得することが期待されています。

5 ベビーシッターなどを利用するとき，事業を行うときの留意点

❶ ベビーシッターなどを利用するときの留意点（厚生労働省，令和2年6月改訂）

1　まずは情報収集を

　ベビーシッターを利用するには，事業者に申し込み，所属するベビーシッターが派遣される方法と，マッチングサイトを通じてベビーシッター個人に利用者が直接依頼する方法があります。保育料の安さや手軽に頼めるかという視点ではなく，信頼できるかどうかという視点で，ベビーシッター事業者の情報を収集しましょう。マッチングサイトを通じての利用の場合は特に詳細に情報収集を行い，マッチングサイトのガイドライン適合状況調査サイト（matching-site-guideline.jp）を確認しましょう。情報収集にあたっては，都道府県や市町村の情報，公益社団法人全国保育サービス協会に加盟している会社のリスト（http://www.acsa.jp/htm/joining/list.htm-area08）などを活用しましょう。一時預かりが必要な場合やひとり親へのさまざまな支援が必要な場合は，ベビーシッターの利用に限らず，市町村に相談しましょう。

2　事前に面接を

　ベビーシッターの派遣を事業者に依頼する場合，ベビーシッターに対する希望を明確に伝えましょう。派遣される予定のベビーシッターと事前に面談を希望する場合は，事業者に申し出てください。マッチングサイトを通じて依頼する場合には，インターネットの情報だけを頼りにするのではなく，実際に子どもをベビーシッターに預ける前に必ずベビーシッターと面会し，子どもを預かる方針や心構えなどについて質問して，信頼に足る人物かどうかを確認しましょう。また，子どもを預ける際には，必ず事前に面会したベビーシッター本人に直接子どもを預けるようにしましょう。

3　事業者名，氏名，住所，連絡先の確認を

　実際に子どもをベビーシッターに預ける際には，事業者名，ベビーシッターの氏名，住所，連絡先を必ず確認しましょう。その際，ベビーシッターの身分証明書を提示してもらうようにしましょう。マッチングサイトを通じての利用の場合には，マッチングサイトで公開されている保育者の情報を再度確認するとともに，都道府県等に事業者としての届出をしているかも確認するとよいでしょう。

4　保育の場所の確認を

　保育の場所が子どもの自宅以外である場合は，事前に見学して，子どもの保育に適切な場所かどうかを確認しましょう。

5　登録証の確認を

　ベビーシッターが保育士や認定ベビーシッター（※）の資格を持っている場合は，保育士登録証や認定ベビーシッター資格登録証の提示を求めて確認しましょう。保育に関する研修を受けているかどうかを確認してもよいでしょう。

　※「認定ベビーシッター」とは，公益社団法人全国保育サービス協会が，ベビーシッターとして必要な専門知識及び技術を有すると認定した人です。詳しくは，全国保

育サービス協会 HP の資格認定制度のサイトを参照してください。

6　保険の確認を

万が一の事故に備えて，保険に加入しているかやその内容，金額を確認しましょう。ベビーシッターを派遣した事業者やマッチングサイトの運営者等にも同様に確認しましょう。

7　預けている間もチェックを

子どもをベビーシッターに預けている間も，子どもの様子を電話やメールで確認するようにしましょう。カメラなどで子どもの様子を見たいと保育者に伝えてもよいでしょう。

8　緊急時における対応を

預けている子どもの体調が急変するなどの緊急事態が生じた際に，ベビーシッターからすぐに連絡を受けることができるような体制を整えましょう。

9　子どもの様子の確認を

ベビーシッターから子どもの引き渡しを受ける際，どんなことをして遊んだのかといった保育の内容や預かっている間の子どもの様子について，ベビーシッターから報告を受けましょう。子どもの様子次第では，お子さん本人にも確認しましょう。

10　不満や疑問は率直に

ベビーシッターに対する不満や疑問が生じた場合は，ベビーシッターを派遣した事業者やマッチングサイトの運営者等にすぐ相談しましょう。内容によっては，事業者等ではなく，都道府県や市町村の保育担当部署，地域の消費生活センターなどに相談しましょう。

❷１人でも乳幼児を保育する（預かる）事業を行う場合の届出について

2016（平成 28）年 4 月以降は 1 日に保育する乳幼児の数が 1 人以上の場合に，届出が必要です（ただし，臨時に設置される場合等は除きます）。

❸公益社団法人全国保育サービス協会について

公益社団法人全国保育サービス協会（http://www.acsa.jp/）は，居宅での保育の質の維持と向上を図るために活動しており，ベビーシッターに関する研修や資格認定（認定ベビーシッター）など質の維持向上に取り組んでいる団体です。

6 ベビーシッター業の自主基準

※この基準は，前社団法人全国ベビーシッター協会において，1993（平成5）年3月31日に制定された。

はじめに

　女性の社会進出，核家族や都市化の進展，出生率の低下等，子どもと家庭を取り巻く環境は時代と共に大きく変化してきており，就労と育児の両立のためには，従来の保育所等の施設保育では対応しきれない保育ニーズが高まってきている。

　さらに，ゆとりのある豊かな家庭生活の実現を支援するためには，各家庭における個々の保育ニーズを理解し，その保育ニーズに対応したきめ細かな保育サービスを充実することが求められてきている。

　このようなサービスの提供者として，近年，ベビーシッターの必要性はますます高まってきているところであるが，それに伴い児童家庭福祉に寄与し，ベビーシッターの資質の向上を図ることが社会的に求められてきている。

　本基準書は，このような状況に鑑み，ベビーシッター事業者及びベビーシッターを対象とし，利用者によりよいサービスを提供し社会的信頼を得ると共に，ベビーシッター事業の健全な経営を実現するために，事業者自らが定めるものである。

1　定義

（1）　ベビーシッター事業とは，保護者等の委託を受けてその居宅等において保育サービスを行うものであること。

（2）　ベビーシッターとは，保護者等の居宅等において直接児童を保育する者の総称で

あること。

2　自主基準の性格等

（1）　本自主基準は，最低限満たすべき基準にとどまらず，この程度の基準を満たして欲しいと云う推奨の基準を示したものであること。

（2）　本自主基準は，ベビーシッター事業を一律に規格化しようとするものではなく，良質なサービスを提供するためのベビーシッター事業者の積極的な創意工夫を期待するものであること。

（3）　本自主基準は恒常的なものではなく，社会や時代の趨勢を踏まえ，最も適切な内容とすべく常に考慮されるものであること。

第1章　ベビーシッター事業が担う社会的使命
第1節　ベビーシッター事業の目的

ベビーシッターの業務は，受託した乳幼児を心身ともに健やかに育成することを常に念頭に置いて居宅等における保育を行い，安全でかつ健康的，文化的な保育環境を提供し，以て児童の健全育成及び児童家庭福祉に寄与することを目的とする。

第2節　ベビーシッターの役割と業務
1　家庭における育児機能の補完・支援

訪問した居宅等において，その家庭の育児の流れに則した形で，家庭における育児機能の補完・支援を行うこと。

2　多様なニーズに応じた保育サービスの提供

家庭を基盤とした一時的な保育ニーズ，或いは保育所等による保育では即時かつ柔軟に対応できない保育ニーズ等，さまざまな保育ニーズに応じた保育サービスを提供すること。

3　居宅外における保育

保育所等への送迎保育等を行い，ベビールーム等における保育を受託すること。

第3節　ベビーシッター事業の使命と社会的責任

ベビーシッター事業を行うに当たっては，児童を心身ともに健やかに育成するために細心の配慮が必要である。ベビーシッター事業者は営利追求のみに走ることなく，健全で安全な保育を進めるための条件を常に整備する経営姿勢が求められる。

第2章　ベビーシッターによる保育基準
第1節　ベビーシッターの資質

ベビーシッターには，健全な心身を有し，子どもを愛し，理解し，尊重する基本的態度と，それに基づいた真に豊かな人間性と感性が必要とされる。

1　資格要件

健全な心身を有し，児童の保育に熱意のある者であって，保育の理論及び実践につい

て研修を受けた者であること。更に，保育士資格，幼稚園教諭免許等を有し，又は児童福祉施設等において児童の処遇に従事した経験を有していることが望ましい。

2　留意事項

（1）　採用時及び採用後において必要な研修を受け，保育技術等の向上に努めること。

（2）　業務の遂行に当たり，関係諸法令を遵守しなければならないこと。

（3）　医師，保健師，助産師，看護師及び栄養士の業務に相当するものについては，有資格者のみが行うこと。

（4）　事業者は，保育サービスを行うに当たっては，児童の年齢，人数及び保育の特性等を考慮して適切にベビーシッターを配置すること。

第2節　保育の基本的事項

　子どもの生活は，乳児期から始まってその心身の成長と共にさまざまな変化を見せる。食事，排泄，睡眠，遊び，会話などそれぞれの生活の中で，また成長に伴って必要とする条件も変わっていく。

　このように成長を続けていく子どもの保育に当たる者は，生活の基本的事項を知ることが大切である。

1　環境

　ゆきとどいた保育をするためには，子どもの安全及び健康の確保ができ，情緒の安定並びに発達の増進を図ることのできる環境整備をすること。

2　成長と発達

（1）　子どもの発達について理解し，子ども一人一人の特性に応じ，また発達の段階に配慮して保育すること。

（2）　子どもの自発的，意欲的な活動を大切にし，遊びを通して保育すること。

3　健康と安全

（1）　子どもの心身の状態及び生活の状況について，常に万全の配慮をして保育すること。

（2）　健康増進，安全確保及び事故防止に留意した保育を心がけること。

第3節　パーソナルケアを行う場合の留意点

　パーソナルケアとは，個別の家族を対象として，居宅等においてその家族の育児の流れに則した形で保育サービスを行うものである。

　パーソナルケアの留意点は，次の通り。

（1）　家族における育児の方針を理解し，保護者と協力して保育すること。

（2）　児童及びその家族のプライバシーの尊重に万全を期すものとし，その業務に関し知り得た秘密を漏らしてはならないこと。

（3）　兄弟など複数の子どもを保育する場合は，児童の年齢及び人数を考慮して，適切な数のベビーシッターを配置すること。

（4）　居宅外で保育をする場合は，安全かつ清潔な環境の下で保育すること。

第4節　グループケアを行う場合の留意点

　グループケアとは，複数の保護者から子どもを預かり，ベビールーム等の施設等において保育サービスを行うものである。

　グループケアの留意点は，次の通り。

（1）　事業者が自ら定める保育方針に則り，集団保育の趣旨及び技法を踏まえて保育をすること。

（2）　児童の年齢及び人数を考慮して，適切な数のベビーシッターを配置すること。

（3）　施設基準に関しては，「無認可保育施設に対する当面の指導基準」等の関係諸法令を参考にすること。

（4）　万一の事故の場合における緊急体制を整えること。

第5節　特別保育について

　基本的な在宅保育サービスに併せて，特別な保育を提供することが考えられる。

　特別保育については，その範囲，内容等について今後とも十分に検討した上で，基準や指針を定める必要がある。

　考えられる特別保育としては，早期乳児や障害などを持つ児童の保育，その他各種サービスの提供を伴う場合の保育等がある。

第3章　ベビーシッター事業に関する基準
第1節　ベビーシッター業務基準

　ベビーシッター業務基準は，業務を実施するに当たり単に事業者が遵守すべき内容を示すにとどまらず，利用者が具体的な業務内容を十分理解することができるよう，公明かつ公正なものであることが必要である。

1　業務内容とその範囲

　事業者が提供する保育サービスは，一般的な保育にとどまらず，早期乳幼児保育，障害などを持つ児童の保育，その他各種サービスの提供を伴う場合の保育等である。

2　業務形態

　ベビーシッター事業の形態としては，直接保護者の委託を受けて保育サービスを提供することに加え，ベビールーム等の施設等における保育を受託することも含むものとする。

3　利用者との契約等

（1）　契約の締結

　　　サービスの開始前に，次の事項を含んだ契約書を利用者と取り交わすこと。

　　　また，その際には業務の内容について事前の説明を行うこと。

　　　　①　サービス実施主体名及び代表者氏名

　　　　②　利用者氏名等

　　　　③　サービス内容及び料金体系

④　サービス実施主体の免責事由

⑤　契約事項の変更

（2）　料金

①　料金は，サービスに要する費用に応じた適切な額とすること。

②　サービス内容に対応した料金体系を用意し，明示すること。

（3）　誇大広告等の禁止

事業者は，利用者募集の際，誇大広告等により利用者に不当に期待をいだかせたり，それによって損害を与えることのないようにすること。

（4）　利用者以外と契約を締結する場合

業務を受託することを明記する。

4　賠償責任負担能力の確保

事業者は，損害を賠償することを必要とする事故に対応するため，賠償責任負担能力を確保すること。

事業者は，利用者に対するサービスについて賠償すべき事故が発生した場合は，利用者に対しての損害賠償を速やかに行うものとすること。

第2節　ベビーシッター労務管理基準

事業者が健全な経営を営むためには，関係諸法令の遵守等，一定の労務管理を行う必要がある。

1　ベビーシッターの募集と採用

（1）　事業者は，ベビーシッターの募集に当たっては，業務内容等について誇大な広告を行うことのないようにすること。

（2）　事業者は，ベビーシッターの採用に当たっては，ベビーシッターとしての資質に十分留意すること。

2　ベビーシッターの管理

（1）　関係諸法令の遵守

事業者は，事業の実施に際し，労働法，社会保険関係法令等の関係諸法令を遵守すること。

（2）　保育サービスの実施手順

①　事業者は，サービスの実施方法をマニュアルとして定め，ベビーシッターに徹底すること。

②　マニュアルには次の事項を盛り込むこと。

ア）　利用者に対するサービス内容についての説明

イ）　児童と家庭に関する事情の把握

ウ）　個々のサービスについての具体的作業手順，留意事項（保健師助産師看護師法等の医療法制（禁止事項）の遵守を含む）

エ）　安全の確保，事故の発生防止及び非常時の対応

オ）　実施したサービス内容等についての報告及び報告内容についての記録の保
管
（３）　衛生管理
　　　事業者は，ベビーシッターが保育サービスを提供する際の清潔の保持及び健康状
態に常に留意すること。

３　業務記録

（１）　事業者は，ベビーシッターの業務遂行状況，保育記録等，業務に関し必要な事項
についての記録（業務記録）を作成すること。
（２）　事業者は，利用者の求めに応じて保育記録について報告すること。
（３）　業務記録については，利用者のプライバシー保護の立場から十分に配慮すると共
に一定の期間保存すること。

４　研修の実施

（１）　事業者はベビーシッターに対し，採用時及び採用後において定期的に児童の心身
の特性，提供する保育サービスの内容等についての研修を行うこと。
（２）　研修の内容は，必要に応じて見直されるものであること。
（３）　研修は，事業者単独で或いは複数の事業者の共催で行ったり，また社団法人全国
ベビーシッター協会や国，地方自治体が主催するものに積極的に参加するなど，常
にその機会を設けるように配慮すること。

第４章　安全管理に関する基準
第１節　安全と事故防止

　子どもは，その発達上の特性から事故の発生の可能性が高く，それによる障害は子ど
もの心身に多くの影響を及ぼす。事故防止は，保育の大きな目標の一つであることを認
識する必要がある。

１　子どもの事故の基本的知識

　子どもの事故の種類と発生原因は，個々の子どもの発育状態，生活状態，環境条件に
よって異なることを認識することが必要である。

２　具体的留意事項

　子どもの心身の状態，運動機能，生活状態，家庭や周辺の環境状況について事前に情
報を入手していることが必要である。
　玩具，道具の安全確認を行うなど，環境整備を行うことが必要である。
　尚，安全管理を徹底することにより，児童の行動を必要以上に制限しないよう留意す
ること。

第２節　事故とその責任

　安全管理を如何に徹底しようとも，不慮の事故は避け得ない。そのため事業者は，事
故が発生した場合にどのような責任を負うことになるかを自覚する必要がある。

1 民事責任

（1） 使用者責任

事業者は，ベビーシッターの使用者である。従って，ベビーシッターが業務の執行につき起こした事故については，事業者は被害者に対して損害賠償責任を負う。但し事業者がベビーシッターの選任及び監督について相当の注意をしていれば責任を負わなくてもよい。

（2） 債務不履行責任

事業者は，顧客との間のベビーシッター契約に基づき，安全に保育を行うべき義務がある。従って，ベビーシッターが業務の執行について事故を起こした場合，事業者は損害賠償責任（債務不履行責任）を負うことになる。但し，ベビーシッターに過失がない場合はこの限りではない。

（3） 使用者責任と債務不履行責任は，それぞれ要件，効果が違うが，基本的に一方の責任を果たせば他方の責任は消滅するという関係にある。

2 刑事責任

ベビーシッターが故意又は過失により事故を発生させてしまった場合，刑事責任を問われることがある。

そして，事業者も，当該事故の発生について刑事責任を問われることがある。

第3節 事故とその対応

事故の発生に対し，事業者とベビーシッターとの連絡体制を始め，その対応方法を整備していく必要性がある。

1 人身事故とその対応

子どもの命の保持やその傷害に対する適切な応急処置をし，必要に応じて医師或いは救急車の手配をする。

2 物損事故とその対応

子どもなどが破損物により受傷する危険がないよう十分に配慮する。

3 災害とその対応

ベビーシッターは，火災，地震等の災害に備え，必ず避難口，避難場所を確認しておく。災害が発生したときには，ベビーシッターは子どもの命の保持と傷害防止のため最大の努力を払う。また，上記の対人事故に準じ，迅速に対応する。

居宅外で災害にあった場合も，保護者への連絡が取れるようにしておく。

4 通報連絡と記録

（1） ベビーシッターは，事故発生後速やかに事業者及び保護者に対して，事故，受傷状況，応急手当等について通報連絡する。

（2） 事故発生時間，原因，状況について正確に把握し，記録する。

5 保険会社への連絡

事業者は，損害賠償保険に加入している場合には，事故の状況について保険会社に連

絡する。

第4節　事後の対応

1　補償

　事業者及び必要に応じてベビーシッターは，保護者又はその関係者との連絡を密にし子どもの回復状況，その後の状況について把握し，必要な対応を迅速に行う。その際，誠意ある対応に特に配慮する。

　補償を必要とする場合には，その手続きを速やかに行う。

2　再発防止

　事業者はベビーシッター研修の一環として，事故再発防止のための安全指導と事故防止に関する研修を実施し，その再発防止に努める。

監修・編集・執筆者一覧

監修
公益社団法人全国保育サービス協会

編集・執筆者
尾木まり　　　（子どもの領域研究所所長）　序章1，第1章
網野武博　　　（現代福祉マインド研究所所長）序章2，第11章
大方美香　　　（大阪総合保育大学大学院教授）　第2章，第7章
小泉左江子　　（東京純心大学現代文化学部子ども文化学科教授）　第3章，第14章
太田百合子　　（東洋大学非常勤講師／管理栄養士）　第4章
岩久由香　　　（東京成徳短期大学幼児教育科非常勤講師／看護師）　第5章，第10章
草川　功　　　（聖路加国際病院小児科医長，聖路加国際看護大学臨床教授／小児科医
　　　　　　　　公益社団法人全国保育サービス協会会長）　第6章
高辻千恵　　　（元・東京家政大学家政学部児童学科准教授）　第8章
坂本秀美　　　（元・公益社団法人全国保育サービス協会理事）　第9章
中舘慈子　　　（元・公益社団法人全国保育サービス協会理事）　第12章
山縣文治　　　（関西大学人間健康学部教授）　第13章
「家庭訪問保育の理論と実際」制作委員　第15章，第16章，第17章，第18章，資料編
　　　　　網野武博，岩久由香，尾木まり，中舘慈子（以上再掲），長崎真由美（公益社団
　　　　　法人全国保育サービス協会），安藤朗子（日本女子大学家政学部児童学科准教授），
　　　　　寺田清美（東京成徳短期大学幼児教育科教授），羽鳥文麿（医療法人社団誠馨会
　　　　　総泉病院内科／医師）
柴﨑晃一　　　（山本柴﨑法律事務所／弁護士）　資料編 ③

編集協力
公益社団法人全国保育サービス協会会員

公益社団法人 全国保育サービス協会®

〒160－0007　東京都新宿区荒木町5－4　クサフカビル2階
TEL 03－5363－7455　　FAX 03－5363－7456
ホームページアドレス　http://www.acsa.jp

家庭訪問保育の理論と実際　第3版
居宅訪問型保育基礎研修テキスト・
一般型家庭訪問保育学習テキスト

2022年1月20日　初　版　発　行
2023年12月10日　初版第3刷発行

監修・・・・・・・・・・　公益社団法人 全国保育サービス協会®
発行者 ・・・・・・・・　荘村明彦
発行所 ・・・・・・・・　中央法規出版株式会社
　　　　　　　　　　　〒110－0016　東京都台東区台東3－29－1　中央法規ビル
　　　　　　　　　　　TEL 03-6387-3196
　　　　　　　　　　　https://www.chuohoki.co.jp/
印刷・製本 ・・・・・　株式会社太洋社
装幀デザイン・・・・　株式会社タクトデザイン
カバーイラスト ・・　たかはしみどり
本文デザイン・・・・　永和印刷株式会社
本文イラスト・・・・　いとうまりこ

定価はカバーに表示してあります。
ISBN978-4-8058-8427-0

本書の内容に関するご質問については，下記URLから「お問い合わせフォーム」にご入力いただきますようお願いいたします。
https://www.chuohoki.co.jp/contact/